"博学而笃志,切问而近思。"
(《论语》)

博晓古今,可立一家之说;
学贯中西,或成经国之才。

复旦博学·复旦博学·复旦博学·复旦博学·复旦博学·复旦博学

作者简介

丁柏铨，1947年6月出生，江苏无锡人。现为南京大学新闻研究所所长、教授、博士生导师，教育部高等学校新闻学学科教学指导委员会委员、清华大学国际传播中心特约研究员，华中科技大学、天津师范大学、安徽师范大学、河南大学兼职教授。已出版的著作有：《现代广告理论》、《当代新闻文体写作》、《当代广告文案写作》、《新闻理论新探》、《新闻舆论引导论》、《中国新闻理论体系研究》、《中国当代理论新闻学》、《加入WTO与中国新闻传播业》等。此外发表学术论文多篇。专著《新闻理论新探》获江苏省第七届优秀社科成果二等奖。主持2001年度国家社科规划重点项目"加入WTO对我国新闻传播业影响及对策研究"、2005年度国家社科规划重点项目"加强党的执政能力与大众传媒关系研究"等课题的研究工作。

博学·广告学系列

丁柏铨 主编
蒋旭峰 夏文蓉 副主编

广告文案写作教程

（第二版）

Guanggao Wenan Xiezuo Jiaocheng

复旦大学出版社
www.fudanpress.com.cn

内容提要

本书是在原《广告文案写作教程》基础上优化案例,增加思考与练习题量,优化个别表述,改版而成。

这是一本精心编写的广告文案写作教材。涉及市场调查研究、广告定位、广告创意、广告受众心理、广告分步写作、广告文案语言以及分类广告写作等内容。本书既有深入的理论阐释,又有精辟的实例分析;既有较高的学术性,又有较强的可操作性。书中的个案,既有历久不衰的精品,又不乏生动鲜活的案例。为便于读者掌握广告文案的写作技巧,教材编著者还特意在有关章节中安排了"经典个案评析"。它是在校大学生学习广告文案写作的理想教材,也是广告从业人员提高业务水平的开卷有益的参考读物。

作者(按姓氏笔画排列):
　　丁柏铨　王　崑　姜　涛
　　胡菡菡　胡翼青　夏文蓉
　　蒋旭峰

修 订 序

据责任编辑李华先生说,本书出版以来,受到了读者的欢迎,市场销售情况良好。这对于我和我的同仁,无疑既是鼓励、又是鞭策。

大约半年前,李华先生要求我对本书进行修订。这段时间以来,我就一直在留意收集各类广告文案中的精品,为修订工作进行相应准备。

此次修订,进行了如下几个方面的努力:一是大量调换广告个案。原有的某些个案,在当时尚属上乘,但用今天的眼光看则显得相对逊色,这次都被经过严格遴选的、更好的个案所取代。二是增加了思考与练习的题量。此举意在进一步激发读者的思考,并为他们增加实际训练的机会。三是对原书中个别表述不甚准确之处进行斟酌、修改。限于时间,对全书的理论体系、结构框架、主要观点,未作大的调整。

在这次修订工作中,胡菡菡讲师提供了不少高质量的个案,并写出了许多评析性的文字。本人则补充了一部分个案,并对此作出了评析;除此以外,还对修订中增加的所有文字进行了统稿、定稿。

真诚地希望得到读者的批评指正。

丁柏铨
2005 年 8 月 28 日

目 录

绪论 …………………………………………………………………… 1

　第一节　关于广告 ……………………………………………………… 1

　　一、广告的涵义 ………………………………………………………… 1

　　二、广告的特点 ………………………………………………………… 3

　　三、广告的作用 ………………………………………………………… 4

　　四、广告构成元素 ……………………………………………………… 5

　第二节　关于广告文案 ………………………………………………… 6

　　一、广告文案概述 ……………………………………………………… 6

　　二、广告文案的特点 …………………………………………………… 9

　　三、广告文案与广告 ………………………………………………… 11

　第三节　关于广告文案写作 …………………………………………… 12

　　一、广告文案写作的准备工作 ……………………………………… 12

　　二、广告文案写作对撰稿人的要求 ………………………………… 13

　　三、广告文案写作与一般写作的异同 ……………………………… 15

第一章　市场调查研究 ……………………………………………… 20

　第一节　市场调研的重要性 …………………………………………… 20

　　一、广告不是单纯主观的产物 ……………………………………… 20

　　二、广告活动离不开市场调研 ……………………………………… 20

　　三、市场调研：广告活动的起点 …………………………………… 21

　第二节　市场调研的内容 ……………………………………………… 21

　　一、市场调研的涵义 ………………………………………………… 21

　　二、市场调研的种类和内容 ………………………………………… 21

　第三节　市场调研的方法 ……………………………………………… 29

　　一、文案市场调研 …………………………………………………… 29

　　二、实地市场调研 …………………………………………………… 30

　第四节　市场调研的流程 ……………………………………………… 35

一、市场调研流程中计划书的撰写 …………………………………… 35
二、市场调研流程中的实施阶段 ……………………………………… 37
三、市场调研报告的撰写 ……………………………………………… 40
附 录 ……………………………………………………………………………… 43

第二章 广告与市场定位 …………………………………………………… 54
第一节 广告定位概述 ………………………………………………………… 54
一、定位观念产生的背景 ……………………………………………… 54
二、广告定位的涵义 …………………………………………………… 55
三、广告定位的心理依据 ……………………………………………… 55
第二节 广告定位的方法 ……………………………………………………… 56
一、实体定位法 ………………………………………………………… 56
二、观念定位法 ………………………………………………………… 58
第三节 广告定位的策略 ……………………………………………………… 60
一、市场领导者的定位 ………………………………………………… 60
二、市场跟进者的定位 ………………………………………………… 62
三、重新为竞争品牌定位 ……………………………………………… 63
第四节 经典案例评析 ………………………………………………………… 64
一、美乐啤酒公司的市场细分策略 …………………………………… 64
二、坦德猪油的市场定位 ……………………………………………… 65

第三章 社会文化与广告文案写作 …………………………………… 70
第一节 传统文化积淀与广告文案写作 ……………………………………… 70
一、社会文化与广告 …………………………………………………… 70
二、广告文案写作中的传统文化因素 ………………………………… 71
三、传统文化对广告文案写作的影响 ………………………………… 74
第二节 东西方文化差异与广告文案写作 …………………………………… 76
一、中国传统文化的特征 ……………………………………………… 76
二、东西文化的差异表现 ……………………………………………… 79
三、中国文化的自身变迁 ……………………………………………… 81
四、东西方文化对广告方案写作的影响 ……………………………… 82
第三节 广告文案的文化蕴含和文化品位 …………………………………… 87
一、广告文案的生活文化内涵 ………………………………………… 88

二、广告文案的精神文化内涵和文化品位追求 …………………… 94

第四章 广告受众心理 …………………………………………………… 97
第一节 目标受众的期待心理 ……………………………………… 97
一、丰富多彩的期待心理 …………………………………… 97
二、有效引发期待心理的方法 ……………………………… 99
第二节 目标受众的接受心理 ……………………………………… 102
一、影响目标受众接受心理的要素 ………………………… 102
二、目标受众的心理接受过程 ……………………………… 104
第三节 目标受众的逆反心理 ……………………………………… 107
一、逆反心理的涵义 ………………………………………… 107
二、逆反心理的产生 ………………………………………… 107
三、逆反心理与广告劝服 …………………………………… 109
第四节 广告文案写作与受众心理 ………………………………… 112
一、受众心理对广告文案所提出的要求 …………………… 112
二、受众心理对广告文案写作的制约 ……………………… 113

第五章 广告创意 ………………………………………………………… 116
第一节 广告创意的本质 …………………………………………… 116
一、广告创意的概述 ………………………………………… 116
二、广告创意的依据 ………………………………………… 117
三、广告创意的实质 ………………………………………… 119
四、广告创意的特征 ………………………………………… 120
第二节 广告创意的规律 …………………………………………… 121
一、广告创意的产生过程 …………………………………… 121
二、广告创意的原则 ………………………………………… 124
第三节 广告创意的方法 …………………………………………… 125
一、创意与逻辑思维和直觉思维 …………………………… 125
二、垂直思考法与水平思考法 ……………………………… 126
三、发散性思考法与集中性思考法 ………………………… 128
第四节 广告创意经典案例评析 …………………………………… 134

第六章 广告文案的范式 ………………………………………………… 139

第一节 完整型广告文案 …… 139
一、完整型广告文案总述 …… 139
二、标题：广告文案的点睛之笔 …… 139
三、正文：广告文案的主体 …… 145
四、附文：对广告内容有所补充 …… 152

第二节 不完整型广告文案 …… 153
一、不完整型广告文案总述 …… 153
二、仅有口号的广告 …… 153
三、仅有标题的广告 …… 157

第三节 系列广告文案 …… 158
一、系列广告的涵义 …… 158
二、系列广告的特征 …… 158
三、系列广告的主要类型 …… 159
四、系列广告文案的表现形式 …… 165
五、系列广告文案的写作要求 …… 168

第七章 广告文案的分步写作 …… 173

第一节 广告标题的制作 …… 173
一、广告标题制作的成功经验 …… 173
二、制作广告标题的常用方法 …… 177

第二节 广告文案正文的写作 …… 180
一、正文的职责 …… 180
二、正文写作的基本原则 …… 181
三、正文写作的步骤 …… 182
四、正文写作应注意的问题 …… 184

第三节 广告口号的写作 …… 185
一、广告口号的写作程序 …… 185
二、广告口号的写作技巧 …… 188
三、广告口号的写作步骤 …… 189

第四节 广告附文的写作 …… 191
一、附文写作的规则 …… 191
二、附文的结构类型 …… 191

第五节 经典个案分析 …… 191

一、对内容相同的两则广告文案的分析 ………………… 191
　　二、对广告大师乔治·葛里宾一则广告的评析 …………… 193
　　三、对广告标题的评析 …………………………………… 195
　　四、对三则广告文案正文的评析 ………………………… 197
　　五、对黑松汽水的系列产品广告口号的评析 …………… 199
　　六、对获奖佳作东芝洗衣机广告的评析 ………………… 201

第八章　广告文案的语言(上) ……………………………… 204
第一节　广告语言的文体特征和通常要求 ……………… 204
　　一、广告文案语言的 KISS 公式 ………………………… 204
　　二、广告语言在 KISS 公式以外的特点 ………………… 205
第二节　广告诉求方式与语言 …………………………… 209
　　一、情感诉求广告与语言 ………………………………… 209
　　二、理性诉求广告与语言 ………………………………… 212
　　三、情理混合式广告诉求与语言 ………………………… 216
第三节　广告语言的创新 ………………………………… 218
　　一、广告语言创新的实例 ………………………………… 218
　　二、广告语言表现力的层次 ……………………………… 221

第九章　广告文案的语言(下) ……………………………… 226
第一节　广告语言的修辞技巧 …………………………… 226
　　一、在广告中使用修辞技巧应注意的问题 ……………… 226
　　二、广告文案中修辞格举隅 ……………………………… 226
第二节　广告语言的幽默技巧 …………………………… 232
　　一、真正的幽默必须富于智慧 …………………………… 233
　　二、广告幽默:思维闯关的过程 ………………………… 235
　　三、广告幽默与语言规律 ………………………………… 236
第三节　广告语言的其他技巧 …………………………… 239
　　一、广告中的留白技巧 …………………………………… 239
　　二、广告中的委婉技巧 …………………………………… 240
　　三、广告中的玄虚技巧 …………………………………… 240
　　四、广告中的数字技巧 …………………………………… 241
　　五、广告中的鼓动技巧 …………………………………… 242

六、广告中的恭维技巧……………………………………… 243
　　七、广告中的激将技巧……………………………………… 243

第十章　报纸广告文案写作……………………………………… 245
第一节　报纸媒介对广告文案写作的制约…………………… 245
　　一、报纸媒介的长短处……………………………………… 245
　　二、报纸广告文案写作所受的制约………………………… 247
第二节　报纸广告文案写作…………………………………… 249
　　一、报纸广告文案写作的特点……………………………… 249
　　二、报纸广告文案的具体写作……………………………… 259
第三节　报纸广告文案示例…………………………………… 265
　　一、英国旅游广告…………………………………………… 265
　　二、"舒味思"柠檬水广告…………………………………… 266

第十一章　广播广告文案写作…………………………………… 268
第一节　"为听而写"的广告文案……………………………… 268
　　一、广播音响的感染性……………………………………… 268
　　二、广播音响的易逝性……………………………………… 270
第二节　广播广告文案的构成要素…………………………… 274
　　一、广播广告声音三要素…………………………………… 275
　　二、广播广告文案的结构…………………………………… 279
第三节　广播广告文案的体式………………………………… 283
　　一、口播式广播广告的文案………………………………… 284
　　二、对话式广播广告的文案………………………………… 285
　　三、实况式广播广告的文案………………………………… 288
第四节　广播广告经典个案分析……………………………… 288
　　一、对优秀广播广告作品《静源茶阁》的评析……………… 288
　　二、对优秀广播广告作品《湘泉酒》的评析………………… 289

第十二章　电视广告文案写作…………………………………… 291
第一节　电视媒介的特点……………………………………… 291
　　一、电视媒介的特长与特短………………………………… 291
　　二、电视广告的文化品格…………………………………… 294

第二节 电视广告文案写作 297
一、电视广告文案的特殊个性 298
二、遵循电视广告文案写作的规律 300
三、电视广告文案的表现形式 304

第三节 经典个案分析 307
一、金融保险类广告 307
二、电器类广告 308
三、食品类广告 309
四、医药类广告 309
五、饮料类广告 310
六、工业品类广告 311
七、服装类广告 312

第十三章 网络媒体广告文案写作 314

第一节 网络与网络广告 314
一、网络作为广告媒介地位的确立 314
二、网络媒体的特点 315
三、网络广告的类型 317

第二节 网络广告文案写作 318
一、网络广告文案写作的特点 318
二、当前网络广告文案写作中存在的问题 321

第三节 网络广告个案分析 322
一、超短文本 322
二、长文案 324
三、从个案看网络广告的写作技巧 325

后记 329

绪　　论

第一节　关　于　广　告

一、广告的涵义

在当今社会,广告与人们生活的关系已经越来越密切。人们一方面为广告太多而感到无奈,但是另一方面又愈来愈离不开广告。

(一) 科学定义的构成

什么是广告? 要回答这个问题,并不十分容易。各个学者所给出的定义可能会有很大差异。为了使对广告所作的界定准确、科学,有必要首先研究科学定义的构成。

我们知道,任何科学定义由三个部分构成,那就是:种概念、属概念和种差。种概念即被下定义的概念。属概念指的是被下定义的概念所指代的事物属于哪一类。种差则是指被下定义的概念所指代的事物与属概念所指代的其他事物之间的差别。科学定义的表述为:种概念＝种差＋属概念。当然在这个公式中,包含了许多的要求。比如,属概念应恰当,种差应准确,不能用被下定义的概念来定义它自身,种概念的外延应与经过限制的属概念的外延相等,等等。在此恕不一一列举。

将广告一般地解释为"广而告之",这是一种以词释词的定义方式,固然不能算错,但这并不是科学定义的表述方式。

(二) 广告的科学定义

为广告下科学定义,种概念为"广告",这是很清楚的。接下来需要解决的是这样两个问题:一是属概念如何选定? 二是种差如何概括?

给广告下科学定义,可供选择的属概念很多。

比如,可以选"宣传方式"。我国 2000 年出版的权威性辞书——《辞海》,给广告下的定义是:"通过媒体向公众介绍商品、劳务和企业信息等的一种宣传方式。一般指商业广告。从广义来说,凡是向公众传播社会人事动态、文化娱乐、宣传观念的都属于广告范畴。"①在这一定义中,属概念为"宣传方式"。

也有的著述在给广告所下的定义中,属概念选用的是"传播活动"。邱沛篁主编的《实用广告学基础》将广告定义为:"广告是广告客户有计划地利用媒体传送各类信息,从而影响公众行为的信息传播活动。"②在这一定义中,作者以"信息传播活动"为属概念。有一点需顺便提及:用包含"广告客户"这一概念的文字来说明"广告",这是欠妥的(因为尚未弄懂"广告"的人是难于理解"广告客户"的)。

笔者认为,给广告下定义,属概念以选用"传播手段"为好。这是因为,"传播手段"既可以包括广告宣传所常用的方法,又可以包括特定广告运动中传播有关信息的动态过程,还可以包括用于对受众发布的具体广告作品。而"宣传方式"抑或"传播活动",则很难包括广告运动中广告主对受众所发布的具体广告作品。

在给广告下科学定义的时候,对种差进行准确的概括是一件非常艰难的事情。古往今来,人类的传播手段很多,那么广告何以与一般的传播手段相区别呢?科学地揭示这些区别,这就是"种差"所应担当的任务。

笔者认为,广告作为特定的传播手段,它与一般的传播手段的区别在于:

第一,广告有着提供相应信息和资金的易于识别的行为主体。

这种行为主体就是广告主,或者又叫广告客户。这和社会生活中某些找不到明确的行为主体的传播手段(例如一部分人际传播)有着本质的区别。

第二,广告主要传播广告就必须付费。

广告这种由广告主所采用的信息传播手段要想付诸实施,其前提是广告主必须付费。其他费用姑且不提,光是媒介租用费就是一笔不小的开支。而我们知道,新闻也是一种传播信息的手段。然而有关机构在媒体上发布新闻、刊登新闻报道,这是无需付费的。需要付费才能刊登的新闻,那是有偿新闻,往往违背新闻规律,在禁止之列。由此,同样是传播的手段的广告和新闻也就体现出了它们之间的质的差别。

第三,广告传播是一种有意而为的传播。

作为一种传播手段,广告总是有意而为的,而不是无意而为的。也就是说,制作和发布广告,都有着明确的目的性,事先都设定了相应的目标,不论是商业广告、公共关系广告还是公益广告,一概都是如此。在这一点上,广告和某些无意识抑或目标不明的传播手段也有着区别。

第四,广告所传播的是可以向社会公开的内容。

---

① 《辞海》第1020页,上海辞书出版社2000年出版。
② 《实用广告学基础》第3页,四川大学出版社1993年出版。

广告作为传播手段,总是期望其所包含的信息广为人知,不宜张扬的信息不适合通过广告来传播。在这里,广告和那些在范围上、在对象上有所限定的传播方式(例如公文的传播方式、内部会议的传播方式、说悄悄话的人际传播方式等等)也是有区别的。

至此,我们可以给出广告的科学定义如下:广告是明确的特定行为主体出于某种目的、支付一定的费用、为让公众广为知晓而采用的一种传播手段。在这一定义中,避免了某些广告定义排斥公益广告这样的明显疏漏。

二、广告的特点

广告的特点是与广告定义紧密相连的。因前面已有所涉及,这里仅作概述。

(一) 广告行为具有明确的目的性

广告主制作和发布广告的行为,总有着一定的功利目的,完全没有功利目的的广告是不存在的。广告的功利目的,有明显和隐蔽之分。在公共关系广告和由广告主出资制作的公益广告中,广告主的功利目的较为隐蔽;而在一般的商品广告中,广告主的功利目的较为明显。由社会团体、机构制作发布的公益广告,则包含着明确的利社会、利他人的功利目的。

(二) 广告诉求内容具有可公开性

通过广告传播的内容,必须是可以公开的(不可公开的内容则不适合于写入广告)。一般而言,广告诉求内容是知道的人越多越好。当然,有的人知道了广告诉求的内容,就有可能采取广告主所期望的举动(这些人就是广告的目标受众);而有的人即使知道了广告的内容,未必会采取广告主所期望的举动。广告传播必须研究广告信息如何有效抵达目标受众并为他们所接受的问题。

(三) 广告传播对媒介有着依赖性

无论是何种传播手段,都必须借助于某种相应的媒介(既可以是大众传播媒介,又可以是其他媒介)。媒介的选择,应确保广告诉求内容能够顺利地达到目标受众。在通常情况下,发布广告的媒介多为大众传媒;在特殊的情况下,人体、空气等这些通常并不被当作媒介的特殊介质,也可以充当广告媒介。

(四) 广告运动有着周密的计划性

广告行为是有着周密的计划性的行为,不能任意而为,不能随心所欲。广告运动讲究策划。既有关于广告运动的整体策划,又有关于某一个环节、某一个广告作品的局部性的策划。记录特定广告运动的整体性策划、构想的文本,就是广告策划书。

（五）广告传播实施体现出有偿性

广告从本质上说是一种经济行为。任何广告总是需要经济上的付出的,这就是投入。做商品广告是一种投资活动。好的商品广告应该能给广告主带来比投入更大的经济回报,这就是产出。没有广告投入,就不会有广告产出。广告的有偿传播信息与新闻的无偿传播信息,构成了两者在一个方面的重要本质差别。

三、广告的作用

（一）广告有着促进商品流通的作用

广告促进商品流通的作用,这是人们有目共睹的。广告以其所提供的信息,在生产厂家与用户、销售商家与消费者之间架起了桥梁,可以在一定程度上避免由于信息闭塞而造成的厂家和商家找不到消费者,消费者找不到厂家和商家的现象。在今天市场经济的条件下,同类产品之间的竞争十分激烈。在这种情况下,厂家和商家通过广告向目标受众传播有关的信息显得尤其重要。有道是:"酒香也怕巷子深。"这从一个侧面证明了广告对于促进商品流通所具有的作用。

（二）广告有着服务人民大众的作用

商品广告仅仅是广告的一种形式。除商品广告以外的其他各类广告,给大众提供涉及方方面面的服务信息,比如人才招聘的信息,各类教育培训的信息,有关机构便民服务的信息、有关单位和人员物品转让的信息、有关律师事务所的法律援助信息,等等。在许多场合,只要接触到有关的广告,人们就能非常方便接受广告中所提及的有关服务。广告信息的传播给人们普遍地带来了好处。

（三）广告有着营造良好氛围的作用

人们生活在一定的社会环境之中。人们希冀自己生存其中的社会环境有着良好的氛围。良好氛围的营造,有赖于诸多力量的介入。而广告,则是诸多力量中的一股重要的力量。健康的广告,是优越的社会环境的一个构成部分。它可以陶冶人们的身心,可以优化外部环境,可以倡导文明健康的社会时尚,可以在营造良好的社会氛围方面发挥自己的积极作用。

（四）广告有着传播优秀文化的作用

广告本身就是一种文化产品。在一则则广告作品中,都程度不等地包含着文化的底蕴。好的广告,有着优秀文化的丰富内涵。这样的广告,不仅满足了人们对于广告信息的需求,而且给人们带来了美的享受。也许可以说,广告本身就是一种传播优秀文化的载体。我们完全可以用它来包孕更多优秀文化的成分。

四、广告构成元素

任何广告,都有相对恒定的构成元素。那么广告有哪些构成元素呢?

(一) 广告主

如前所述,广告主就是广告运动中的行为主体。它是广告信息的提供者,同时又是广告经费的承担者。制作和发布广告的动议,首先是由广告主提出的。它是特定的广告运动所涉及的诸多方面中的唯一的主动者。可以说,代为制作广告的广告公司、代为发布广告的大众传媒、有意无意接受广告的受众,在由广告主发起的特定的广告运动中,都体现出一定程度的被动性。作为主动者的广告主,他们总是故意为之。由于他们提供了广告信息和广告经费,特定的广告运动才能由此而启动。

(二) 广告内容

广告的制作和发布,有赖于一定的广告内容。广告的内容颇为宽泛,可以大致概括为与广告主有关的三个方面:一是宣传特定的产品或服务;二是塑造自身的良好形象;三是倡导对自己有利的某种理念。上述内容,都是通过一定的信息来表现的。离开了受众感兴趣的内容,再好的广告形式都会失去依凭。

(三) 广告公司

广告公司,或者又叫广告代理,是代理广告主进行广告策划、制作、发布的机构。这种机构,与几个方面发生联系:一是和广告主相联系。它必须理解广告主的意图,按广告主的要求制作和发布广告。二是和广告媒介相联系。有的广告公司自己拥有一部分媒介,这些媒介可以为广告主所用;一部分媒介并不是广告公司所拥有的,广告公司负责出资租用。三是和市场相联系。广告在开始制作之前,广告公司将负责进行大量的市场调研。广告作品在制成以后,将由广告公司通过媒介向市场发布。广告作品在发布以后,需要由有关的机构从市场上收集来自受众的反馈意见,对广告效果作出评估。

(四) 广告计划

特定的广告运动是为了实现特定的广告目标而展开的。它需要有周密的计划,需要作整体策划。有无广告计划,广告计划是否科学,这是决定广告效果的重要因素。广告计划应当包括市场调研、广告定位、广告创意、广告制作、广告媒介组合、广告经费使用、广告效果测评等一系列内容。

(五) 广告媒介

广告的发布离不开媒介。这里所说的媒介,既可以是影响力大、传播面广的大众传媒,又可以是其他介质。作为广告媒介,总是有一定的要求:一是要有可以负载信息的功能,这就是所谓可载性;二是受众接触媒介的机会多、人数多。流动的媒介流动的范围应当比较大,固定的媒介应当位于人流量大的场所。

(六)广告经费

广告经费是广告运动得以展开的经济基础。它应当包括市场调研、广告创意策划、广告制作、媒介租用、广告效果评估等各种费用。

第二节　关于广告文案

一、广告文案概述

(一)广告文案的涵义

人们对于广告文案的定义各不相同。

有的辞书将广告文案定义为:又叫"广告文稿","是以广告宣传为目的的文字作品,分广告应用文和广告文学作品两大类型"。[①]将广告文案定义为"以广告宣传为目的的文字作品",似乎显得过于笼统。事实上,"以广告宣传为目的的文字作品",除了广告文案以外,也还可以包括产品说明书。而广告策划书,似乎也可以归入此列。而它和广告文案并不是一回事。

高志宏、徐智明所著《广告文案写作——成功广告文案的诞生》将广告文案定义为:"已经完成的广告作品的全部的语言文字部分"。[②]这一定义相当简洁明了。然而它的不足有二:一是作为修饰语,"已经完成的广告作品的"显得多余。实际上,广告文案是先于已经完成的广告作品存在的,并不存在广告作品完成以后才有广告文案这一说。二是广告文案是"广告作品的全部的语言文字部分"的说法,也很值得推敲。按通常理解,文字须借助于纸质媒介来表达(当然在网络环境中,文字也可以不借助于纸质媒介来表达),而语言则往往可以区分为有声语言和无声语言两种类型。广播广告所依赖的是有声语言,电视广告则可以将有声语言和无声语言相并用。广播广告作品中的有声语言并不就是广告文案。这类广告作品的文案,是与有声语言相对应的文字部分。同样,在电视广告作品中,无论是有声语言还是无声语言,都并不是广告文案。广告文案只是与有声语言和无声语言相对应的文字部分。

正是基于上述考虑,笔者认为,广告文案应当是广告作品的文字部分。使用

[①] 陈先枢编:《实用广告辞典》第95页,湖南科学技术出版社1993年出版。
[②] 《广告文案写作——成功广告文案的诞生》,中国物价出版社1997年出版。

这一定义,不会将广告文案与广告策划书相混淆。因为后者所包括的内容要比前者所包括的内容多得多,广告文案只是其中的一部分。很显然,广告策划书并不属于广告作品的文字部分。这一定义,也不会使广告文案的外延不恰当地延伸。

(二) 广告文案的类型

对广告文案进行分类,也是一件很困难的事情。不同的人有不同的分类方法。由于所取角度的不同,也会造成分类上的不同。我们这里采用以不同的媒介为标准对广告文案进行分类的方法。

1. 印刷媒介广告文案

印刷媒介包括报纸媒介、杂志媒介和其他纸质媒介(如邮送广告等)。这类媒介的共同优点是:文字可以和画面相配,可以留在纸上,可以用来表现比较复杂、比较深刻的内容,便于长期保存,便于随纸流传。当然,其缺点也是很明显的:传播信息停留于平面,缺乏立体感,难以造成如同电视媒介那样的视觉冲击力。印刷媒介广告文案的写作,应当体现出这种媒介的特点,要注意文字与画面的匹配,注意文字表达的醒目,注意运用版面语言来表达广告诉求的主要内容。

2. 广播媒介广告文案

广播媒介是借助于无线电波来传播有关信息的媒介。这种媒介传播的信息,可谓稍纵即逝。受众接受这类媒介传播的信息,完全凭听觉。这是它的短处。但它同时又有长处。一般说来,广播媒介有自己的固定的听众群,适合于对这些听众群播出他们所关心的广告信息。广播媒介传播广告信息,速度快,费用低。对于广播所传播的广告信息,听众只需具备收听条件便可接收,除此以外别无要求。为广播媒介撰写广告文案,应该充分注意到受众的收听特点。在文案中,要避免可能产生误听的字、词,对重要的广告内容要安排适当的重复,要注意广告内容与音响效果的和谐。

3. 电视媒介广告文案

电视被称为综合艺术。电视媒介不仅作用于人们的听觉,而且作用于人们的视觉。它不仅拥有印刷媒介所可以负载的文字(在荧屏上可以打出字幕),而且拥有广播媒介所有拥有的有声语言和其他音响,同时还拥有富于动感的连续的画面。电视媒介综合了各种媒介(印刷媒介、广播媒介以及它本身)所具有的优势。说电视是一种强势媒体,这一点也不过分。当然,电视作为媒介,也有自己的弱点。它在表现深刻的理念方面,比不上印刷媒介;在节目制作的便捷方面,又比不上广播媒介;它在制作费用的低廉方面,既比不上印刷媒介,又比不上广播媒介。

与电视媒介的特点相联系,电视广告文案的写作有其独特之处:文案的文字不应当只是平面广告的文字,而应当充分利用连续的活动的画面,要以语言文字来表达这种活动的画面(应善于对画面作分镜头处理);要有一定的文字描述有关的场景以及人物的对白和独白;还要有相应的文字对人物动作、外界音响效果作出提示;为了吸引观众,电视广告文案还应有一定的情节。

4. 网络媒体广告文案

网络媒体现在被公认为第四媒体。只要是计算机网络可以到达的地方,也就是网络所传播的信息可以到达的地方。而且,在网络条件下,使用者可以很方便地通过"链接",搜寻与特定信息相关的、以往发布的其他信息。从这个意义上说,网络传播打破了地域界限,它是超越时空的。此外,网络媒体融合了其他诸多媒介的优点和长处,在传播信息的快捷方便、传播范围广阔、多媒体并用等等方面,都有无可取代之处。在传播广告信息方面,网络媒体也已经崭露头角。网络信息的编辑体现了"全历史"、"全社会"、"全受众"、"全天候"的特点。可以说,网络媒体是在全天候滚动播出信息方面做得最为彻底的一种媒体。第四媒体与传统的三大媒体的信息编辑是有着很大差异的。正因为如此,写作网络媒体广告文案有一系列独特的要求。

5. 其他媒介广告文案

除了上面所说的诸种广告媒介以外,也还有其他一些广告媒介,比如路牌、霓虹灯和有关实物等。不同媒介的广告文案由于受到媒介条件的制约,在写作上有着并不完全相同的要求。

(三) 广告文案的作用

1. 广告文案是制作广告的蓝本

广告文案为广告作品的制作提供了蓝本。无论是在什么情况下,有了广告文案,也就有了制作广告作品的明晰的思路,就有了成品或半成品。在特定的广告运动中,要防止轻视广告文案和广告文案写作的倾向。

2. 广告文案是广告创意的表达

广告文案负有一项重要的使命,那就是:在进行发散思维的基础上,经过择优汰劣,形成广告创意,并在文案中将它记录下来、表现出来。我们说,广告创意是整个广告文案的核心,在特定的广告运动中有着重要的地位。从某种意义上说,找到了好的创意,也就在相当程度上完成了广告文案写作。

3. 特定广告运动的一系列环节都与广告文案有关

特定的广告运动包含了一系列环节。这些环节与广告文案有着密切的联系。比如,市场调查研究在一定意义上是为广告文案写作而展开的,而广告文案的成功写作使市场调研的成果得到了充分的利用。广告的媒介战略,是为发布广告作品而采用的。如果广告文案没有形成,那么广告的媒介战略也就失去了它存在的价值。

二、广告文案的特点

(一)广告文案的文本特点

1. 广告文案的文本极为简短

一般来说,广告文案的文本都是非常简短的。这主要是因为:受众在通常情况下只是以很短的时间接触广告,他们很少有耐心读(看或听)完长广告。文字精短、重点突出的广告,其效果往往比较好。广告媒介租用费是一笔相当大的开支,强调文案简短,当然也有节约广告费用的考虑。

广告文案文本的简短,这在所有形式的文章体裁中都是比较突出的。它可以是一段短文,也可以是三言两语,甚至还可以是片言只语。这样一种情况,在其他文章样式中,未必就能被认可。

2. 广告文案的文本充满智慧

广告文案的文本,篇幅虽然短小,但往往是充满智慧的。有时虽然只是寥寥数语,但显得颇为机智。或者是"妙语如珠",或者是"藏巧于拙",或者是"投机取巧"。总之,应该是字字珠玑,饱含智慧。生发灵的广告文案,写作:"聪明不必绝顶"。广告语在一般所说的"聪明绝顶"的成语中加了一个"塞子"("不必"),这确实是大大出乎受众的意外。人们一旦读懂,马上就能感悟到它的妙处。

有一则脱脂奶粉的广告文案这样写道:

试图使他们相会?

亲爱的扣眼:

你好,我是纽扣,

你记得我们已经有多久没在一起了?

尽管每天都能见到你的倩影,

但肥嘟嘟的肚皮横亘在你我之间,

让我们犹如牛郎织女般的不幸。

不过在此告诉你一个好消息,

主人决定极力促成我们的相聚,

相信主人在食用 DIPLOMA 脱脂奶粉以后,

我们不久就可能天长地久,永不分离。

这样一则广告,用一种委婉有趣的方式,幽默诙谐地向人们诉说了脱脂奶粉的引人注目的好处,让人看完以后忍俊不禁。当然,就充满智慧而言,其他文章样式中的微型小说可与广告文案媲美。但是,微型小说通常并不用于广告诉求。

3. 广告文案的文本形式多样

广告文案的文本样式是多种多样的。既可以有证言式,也可以有虚构情节式;既可以有书信体,也可以有散文体;既可以是对话,也可以是一般的陈述;既可以是相声、对口词,也可以是诗歌辞赋;既可以是广播稿,又可以是电视脚本。总而言之,广告文案的文本形式多种多样,难以一一列述。

(二) 广告文案与新闻作品的比较

两者相比,有诸多不同:

1. 在对真实性把握上有所不同

广告文案和新闻作品都强调真实性。但广告的真实性和新闻的真实性内涵是不一样的。所谓广告的真实性,是指广告所涉及的基本事实的真实。广告不能在产品或服务的有无,质量的优劣,消费者的评价等等方面传播虚假的信息(不能无中生有、将劣质说成优质、将很差的评价说成很好的评价)。在真实反映基本事实的前提下,广告在表现诉求内容时,往往可以使用夸张甚至是极度的夸张,也可以根据诉求的需要进行某些必要的虚构。这样做,并不违背广告的真实性。而新闻的真实,是指如实地反映事物的原貌。如果对事实的反映不符合事实原来的面貌,那么就是报道失实,就违背了新闻规律。新闻在对事实进行报道的时候,不允许进行虚构,同时应该慎用夸张(使用夸张应当不影响对事实的真实报道)。

2. 在文本价值取向上有所不同

新闻作品的文本,侧重于报道有新闻价值的事实,或者说,事实的具有新闻价值的部分,是新闻作品应作为重点加以突出的内容。与此无关的内容,在新闻作品中就没有它的位置。这是新闻作品的一种基本价值取向。而在广告文案中,重点是那些能够吸引和打动受众的内容,是能够对推销产品和服务构成推动力量的内容。新闻作品主要用来满足受众的知情欲望,而广告文案则主要用来劝服消费者购买特定商品、接受特定服务或接受广告主所倡导的某种观念。可见,两者的归宿是不同的。

3. 在文本的结构上也有所不同

新闻作品的文本结构,虽然因具体文体而异,但其基本模式无非是两大类:新闻信息报道类,文本结构以确保清楚地报道新闻事实为基本要求,往往采用相应的方法突出主要内容和主要事实,一般都比较注重于报道新闻事实发展的来龙去脉;新闻事实评析类,文本结构以就事论理为基本要求,往往采用相应的方法来示理和明理,摆事实、讲道理的过程展示得相当清晰。而在广告文案中,提供信息往往并不涉及其来龙去脉,对道理、对观念并不加以论析,更不涉及推理的过程。

(三) 广告文案与文学作品的比较

不可否认,一部分广告文案与文学作品非常接近。也可以说,这一部分广告文案是借用文学作品的样式来进行广告诉求的。但是,这类广告文案与一般意义上的文学作品也仍然有着一定的差别。因为,它毕竟包含了广告诉求的因素,它已经不再属于纯文学作品了。撇开这种情况,应当说,广告文案与文学作品两者之间的差别是比较大的。文学作品的作者,可以在掌握大量的生活素材的基础上,进行大胆的虚构,这并不违背艺术真实性的原则。可是,广告文案的作者却并不能像作家那样进行虚构(广告所涉及的一些基本事实是不允许虚构的)。文学作品的目标是形成供人欣赏的审美对象;广告文案既要给人带来美的享受,同时又必须有利于实现广告主的既定目标和要求。可见,广告文案应该兼具审美性和功利性。

三、广告文案与广告

广告文案未必就是广告(作品),同时又未必不是广告(作品)。广告文案与广告(作品)之间呈现为比较复杂的关系。

(一) 在某种情况下广告文案本身就是广告(作品)

为数不少的广告文案,不需要另外再作什么加工,就已经可以直接面对目标受众。这些广告文案就已经是广告(作品)了。一般来说,印刷媒介的部分广告文案大致就属于这种情况。另一种情况也很值得引起我们的注意。有时,广告文案到了非常简化的地步,它只是一段甚至只是一句广告语。广告文案和广告(作品)已经完全合而为一了。

(二) 在某些情况下广告文案是制作广告作品的基础

在某些情况下,广告文案和广告(作品)并不能相等同。印刷媒介的广告,在文案的基础上还需要配上画面。在这类广告中,文案只是整个广告作品的一部分,当然是很重要的一部分。对于广播广告来说,文案也并不就是广告作品本身。因为文案的文字有待于转换成有声语言。除此以外,还要配上必要的音响。电视广告文案,其实只是电视广告的脚本。需要有关人员在此基础上进行二度创作,需要在文字的因素之外,加入画面、音响和其他因素。不过,不管是哪一种情况,优质的广告文案对于最后成型的广告作品来说,都是不可或缺的基础。

（三）不管在什么情况下广告文案于广告都是很重要的

不管在何种情况下,广告文案对于广告(作品)都有相当的重要性。也许可以这样说:没有广告文案,就不会有广告作品;没有好的广告文案,也就不会有好的广告作品。注重于广告文案写作,这是优秀广告作品产生的前提条件。

第三节 关于广告文案写作

一、广告文案写作的准备工作

（一）市场调查研究工作

进行广告文案的写作,事先需要做大量的准备工作。在这一点上完全可以说:功夫在诗外。在诸多准备工作之中,尤为重要的是市场调查研究工作。这既是特定的广告运动的起点,也是广告文案写作的起点。原因是:产品的销售是在市场上实现的,此其一;其二,消费者是市场的主体;其三,围绕特定产品或服务所制作的广告,也必须进入市场。不了解市场的人,在广告文案写作方面就难有作为。

（二）目标受众分析工作

在制作广告的时候,必须首先明确这样四个问题:一是为什么做广告;二是做什么广告;三是广告做给什么人看;四是通过什么渠道发布广告。在以上四个问题中,第三个问题显得格外重要。在写作广告文案的时候,应该确定广告作品的目标受众。然而目标受众的确定,不能凭广告文案撰稿人的主观臆断。这一工作,要在市场调研的基础上进行。与广告所宣传的产品或服务存在着现实的和潜在的密切关系的受众,也就是特定广告的目标受众。要进而分析目标受众对广告所宣传的产品或服务有何期待心理,对宣传特定产品或服务的广告有何期待心理(要了解他们喜欢看什么样的广告,不喜欢看什么样的广告)。对目标受众的消费行为和消费心理,广告文案撰稿人也有加以研究、关注的必要。

（三）广告策划定位工作

广告策划和广告定位是两个有着密切联系的概念。与广告定位相联系的是产品定位。所谓产品定位,也就是科学地确定特定产品在市场上的位置。产品在市场上找不到自己的位置,那么它就无法有效地占领市场。产品如果定位不当,那么它就无法在市场上占有比较大的份额。广告定位是在产品定位的基础上进行的。美国七喜汽水导入市场时所作的广告定位堪称经典个案。当时,美国的饮料市场为可口可乐、百事可乐等可乐型饮料所瓜分。刚问世的七喜汽水几乎是无从插足。在这种情况下,有关人士认真研究了可乐型饮料和七喜汽水的情况,结果发现:可乐型饮料的消费者普遍存在着这样的隐忧——担心长期饮用可乐,其中的咖啡因对人体有害。于是这些人士进行了准确的定位:强调七喜汽水不含咖啡因。这就找到了七喜汽水的市场空间,同时也就找到了七喜汽水广告的市场空间。由此,七喜汽水导入市场一举获得了成功。

再说广告策划。这种策划是有关特定广告运动的整体性策划。它当然应当包括广告定位在内。但是,除了广告定位策划以外,它还应该包括诸多方面的策划:公共关系活动策划(公关活动应当和广告活动密切配合),广告媒介策划(对于广告的发布媒介、广告的发布时间、广告的发布地域、广告媒介的组合应当有通盘的考虑),商品营销策划等等。

二、广告文案写作对撰稿人的要求

(一) 对市场有精深的研究

对广告文案撰稿人来说,没有什么比了解市场更重要的了。市场是商品流通的场所,也是企业和企业之间的角力场。

一是要了解特定的产品和服务。广告是围绕特定产品和服务展开诉求的。为此,在广告文案写作之前,必须认真研究特定产品和服务,特别是要注意发现其无可取代的特点。笔者曾经对市场上的电冰箱作过一番调研,结果发现:海尔电冰箱的"三无"(无霜、无臭、无氟利昂)是它的不可取代的特点,其他的电冰箱往往只是"一无"或者"二无";无锡小天鹅集团生产的松下电冰箱,其中的一块在停电时可以确保冰箱内温度不升高的特殊的板,体现了它的无可取代的特点;另有某品牌的电冰箱,在保鲜柜和冰柜之外还有一个微冻柜,这是此种电冰箱的无可取代的特点。一般来说,特定产品或服务的无可取代的特点,也就应当是广告诉求的重点。可是,再看上述几种电冰箱的广告,却很少突出这些令人怦然心动的特点。这是令人遗憾的事情,也许是因为对产品的情况不够熟悉所致。因此,对市场进行调查研究,就应当对特定产品或服务的情况进行调查研究。

二是要了解市场上特定产品的销售情况。对于广告人来说,了解市场有其特殊重要的意义。在市场调研的过程中,广告文案撰稿人,应当用很大的精力了解市场上特定产品的销售情况。要了解消费者的构成,消费者的消费心理,消费者对特定产品的反馈意见。在市场调查研究的过程中,要努力发现特定产品的市场空间,特别是要注意发现开拓消费者心理空间的有效途径。

三是要了解竞争对手的现状。一般说来,在今天的条件下,一个企业所生产的产品难以成为无可取代的产品。所以,特定产品和服务在市场上总是面临着激烈竞争。按照"知己知彼,百战不殆"的原则,广告文案的撰稿人不仅应当对广告主的有关情况有所了解,而且应当对广告主的竞争对手的有关情况了如指掌。首先,要了解竞争对手的产品的情况(性能如何、价格如何、质量如何、寿命如何、美誉度如何等等)。其次,要了解竞争对手的产品的市场销售情况(市场占有率的情况,消费者的情况,产品售后服务的情况等等)。最后,要了解竞争对手的产品广告情况(做过哪些广告,通过什么媒介、在哪些地方发布,采用了什么样的广告策略,有哪些成功的广告作品等等)。广告主和广告文案撰稿人如果不了解自己的对手,那么,参与市场竞争就难免会出现盲目性。

(二) 对广告有独特的理解

广告和广告文案并不只是一般的促销之辞。广告语看似只是片言只语,然而这并非信手拈来。广告文案撰稿人,对于广告的理解不能只是停留于一般的水平,而应该有自己独特的理解。在一则广告文案中,既要有"商",又要有"文",还要有"智"。所谓有"商",就是要懂得商品经济的规律,要有经济头脑,对商战有相当的洞察力;所谓有"文",是指有文化底蕴和义化品位;所谓有"智",也就是说要体现出妙思和睿智。一言以蔽之,广告文案和广告是"商"、"文"、"智"三者的合一。

(三) 在表现上有过人之处

广告文案撰稿人在表现内容或表现形式上,应该有过人之处。他们应该能将广告内容演绎得受众愿意加以注意,能够引发兴趣、产生欲望,最后愿意采取相应的行动。他们常常会在广告文案中出现惊人之笔,让人看完之后为之叫绝。口子酒的广告写道:

　　生活中离不开那口子。

在这里,"离不开"的那"口子"一语双关,妙不可言。
有一家房地产公司所作的形象广告是母子之间的这样一段对话:

　　孩子:月亮是不是天上的一个洞?
　　妈妈:不,是星球。
　　孩子:月亮上有没有大宫殿?
　　妈妈:没有,只有石头。
　　孩子:月亮上有没有嫦娥?
　　妈妈:没有,只有太空人走过。

孩子：他看到那个兔子了没有？
妈妈：傻瓜！

这一则广告是有争议的。但笔者认为，作为房地产公司的形象广告，它是标新立异的。人们的目光会被它所吸引。也就是说，它以形式的非同一般而引人注目。更重要的是，它表现出一种对童心和人类美好天性的尊重、对想象力的尊重。这对于它塑造自身的良好形象是颇为有利的。制作这一类广告，如果只靠直来直去、声嘶力竭的几句话，是难以收到很好的效果的。

（四）具有多学科的知识

广告是一门融合了多学科知识的学科。而广告文案写作也就与多种学科的知识有关。撰稿人要把广告文案写得实用、管用，就必须熟悉市场营销学、社会学、公共关系学、消费心理学和宏观经济学的有关知识；要把广告文案写得好看、优美，就必须熟悉美学、写作学、语言学和文学艺术创作的有关知识；要把广告文案写得便于操作，就必须熟悉广告学、传播学和法学的有关知识。

三、广告文案写作与一般写作的异同

（一）广告文案写作的一般特点

1. 广告文案写作体现出很强的艺术性

这里所说的艺术性，是一个比较宽泛的概念，不仅是指具有文学艺术的品性，而且是指在相关的领域内达到比较高的水准。广告文案写作的艺术性，首先体现在广告能把话说到目标受众的心坎上。因此，广告文案撰稿人应该致力于寻找广告诉求内容进入受众心智的有效途径。雀巢儿童成长奶粉的广告只有寥寥数字："儿童的成长只有一次"。但是许多年轻的母亲看了这个广告却表示：自己的心都给刺穿了。因为，她们或许已经错过了对于儿童来说只有一次的成长机会；或许她们差一点失去这样的一次性机会，她们感谢广告的友善提醒。可见这个广告做得很有艺术性。广告文案写作的艺术性，其次体现在广告诉求的方法有趣、有效。一种电脑的广告写道："这种电脑的唯一的缺点是不能给它的主人冲咖啡。"言下之意是说，这种电脑除了不成其为缺点的缺点以外，什么实质性的缺点都没有。广告文案写作的艺术性，再次体现在广告创意新颖独特，标新立异，独辟蹊径。关于这一点，本书将有专章加以论述，这里不再展开。

2. 广告文案写作体现出很强的实用性

广告文案写作是一种实用写作，广告文案是一种实用文体。它要求对于塑造企业形象，推销企业的产品或服务，传播企业所要倡导的观念有用和有利。虽

然是很有艺术水准的广告,然而并不具备业界所公认的实用性,那么,它往往并不是好的广告。因为广告作品和艺术作品并不是一回事。广告文案是否具有实用性,可以通过受众调查、定量分析和在此基础上进行的科学评估作出结论。

3. 广告文案写作体现出很强的可操作性

广告文案并不是单纯供人们欣赏的艺术品。它需要投放到特定的广告运动之中,需要用于通过媒介向广大受众发布。也就是说,它需要进入到广告操作的流程(这一流程有着比较严格的规范)。仅仅可以用于观赏、用于品味,而无法进行具体操作进而加工成广告作品的文案,是不能叫做合格的广告文案的。

（二）广告文案写作与一般写作的相同之处

广告文案写作与一般写作一样,它们同属于写作的范畴。既然如此,就都应该遵循写作的共同规律。

1. 都遵循主题发挥灵魂作用的规律

一般文体写作注重于确立和提炼主题,这无须多言。在广告文案写作中,同样必须注重于此,在这个问题上恐怕并非人人都有清醒的认识。事实上,广告文案通常也有主题,也存在着一个主题是否新颖、深刻的问题。好的主题往往能使广告文案在众多的广告中脱颖而出,显出高人一筹的品格。平庸的主题,将使广告文案遭人冷落。一则阿迪达斯旅游鞋的广告,在"穿一双坏鞋走在一条好路上,就等于走在一条坏路上;穿一双好鞋走在一条坏路上,就等于走在一条好路上"这样一个创意的基础上,提炼出了"鞋子就是路"的主题。可以说,这一主题使广告文案陡然增加了光彩。这就充分说明提炼主题对于广告文案写作有多重要。

2. 都遵循结构讲究优化组合的规律

对于一般文体写作来说,谋篇布局(也就是文章结构)是很重要的。文章结构所力求解决的,是局部性的思维成果和文章素材的优化组合问题。它既要正确地确定局部性思维成果和文章素材的取舍,又要解决它们之间排列的有序性问题,还要试图通过超常规组合取得最佳效果。在这一方面,广告文案同样如此。

3. 都遵循文本包含上佳创意的规律

除了程式化的公务文书和日常应用文以外,一般文体写作和广告文案写作都讲究好的创意。好的创意,使文本形成了亮点。鲁迅先生的杂文《拿来主义》,在"拿来"上形成了精湛的创意;微型小说《两次会议记录》,由两次同一批干部参加两个内容截然相反的会议所形成的记录构成鲜明的对照,人们不难体会其创意之妙。广告文案写作当然也必须强调有上佳的创意。万科房地产公司的房地产广告《明天,我们将居住在哪里?》,把人们的目光引向树梢顶上的鸟窝,这一创意不同凡响,使人陡然产生了兴趣。

4. 都遵循语言追求良好效果的规律

不管是什么文体的写作,都要求作者有较强的驾驭语言的能力,都需要追求最佳的语言表达效果。能够产生良好效果的语言,通常应该是生动的、鲜明的、准确的。这已经无须赘述。对于广告来说,语言表达同样重要。某超市电话购物服务的广告语为:"以指代步"。可谓言简意赅、妙趣横生。又如,上菱无霜电冰箱的广告语为:"上菱电冰箱唯一不能回答问题是:什么是霜。"这一广告巧妙地点出了上菱电冰箱无霜的特点。简洁的语言使广告产生了特殊的效果。

(三) 广告文案写作与一般写作的相异之处

1. 广告文案的写作更注重文字以外的因素

一般的文章样式,往往纯粹是以文字为媒介。在这种情况下,文章写作无需考虑文字以外的因素。可是,广告文案的写作不是这样。在广告作品中,除了文字的因素以外,常常还包含画面的因素、音响的因素等等。正因为如此,在写作广告文案的时候就必须综合考虑各种因素。比如,在写作广告文案的时候,应当为画面留下适当的空间,应当注意文字与画面的相配。又比如,要在文案中包含音响的因素。

请看美国《时代》周刊广播广告的文案:

——对不起,先生,半夜三更您在这儿干什么?

——看见您太高兴了,警官先生。

——我问你在这里干什么!

——我住得不远,那边,第四幢楼……门口正在修路。

——先生,别废话了,请回答我你在这里干什么!

——哎,别提了。我本来已经上床睡觉了,可是突然想起来白天忘了买本《时代》看了。

——你穿的这是什么?

——衣服? 睡衣呀! 哎哟,走的时候太慌张了。我老婆的睡衣。很可笑吧?

——上车吧,我送你回去。

——不行,没有《时代》周刊我睡不着觉,躺在床上看"电影评论"、"现代生活掠影",这些栏目……

——好了,好了! 快点吧,先生!

——我试着看过其他杂志,都不合胃口,您知道《时代》发行情况一直上升吗?

——不知道,我知道罪案发生的情况。(汽车发动声)

——像我这样的《时代》读者多得很,比如温斯顿·丘吉尔,你呢?快快,不好了,快停车,你总不能看着我穿我老婆的睡衣就把我送到警察局去吧?

——你到家了!下车吧!(停车声)

主持人:《时代》周刊,轶闻趣谈。

买一本,度过良宵。

看一遍,安然入眠。

在这一文案中,有两处对音响效果进行了提示,一方面给人以身临其境之感,另一方面也为广告作品的制作提供了方便。

再请看统一绿茶"滑草篇"的电视广告:

镜头:几个年轻人站在高高的草坡上,对着远山尽兴地呐喊。还嫌不过瘾,便干脆坐在草皮上,顺着碧绿的草坡飞滑而下,笑声欢畅淋漓……

音效:(年轻人兴奋地对着远山喊)"喂——喂——"

(从草坡滑下时开心的笑声)

(畅饮绿茶声)

(清新的水滴声)咚——

男声旁白:找到属于自己的方式,亲近自然,统一绿茶。

广告中的文案很简洁,但是配合音响,人们就能完全接受亲近自然的创意概念。文案对画面和音响起到了画龙点睛的作用。

2. 广告文案的写作更注重精湛独到的创意

根据《广告时代》专栏作家鲍勃·加菲尔德的评判,1997年度世界最佳电视广告奖应该授予巴塞罗那帝威柯贝茨公司(Delvico Bates)为精华(Esencial)护手霜做的广告。广告一开始,一名女性骑着一辆车链没打油、嘎吱响个不停的自行车。然后,她下车,打开一瓶精华,在车链上抹了一些护手霜,然后上车骑走了——但车链仍然嘎吱响个不停。为什么会这样?这是因为,正像旁白所说的那样:"精华保湿,但不含油脂。"[①]在这一则电视广告中,旁白所说的一句话实际上就是广告口号。为了形象地体现广告口号的意思,创意制作人员煞费苦心,给

---

① 见〔美〕威廉·阿伦斯著、丁俊杰等译:《当代广告学》(第7版)第393页,华夏出版社2001年出版。

人们讲述了一个非常有趣、令人捧腹的故事。广告的这样一个创意实在令人叹为观止。

3. 广告文案的写作更注重文本的精短

一则广告文案的篇幅总是极其有限的。几句话甚至一句话的广告文案不在少数。这就对文案的语言提出了更高的要求。在广告文案写作中,不仅要炼意,而且要炼句甚至炼字。某保险公司的广告:"当晚霞消逝的时候……",已经简练到了不能再简练的地步。读着这样的广告,我们可以从委婉的广告语后面领略到它的意思。鱼牌挂锁的广告:"一夫当关"。它所省掉的下半句"万夫莫开",是人们不难联想到的。而这正好是广告对消费者所作的形式独特的承诺。

4. 广告文案的写作更注重劝服的作用

广告作品注重于对目标受众发生影响力。这种影响力用两个字来概括,那就是:劝服。广告文案质量的高低就要在这里得到检验。因此可以说,广告文案写作是一种功利目的特别明显的写作。它是以有效劝服目标受众论英雄的。在这一点上,它和一般文体写作是有着很大不同的。

关 键 词

广告、广告文案、广告主、广告公司。

思 考 与 练 习

1. 广告作为特定的传播手段,它与一般的传播手段有哪些区别?
2. 广告有哪些特点?
3. 广告文案的文本有哪些特点?
4. 广告文案与新闻作品、与文学作品相比有什么不同?
5. 试述广告文案写作与一般写作的异同。
6. 广告文案写作对撰稿人有些什么要求?

第一章 市场调查研究

第一节 市场调研的重要性

一、广告不是单纯主观的产物

广告构想的形成、广告运动的成功,并不是广告创意制作人员全然主观的产物。消费者、产品、市场之间的复杂关系使广告创意制作人员在进行广告运动时,不可能仅仅依赖直觉与灵感,不可能只是进行主观的臆断。对他们最有帮助的只能是来自市场的确切的信息。

二、广告活动离不开市场调研

"满足消费者需求"历来被奉为企业的生存支撑点。从这一意义上说,消费者既可能是广告主、广告人的衣食父母,也可能成为"无情杀手"。在当今的市场上,营销与广告失败的代价是惊人的。要从"生产导向"顺利转移到"需求导向",以了解市场、了解产品、了解消费者为宗旨的市场调研就不只是有所助益,而且是一项绝对需要的工作。

古代兵法有云:"用师之本,在知敌情",否则,"军不可举"。这一兵家之道,对于企业的广告活动颇有启迪意义。广告目标的确立,创意、策划的确定,广告预算,广告发布乃至广告效果测定,无一不应发端于广告市场调研。否则,恐怕只能上演"盲人、瞎马、夜路"的悲剧。

1942 年,万宝路香烟首次上市时,是以女性为主要目标市场的。然而,一推出即出师不利。其白色的包装,创新的滤嘴设计,无法得到女性消费者的青睐,销售情况一直不好。直至后来的一次市场调研才扭转局面。有关人士发现,滤嘴香烟不再只是女性的专利,已逐渐成为男性香烟市场的主流。由此,万宝路改弦易辙,转攻香烟重量级消费者——男性,并一改旧有形象,除运用以大红色为主色调的包装外,并以牛仔来传达"我是男人,豪迈潇洒"的品牌形象。此举不但使万宝路业绩突飞猛进,而且使具有美国传统文化图腾意义的牛仔形象成了万宝路的象征。

三、市场调研：广告活动的起点

由上述个案不难看出，市场调研可使广告活动耳聪目明。它既向广告从业人员和广告主提供产品的全部情况，也提供竞争产品及其周围的市场环境状况，从而为特定产品的广告定位，为企业的广告策划活动提供必不可少的资料。试想，如果广告文案撰稿人对特定产品的品质、性能、商标、包装、价格、产品生命周期等情况不甚了了，对消费者的消费心理、购买动机和行为知之甚少，对市场需求与竞争情况一无所知，那么，又如何确定广告诉求对象和广告目标？而精彩新颖的广告创意和全面有效的广告策略更是无从谈起！

因此，我们可以达成这样一种共识：企业广告活动与广告文案撰写工作，必须从市场调研开始。

第二节 市场调研的内容

一、市场调研的涵义

市场调研是由英文"Marketing Research"翻译而来的，简称"MR"。它是指这样一种工作：在开展广告活动时，就广告活动所面临的有关问题，能系统地、客观地、广泛持续地从市场上搜集相关资料，加以记录、分析、研究与评估，提供结论与建议，作为广告决策的参考。它的主要任务是系统地收集有关消费者基本状况、消费观念、消费态度和消费行为方面的资料；全面地了解产品自身情况、市场需求情况与同类产品竞争情况等一切与广告活动有关的信息，并据此进行分析，提出建议，为策划、实施广告活动服务。

从广泛的意义上看，凡是直接或间接地影响广告活动的市场信息，都应当加以收集研究。然而，现实并不允许我们作这种理想的打算。为了准确、迅速地开展市场调研，我们把市场调研的主要内容界定为对市场需求、市场竞争、消费者以及产品的资讯分析。

二、市场调研的种类和内容

（一）市场分析

如果广告主有某种产品或服务需要推销，他首先关心的就是市场的情况。要作出关于市场的准确判断，就必须对市场进行深入的调查分析。

1. 市场细分

市场细分就是将某一整体市场,按照一定的标准将其划分为若干个分市场。

我们知道市场是一个完整的系统。这个市场系统是由许多市场要素所形成的各个相对独立的市场构成的有机体。它是庞大而复杂的。消费者的需求是千差万别的。每一个相对独立的市场有着各自的基础,有各自独特的领域和存在形式,并发挥着自己的作用。

任何规模巨大的企业都不可能满足所有买主的整体需求,无法为所有的消费者提供人人满意的服务。因此,每一个企业都必须为自己的市场规定一定的范围和目标,满足一部分人的需要,这就必须对市场按一定的标准进行细分。

(1) 消费者市场细分

具体可分为:

一是地理细分。企业根据消费者所在地的地理位置、地形气候等变数来细分市场,然后,选择其中一个或几个分市场或子市场作为目标市场。"地理变数"包括:行政区划、城市乡镇、地形气候、交通运输等。

二是人口细分。即按照人口调查统计的内容,如年龄、性别、收入、职业、家庭、文化程度、宗教信仰等"人口变数"来细分市场。

三是心理细分。即以社会阶层、生活方式以及个性变数作为划分消费者群的基础。按人口细分标准划为同一群体的人,完全可以展示出不同的心理现象。

四是行为细分。即以消费者对产品或服务的态度、反应为标准来划分消费群。一般认为,这些行为变数是对消费者市场进行有效细分的最佳依据。行为变数包括:使用时机、寻求利益、使用者情况、使用程度、信赖情况、购前阶段、对产品的态度等。

(2) 生产者市场细分

生产者市场细分的变数大部分与消费者市场大致相同。除此以外,还应当考虑其他一些变数。

一是最终使用者。对生产者市场常按最终使用者的需要来进行细分。由于不同使用者需要的侧重点不同,因此有必要制定不同的营销策略。如某产品,其市场可分为军事、工业和商业三个分市场。

二是产品用途。同一种产品常有若干种不同的用途。如盐,既可供食用,又可作工业原料。因而产品用途往往也是市场细分的依据。

三是客户的规模。即购买量的大小,也是企业细分市场的一个重要变数。因为大、中、小客户对企业的重要性不同,所以在接待上也会有所区别。

(3) 市场细分的要求

上述种种细分,总是根据消费者的不同特点,把企业的总体市场分为不同市场。广告文案撰稿人必须了解消费者和市场分布情况,分析不同市场的有利条件、不利条件及拓展的可能性;弄清主要消费者和次要消费者,经常消费者和零星消费者,研究扩大服务面、巩固老用户、吸引新用户的可能性;掌握不同消费者的消费特点和消费潜力,分析潜在市场的运动方向和可能程度等,找出有可能使用本企业产品的人。集中有限时间、经费、人力对这些人进行广告促销,以尽可能小的代价,追求尽可能大的收益。

2. 目标市场分析

显然,市场细分是从广阔而复杂的市场中,从千千万万个消费者的地域分布、需要、爱好和购买行为等特征中寻找本企业产品的具体服务对象,并以此为企业营销的目标市场。因此,需进一步对目标市场进行分析。

(1) 目标市场的涵义

从销售角度来讲,目标市场就是销售活动的主要对象群体,也就是销售活动的主要针对目标;而就广告学角度而言,目标市场则是特指广告主开展广告业务所要侧重的目标群体,也就是广告主预定要使广告信息传递到达的那些受传者(个人或群体)。目标市场的广告接受者,可能是广告主所推销的产品或服务的现实消费者,也可以是潜在消费者,甚至可以包括那些对特定产品或服务的消费者有影响的人。

(2) 进行目标市场分析应特别注意的问题

一是现有消费者及潜在消费者的人数。对现有的和潜在的消费者的数量,应有大致的了解。

二是现有消费者及潜在消费者的年龄结构。现有的及潜在的消费者的年龄结构,对于产品或服务的市场销售,对于特定的广告运动,都有着相当大的参考价值。

三是现有消费者及潜在消费者的文化程度。这将直接影响广告文案的写作。因为广告的接受者不同,对广告的要求是有着明显差别的。

四是现有消费者及潜在消费者的收入水准。这在一定程度上决定了他们的消费水平。

五是现有消费者及潜在消费者的民族或籍贯。不同民族的消费者,生活在不同地域的消费者,他们的消费取向往往是存在差别的。

除此之外,对现有消费者及潜在消费者的居住地分布,消费者的生活方式、消费心理、购物习惯、消费行为的季节性变化规律等,也必须进行充分的分析和研究。

(3) 有效选择目标市场的三种策略

在分析上述问题的基础上,通常采用以下三种策略来有效地选择目标市场。

一是无差别市场营销。也称大量营销。这是一种求同存异的营销战略。企业经过市场细分后,虽然认识到同一类产品有不同的细分市场,但权衡利弊得失,不去考虑细分市场的特性,而注重市场的共性,只推出单一产品,运用单一的市场营销方式,力求在一定程度上适合尽可能多的消费者的需求。例如早期的可口可乐公司,在相当长的时间内,只生产一种口味的饮料,只用一种瓶子装,甚至广告词也只有一种,试图以一种产品吸引所有的购买者。

二是类别市场营销。在市场细分的基础上,选择多个细分市场作为目标市场,分别设计不同的产品,并在销售渠道、促销方式和定价等方面都加以相应的改变,以适应各个分市场的需要。

三是集中营销。也称密集性营销。有些企业会选择一个或几个分市场作为目标,制定一套营销方案,集中力量争取在较少的分市场或子市场上有较大的市场占有率,以替代在较大市场上的较少市场占有率。如儿童食品厂以婴幼儿食品市场作为目标市场,就体现了这样一种销售理念。

3. 市场竞争分析

在同一目标市场中,很可能同时存在若干个竞争对手,在销售产品或服务的种类、价格、消费方式等方面,比较接近且相互竞争。为了掌握市场的主动权,明智的广告主都密切注视着竞争对手的一举一动。了解对手的数目、规模、经营历史、财政信贷状况、市场占有率、销售业绩,在消费者心中的形象地位,销售渠道和分布,产品或服务知名度,产品生命周期,广告劝服方式,对传播媒介的利用程度,广告数量与质量,广告费用以及广告与其他促销手段的组合。

在对竞争对手进行分析时,先对每个主要竞争对手的以上诸方面加以分析,然后再将分析结果综合整理,得到较为系统的对比资料。这样,广告主可以通过对市场竞争状况的分析认清本企业所处的地位,找出本企业在目标市场中的薄弱环节和出击方向。在此基础上,选择适当的方式开拓市场,从而达到以取他人之长补己之短和进行有差别竞争的目的,并为广告策划提供必要的依据。

(二) 消费者分析

在上述市场分析的过程中,广告主的目标市场已逐渐明晰。但仅靠上述资料,仍然无法确定如何向目标市场进行产品推销和发布广告的问题。要想使自己的广告有的放矢,进入目标受众的心智,就必须对消费者进行分析、研究。

1. 消费者基本状况分析

主要包括两个方面：

一是消费者的自然状况：性别、年龄、民族、收入、文化水平、职业经历、所处的社会阶层、家庭状况等。

二是消费者所在地区：是农村还是城市，是南方还是北方，是东南沿海经济发达地区还是欠发达地区等等。

掌握这些基本情况，是进行消费者分析研究的第一步。

2. 消费者的购买动机与消费心理分析

消费者的购买动机，是驱使消费者形成各种购买行为的内在心理动力。消费者想购买某种商品，总是为了满足自己的某种需要，如购买食品是出于充饥的需要，购买洗衣机是为了满足减轻家务劳动的需要等等。需要是动机的源泉，也是行为的基础。而消费者的需要又是多种多样的。美国著名心理学家马斯洛的需要层次说把人的需要划分为生理需要、安全需要、归属与爱的需要、尊重需要、自我实现的需要等五个层次。不同层次的需要促使人们购买商品时的动机是千差万别的。但总的来说，消费者购买商品不外乎受两种因素的影响，即个人主观因素和外在客观因素。我们必须认真了解消费者消费的真正动机和心理特点，然后有针对性地去制定广告策略，撰写广告文案，将广告内容集中于多数消费者的需要层次上，以获得较好的效果。

在需要—动机的诱导下，人们产生消费欲念，进行消费活动。而在这一过程中又伴随着消费者复杂的心理活动。有人把消费者购买商品前后的心理归纳为：习惯型购买、理智型购买、经济型购买、冲动型购买、想象型购买、不定型购买。还有人归纳成：求实、求新、求名、求美、求廉、求速。当然，消费者的消费心理远非以上归纳就能囊括的。事实上，这一心理过程，犹如冰山，露出海面的部分是理性的，没有露出海面的部分则是非理性的；又像宝塔，是需要与欲望的层次上升；好似风筝，既有着基本的、可控的一面，又有变动的、不可控的一面。一个成熟的广告策划，就必须对此加以准确把握，以使广告活动符合消费者的心理。

3. 消费者购买行为分析

消费者购买行为，是指消费者为满足自身需要而采取的购买产品或接受服务的行为。这一行为主要包括：怎样购买、由谁来购买、什么时间购买、什么地点购买等内容。

怎样购买，这与购买消费品的种类有关。如果消费者购买的是非耐用消费品，如火柴、牙膏、肥皂等，为解决生活中的一些细小问题，一般都采取例行型或冲动型的购买方式；如果购买的是半耐用消费品，如服装、皮鞋、家具等，为解决生活中比较重要的问题，一般都要进行认真挑选，采取理智型购买方式；假如购买的是耐用消费品，如电视机、电冰箱等，为解决生活中的重大问题，则需要认真地进行考虑，然后再采取行动，这是慎重型的购买方式。

消费品由谁来购买，一般可以分为这样两个问题：由谁来作购买决策，由谁担任实际购买者。在一个家庭中，是妻子还是丈夫或是孩子作购买决策，或者是共同作购买决策，这个问题随家庭的不同或购买消费品的不同而情况有所不同。在家庭中，购买非耐用品或半耐用品，一般都是由女性决策；购买某些价格昂贵的耐用消费品，往往由夫妻共同决定。在作出购买决策的时候，一个家庭成员可以扮演四种角色：发起者、施影响者、决策者、购买者。弄清了这些情况，广告策划将可以有的放矢地进行，将可以针对各种不同的广告受众采用不同的方法来撰写文案。

消费者的购买时间，与消费品的种类及消费者的生活习惯有关。食品、日用百货，需要经常购买；服装、鞋帽和其他季节性产品，通常是按时、按季购买。此外，节假日往往是消费品销售的旺季。

消费品的购买地点，与消费品的种类有关。如非耐用品，消费者一般都愿意就地就近购买；对于半耐用品，消费者一般愿意到商业繁华地带的商店去购买，因此，利用有较高知名度和较大影响力的商店做广告，促销效果较好；对于电视机、洗衣机、电冰箱等耐用消费品，消费者一般都愿意到大的商店或专卖店去购买。

4. 消费者家庭生活周期

根据西方学者的理论，依家庭及婚姻发展的情况，人生可分为八个阶段。消费者在不同阶段的消费行为有着明显的差别。人们往往倾向于在不同时期，购买某些特定的消费品供家庭成员消费。

单身阶段。单身成员，年龄在28岁以下。由于几乎没有任何经济负担，因而追求时尚，以娱乐人生为生活的主要目的。

新婚阶段。年轻的夫妇还没有孩子，年龄在30岁以下，经济状况良好，主要添置各类耐用消费品。

第一满庭芳阶段。年轻夫妇，子女年幼，年龄在34岁以下。这一阶段经济状况不够理想，消费兴趣主要在洗衣机以及婴儿食品、服装、玩具、药品等上面。一般家庭对新产品兴趣浓厚，喜欢购买广告所宣传的产品。

第二满庭芳阶段。夫妇年龄增大，最小子女已满6岁，家庭经济状况有所好转。一般消费者在这一阶段，较少受广告影响，喜欢购买大包装产品或数量较多的产品。

第三满庭芳阶段。子女虽已长大,但尚未独立。这期间,广告对消费者的影响力越来越小,一般家庭主要购买耐用商品。

第一空庭阶段。子女独立生活,家庭又回到夫妇俩生活的阶段。这时消费者大都过了中年,经济状况颇佳,有较多存款供消费。这时,消费者已对新产品渐渐失去兴趣,眼光主要放在提高生活质量、度假消遣等方面。

第二空庭阶段。子女分居,夫妇双双退休。与前一阶段相比,收入锐减,维持家庭生活成为老年夫妇面临的主要问题,消费清单大多为医疗用品以及保健用品。

鳏寡阶段。单身成员,收入很少,需要他人照顾,对医疗、保健和照料等老年服务有强烈需求。

人生阶段概念,对于广告主和广告人的广告活动来说,意义极为重大。必须循此规律,制定合适的广告计划。

(三)产品(服务)分析

如果把市场分析、消费者分析看成"知彼"的工作,那么就应该把了解特定产品或服务看成"知己"的工作。只有"知己知彼"才能"百战不殆"。

分析和研究特定产品或服务,应从以下四个方面入手。

1. 产品的整体研究和特性分析

产品的整体研究包括对产品的实质属性与形式属性的研究,以及对产品扩增属性的探究。产品的实质属性和形式属性就是产品所能带给人的使用价值。具体体现在名称、色彩、风味、规格和大小、式样和种类、原料、性能、技术指标、包装、商标、价格、用途、使用方法等方面。产品的扩增属性则是产品能够带给人的扩增价值,也就是产品在满足消费者心理需求方面的价值。比如,同样购买电视机,所有的电视机都具有满足使用者获取信息、欣赏娱乐需求的功能。但为什么消费者有的愿意购买这个品牌,而别人则另有所爱?其中很重要的一个原因就是每种产品带给消费者的心理满足不一样。

有了对产品的整体研究,还只是作了基础性的工作。把握整体是为了更好地了解特定产品与其他产品的不同。广告文案的撰稿人,应花大力气研究特定产品的特性——特定产品的与众不同之点。

美国广告专家 R·里夫斯认为,消费者倾向于只记住广告中的一个东西——强有力的主张或概念,亦即"独特销售主题"(USP)。这个主题需包括一个产品具体而特别的好处或效用,而这一主题又是竞争对手无法也不能提出的,是独一无二的,是这一品牌的独特个性。换言之,就是在广告中利用特定产品与其他产品相比所具有的最独特的地方加以宣传,给消费者一个强烈的主张或承诺,并用理由予以支持。一则清洁剂广告的 USP 例子是 Ajax,该广告的承诺是:Ajax 能比任何洗涤剂或洗涤粉都更快、更彻底地清洗。对此承诺,家庭主妇们自然觉得很好,可是,心中不免会问:它为什么能更快、更彻底地清洗呢?Ajax 广告指明它含有漂白剂。为了表征清洗迅速的特性,Ajax 的化学配料稍呈暗白,一触水即变活性蓝色。这种色变的速度标志了该品牌的清洗作用的速度,也表达了此产品的特性。

然而,"独特销售主题"并非万能。当同类产品出现了大量不同的品牌之后,每一种品牌的产品,其品质已经大同小异,在广告中已经很难强调自己拥有其他产品所不具备的特色。这时,R·里夫斯的 USP 就显得很不适应。一种使产品具有与其他产品不同的形象特征的新方法诞生了,这就是产品品牌策略。

2. 产品品牌形象的分析与确立

大卫·奥格威认为,一个产品如同一个人一样,需要一定的形象。这一形象是由广告策划者根据产品的个性及其消费对象的审美情趣设计出来的。这个形象就替代了 USP 中的具体好处和效用而成为产品的个性表现所在。广告所推销的就是设计出的这一形象。广告宣传不说产品的性能、功效,而是通过表现消费者享用这种产品时的风度、形象或生活氛围,给人以心理冲击,从而吸引消费者。消费者与其说是为了满足某种需要而购买产品,倒不如说是为了享受该产品表现出来的一种形象、一种追求、一种心理所带来的愉悦和满足而去购买产品。万宝路的成功、太阳神的成名都是很好的例证。

"独特销售主题"、"产品品牌策略",是否就是使广告信息传递到人们头脑中的最好的方法了呢? 进入 20 世纪 70 年代以来,研究表明,一个企业必须在其潜在消费者的心中创造并占据一个位置,成为"第一"。因为,人们总是对第一的东西印象最深,最容易记住。通过广告宣传首先占有第一位的产品总是有便宜可占的。这就是产品定位。

3. 产品市场定位分析

定位,就是赋予产品一定的特点,在市场中确立一个位置,并以独特的方式把产品打入消费者心田,赢得消费者的注目和喜爱。通过定位,特定产品在消费者心目中占据的位置越重要、越确定、越不同于其他产品,那么其定位也就越有生命力、越有竞争力。当大卫·奥格威为海赛威衬衫做广告时,以模特儿戴黑眼罩而定位,结果名扬四海。"艾飞斯在租车行业只是第二位,那么为什么租我们的车? 我们更加努力呀!""第二"成了艾飞斯的定位,结果,生意越做越大。在定位策略成功的个案中,最著名的恐怕还是七喜汽水与可乐型饮料的较量。在美国人的口味已经习惯于可乐型饮料,而且在思维方式上也拘泥于可乐才是饮料的时候,"七喜非可乐"一句石破天惊的口号,顷刻打破了可乐一统天下的局面。这一广告定位扬弃了传统思维方式,在饮用者的头脑中找到了产品的位置,销售量直追"可口"与"百事"。

那么,如何定位呢？大致可以从以下几个角度着手:以产品质量或功效定位,以产品新异特性定位,以产品使用者定位,以产品市场定位,以利益承诺定位,以竞争或追随定位等。这些定位的方法在实际的广告策划过程中可以综合运用。广告定位与特定广告运动中的其他事项一样,没有绝对的、固定不变的规定,只要定位最终能使特定产品真正进入消费者心坎,不管用何种方法也都可以取得成功。

(四) 产品生命周期研究

每一种产品都有自己的经济生命周期。产品生命周期是指产品从进入市场开始到退出市场为止所经历的全过程。从理论上分析,完整的产品生命周期一般可分为导入期、成长期、成熟期和衰退期四个阶段。产品在生命周期的不同阶段,市场对该产品的需求量有所不同,广告战略、战术因此而有很大差异。

一般来说,产品在导入期的知名度较低,广告策略就应集中于对该产品的全面宣传上。广告目标就是迅速提高知名度、迅速打开市场销路。当产品进入成长期,就应该将广告诉求的重点放在突出本产品优于其他同类产品的特性上,以使更多的潜在消费者了解该产品。广告的目标受众应该主要是社会上大多数使用者,以便进一步扩大市场占有率。经过以上两个阶段的努力,产品将进入成熟期。在这一阶段,广告诉求的重点应放在品牌与产品形象的宣传上,以便在巩固原有市场规模的基础上进一步开拓新的市场。而当产品在市场上已渐趋饱和,销量开始下降时,产品进入衰退期。这时广告策略就应把重点放在宣传产品新的改良、新的用途上,以及价格和售后服务方面。广告诉求对象应该是老用户和下一周期的新用户。

第三节 市场调研的方法

一、文案市场调研

(一) 文案市场调研的内涵

文案市场调研是利用已有资料进行市场调研的一种方法。在文案市场调研的过程中,市场调查执行人员,在充分了解广告主进行市场调查的目的之后,搜集企业内部既有档案资料及企业外部各种相关文书档案,加以归类整理、分析研究,进而提出相关市场调查报告及市场行销建议,以作为决策者的参考。

(二)文案调查的资料来源

1. 企业内部档案

包括企业各项财务报告、销售记录、业务员访问报告、企业平日剪报、同业资料、图片资料等等。

2. 外部机构调查资料

包括政府机构的统计调查报告、金融机构的相关资料、学术研究机构或其他机构发布的市场资料。

3. 外部报刊及网上资料

包括外部报刊对企业及其竞争对手所作的报道、评价以及网上的相关资料。

4. 专业书籍资料

包括有关著作、论文集、工具书中的相应资料。

(三)文案市场调查的步骤

文案市场调查大致分以下几个步骤:

一是确定市场调查基本目的及调查内容;

二是拟定周详的调查计划;

三是对相关人员进行训练;

四是查明可资利用的资料档案内容及其来源,展开资料收集工作;

五是过滤资料,评估资料的适用性并写出必要的摘要;

六是资料调整、衔接及融会贯通;

七是制作调查报告。

(四)文案市场调查适用的范围

文案市场调查的适用范围很广,主要适用于以下几个方面:

一是工业产品。对主营原料的企业,可用此法进行市场调查;

二是高级特殊商品,诸如高级汽车、高级音响等的市场行销调查;

三是国际贸易中以出口为主的企业,对于进口地区市场的调研可用此方法;

四是可以用作实地市场调查的预备调查;

五是作为企业经常性的市场调查的方法。

二、实地市场调研

实地市场调查是在周密的计划之下,由调查人员直接向被访问者搜集第一手资料的调查方法。

（一）搜集资料的方法

1. 观察法

观察法是调查者在现场对调查对象的情况进行观察记录，取得第一手资料的一种调查方法。这种方法的特点是调查者不直接向被调查者提出问题要求回答，而是凭借自己的感觉或者利用照相机等器材对调查对象的活动和现场事实加以考察记录。具体方法有直接观察法、间接观察法和比较观察法三种。

2. 询问法

（1）面谈调查

这是调查者同被调查者面对面接触，通过有目的的谈话取得所需资料的调查方法。面谈调查可以采用个别访问或集体座谈的不同方法。

（2）邮寄调查

这是将调查问卷寄给被调查者，由被调查者根据调查问卷的填表要求填好后寄回的一种调查方法。

（3）电话调查

这是指通过电话向被调查者询问有关问题或征求有关意见的一种调查方法。

（4）留置调查

这是指调查人员将调查问卷当面交给被调查者，并详细说明调查的目的和要求，由被调查者事后填写回答的一种调查方法。

（5）日记调查

这是指对固定连续调查的单位，发给登记簿或账本，由被调查者逐日逐项记录，并由调查者定期加以整理汇总的一种调查方法。

3. 实验法

实验法是把调查对象置于一定的条件下，进行小规模的实验，通过观察分析了解其发展趋势的一种方法。一般说来，采用实验法时必须严格地选择实验条件，因为实验条件会影响所得到结果。如果条件不正确，实验结果就不可靠。所以在实验中应注意所选择的对象要有代表性，还要从数量上来比较实验前后所取得的实际效果。

4. 统计法

统计法是利用统计理论对现成统计资料进行分析，以了解市场及销售变化情况。一般统计分析方法有趋势分析和相关分析两种。

（1）趋势分析

这是将过去的资料加以累积后寻求其变化方向，再把这个方向加以合理延伸,以推测将来的变化方向。

(2) 相关分析

这是对一个变量与另一个变量之间的连带性,亦即一个变量的值发生变化时另一个变量的值也随之发生变化的关系分析。

(二) 调查对象的选择

1. 全面调查

全面调查又称普查,是对调查对象的全体所进行的无一遗漏的逐个调查。它主要用于收集那些不能或不宜通过其他调查方法取得的比较全面而精确的统计资料,要对与市场调查内容有关的应调查的对象无一例外地普遍地进行调查。

2. 个案调查

个案调查是在全体调查对象的范围内选取个别或少数对象所进行的调查。由于个案调查的调查对象较少,所以它通常允许调查者与调查对象进行深入的接触,进行细致全面的调查研究。

个案调查通常有两种方式:重点调查和典型调查。重点调查是在全体调查对象中选定一部分重点单位进行调查。所谓重点单位是指在总体中处于十分重要地位的单位,或在总体某些指标中占有很大比重的一些单位。采用这种调查方式,能够以较少的人力、较少的费用开支,较快地掌握调查对象的基本情况。

典型调查是在全体调查对象中选择一些具有典型意义的单位进行调查。典型调查所调查单位较少,人力和费用开支较省,方法比较灵活,而且调查内容也较多,有利于深入细致地调查,以发现新事物,探索新问题。

3. 抽样调查

抽样调查是一种从全体调查对象中抽取一部分有代表性的对象进行调查,然后根据抽样的结果以推断整体的性质。抽样调查具有很高的科学性和准确性,是市场调查中最常用的方法。

抽样调查分为随机抽样和非随机抽样两类。

(1) 随机抽样

按照随机的原则来抽取样本,也就是使总体中的任何单位都有同等的机会被选进样本。随机的原则可以使样本中调查对象的分布状况有较大的可能性接近总体的分布状况,使样本能较好地代表总体,因此可以从样本中得出的结论来推断总体的情况。

随机抽样可分为简单随机抽样、分层随机抽样、系统抽样、整群抽样。

简单随机抽样是在总体单位中不进行任何有目的的选择,完全按随机原则抽选调查单位。在调查中往往采用抽签法和随机数表来进行抽样。

分层随机抽样是将总体单位按其属性分为若干层或类型,然后在各层或各类型中随机抽取样本。

系统抽样又称等距抽样,是在总体中先按一定标志顺序排列,并根据总体单位总数和样本单位数计算出抽样距离,然后按相等的距离或间隔抽取样本单位。

整群抽样又称分群随机抽样,即从总体中成群(成组)地抽取调查单位,而不是像其他方法一个一个地抽取样本单位。

(2) 非随机抽样

即从方便出发或根据主观的选择来抽取样本。与随机抽样相比,非随机抽样的优点是简单易行,适用于做探索性研究。但它不能估计和控制抽样误差,无法用从样本中得出的结论,采用统计的方法来推断总体。

非随机抽样主要分为方便抽样、判断抽样、定额抽样和固定样本连续调查。

方便抽样是根据调查者的方便,随意抽选调查单位的一种抽样方法。

判断抽样又称立意抽样,是按调查者的主观判断选取调查单位组成样本的一种抽样方法。这要求调查者必须在对总体的有关特征相当了解的前提下选定调查单位。

定额抽样就是按照一定的标准、规定的地区或者一定的职业等条件,分配样本的数额,然后在额度内由调查人主观抽出样本的方法。

固定样本连续调查是把选取的调查对象作为固定样本,对其进行长期的连续调查。

4. 问卷设计

问卷设计是整个市场调研过程的重要一环。问卷设计的质量好坏、水平高低,决定着调查能否得到准确的结果。只有问卷设计得好,才可能得出可靠的结果。

(1) 问卷设计的程序

问卷设计的程序大致如下:

一是把握调研目的和内容;

二是搜集有关研究课题的资料;

三是个别访问调查;

四是拟订问卷初稿;

五是预调查;

六是形成正式问卷。

(2) 问卷的构成

问卷一般由以下几个部分组成。

一是问卷的标题。

二是致被调查者的短信和填表说明。

三是问卷的主题内容。如果问卷调查的对象是个人,主体内容则有以下几类:第一类,对被调查者的个人基本情况进行调查;第二类,对人们的行为进行调查;第三类,对人们的行为后果进行调查;第四类,对人们的态度、意见、感觉、想法、兴趣、爱好等进行调查;第五类,对社会环境进行调查。

四是编码号。

五是调查实施情况记录。主要内容有:一是调查中可供参考的重要情况和问题;二是调查效果评价;三是需要复查、校正的项目。

(3) 问卷的题目设计

题目的提问方式共有三种:直接提问、间接提问和假设性提问。对于那些属于个人基本情况的项目和估计被调查者能够直接回答的项目,可用直接提问的方式设计语句;而那些由被调查者直接回答可能有顾虑,从而不能或不愿说出自己真实想法的问题,则采用间接提问的方式。此外,为了全面地了解被调查者的情况,往往采用通过假设某一情景或假设别人对某事物有某种看法而要求被调查者说出自己想法的假设性提问。

题目的措词。要让受访者如实、准确地提供有关信息,问题如何提出,如何询问是至关重要的。然而在提问时,设计者常会犯一些错误。为了在设计问题时少犯错误,下列几点值得注意。一是避免一问两管。在问卷中,一个题目不要包括两个或两个以上的问题。二是避免使用冗长复杂的语句。三是避免使用不易理解的词汇和语言。四是避免提问带有诱导性。五是化抽象为具体。六是化意见为事实。七是化敏感为一般。

题目的种类。一般来说,调查问卷的问题有两种类型:封闭性问题和开放性问题。在一份问卷中,题目既可以全部是封闭性问题,也可以全部是开放性问题,这完全取决于研究问题的需要。但在通常情况下,一份问卷往往既包含有封闭性问题,也包含有开放性问题。

题目的编排。一份问卷通常包含许多题目。编排得合理、恰当,有利于有效地获得资料。在题目的编排上一般应遵循如下原则:第一,敏感性和开放性问题置于问卷最后;第二,先易后难;第三,按类别次序排列题目;第四,作答形式相同者集中在一起;第五,避免让被调查者回答他们无法回答的问题;第六,先问具有启发性的问题。

(4) 问卷的答案设计

由于开放性问题往往无固定答案,且往往是用于探索性调查的问卷中,所以,问卷的答案设计仅是对封闭性问题而言的。

定类问题的答案设计。定类问题答案的取值只有类别属性之分,没有大小、优劣之分,如人的性别,只有男、女两大类,无大小、优劣。这类问题的答案设计比较容易。但要注意两点:一是这些答案必须互斥;二是要穷尽所有项目。

定序问题的答案设计。定序问题答案的取值除了有类别、属性之分外,还有等级、次序的区别。问卷中大量的问题是为了解人们的有关态度或看法而设计的,而这些问题大都属于定序问题。如同意/基本同意/无所谓/不太同意/不同意。这种问题的答案设计往往有三种形式:一是列出各等级答案;二是将回答列成一个连续体,仅在两端有标志,如最低至最高;三是列出一张问题项目,让回答者对这些问题进行排序。

定距与定比问题的答案设计。定距问题答案的取值除有类别、次序上的区别外,类别之间的距离还可用标准化的尺度去量度,但没有绝对零点;而定比问题答案的取值则包含有等距的所有属性,但有绝对零点。这两类问题的答案设计基本相似,其表现形式如:"您的月工资是:①1 500元以上,②1 500~1 200元,③1 200~900元,④900~600元,⑤600元以下。"设计这类答案时要注意:一是划分的档次不宜太多,每一档的范围不宜太宽;二是要尽量使档次之间的间距相等;三是各档的数字间应正好衔接、无重叠、中断现象。

第四节 市场调研的流程

不同市场调查公司有其不同的经营策略和作业流程,差别化的经营方式使其在竞争中个性尤为突出。就市场调查的流程而言,不同的公司也存在着一些差别,但其基本步骤大致相同。概括起来主要有计划准备、实施和分析报告三个阶段。

一、市场调研流程中计划书的撰写

市场调查方案设计通常是由计划书来体现的。简单地说,一份市场调查的计划书主要包括调查名称、调查目的、调查内容、调查范围及对象、调查方法、调查日程以及调查预算等等内容。

(一)调查目的

调查目的是与特定市场调查的目标直接相关的。其他调查步骤也都是围绕它设计的,如果不明确调查目的,将会影响整个调查过程。

1. 调查方法

调查目的不同,调查的方法也不同(见表1.1)。根据调查目的,选择适当的方法,调查活动才不致造成浪费。

表 1.1 调查方法

方法	探索性研究	描述性研究	因果关系调研
	二手资料 观察法 定性调查研究	二手资料 抽样调查 固定样本连续调查观察法	实验法

2. 调查范围及调查对象的选择

采用市场区隔化的理论,决定调查范围及调查对象,然后再从中抽出若干具有代表性的样本。

3. 调查日程

在设计市场调查方案的过程中,需要制定整个调研工作完成的期限,以及各阶段的进程,即必须有详细的调查日程进度计划,以便督促或检查各阶段的工作,保证按时完成市场调查工作。

一般一个市场调查所需的时间,大致分配如下:

(1) 计划起草,合议 ——4%~5%
(2) 抽样方案设计实施
(3) 问卷设计、测试与合议 }——10%~15%
(4) 问卷定稿及印刷
(5) 调查员的挑选与培训
(6) 实地调查 }——30%~40%
(7) 数据的计算机录入、统计分析
(8) 报告撰写 }——25%~30%
(9) 与客户说明会
(10) 建议与修正、定稿 }——5%~10%

4. 调查预算

调查计划中有三个主体,即样本、经费、人员,而经费又可影响到样本和人员。因此,在进行调查预算安排时,要将可能需要的费用尽可能全面考虑,以免将来出现一些不必要的麻烦而影响调查的操作。通常一个市场调查中实施调查阶段的费用安排仅占总预算的40%,而调查前期的计划准备阶段和后期分析报告阶段的费用安排则分别占总预算的20%和40%。

在进行调查经费预算时,一般需要考虑如下几个方面:

(1) 调查方案设计费与策划费;

(2) 抽样设计费、实施费；

(3) 问卷设计费(包括测试费)；

(4) 问卷印刷、装订费；

(5) 调查实施费用(包括试调查费用、调查员劳务费、受访对象礼品费、督导员劳务费、异地实施差旅费、交通费以及其他杂费)；

(6) 数据录入费(包括问卷编码、数据录入、整理)；

(7) 数据统计分析费(包括上机、统计、制表、作图以及必需品花费等)；

(8) 调研报告撰写费；

(9) 资料费、复印费等办公费用；

(10) 管理费、税金等。

二、市场调研流程中的实施阶段

(一) 访员的挑选和训练

1. 访员的挑选

由于访员的素质不一，性格、思想、观念、偏见等，往往会直接影响调查结果。因此，在选择访员时应尽量选择能与被调查者相匹配的访员。尽管具体的要求会随调查项目的不同而有所变化，但是对访员的一般要求是基本相同的。通常访员必须具备以下条件和素质。

(1) 有高度的责任心和敬业精神；

(2) 对调查工作有热心、感兴趣，愿意接触和了解社会；

(3) 诚实可靠、勤勉耐劳；

(4) 有较高的文化素养和必要的市场调查知识；

(5) 仪表大方端庄，态度亲切，平易近人，以外向性格为佳；

(6) 客观公正，不存偏见。

2. 访员的训练

为了使访问工作有效和高效，对访员进行训练是非常必要的，不管他们是否有访问的工作经验。

(1) 训练内容

对访员进行训练，其目的是提高他们的访问技能、处理问题的能力以及端正他们的访问态度。因此，在训练内容上一般包括下列四个方面。

一是态度训练。其目的是让访员明确访问工作对市场调研的重要作用。通过训练，促使他们在今后的访问实践中做到认真、细致，一丝不苟地按照要求完成所有任务。

二是技能训练。目的是提高访员与陌生人打交道的能力,以有效地完成访问任务。

三是问题处理训练。访问过程中,访员常常碰到这样或那样的问题,如受访者不愿意配合,找不到被抽取到的样本等。此时,如果访员经过训练,他们就知道该如何处理。否则就有可能因处理不当而对抽样、访问结果产生不良的影响。

四是项目操作指导和训练。不同的市场调研项目,其访问的方式、内容均不相同。所以即使是经验丰富的访员,在调查实施之前,对他们进行项目操作指导和训练也是十分重要和必要的。

项目操作指导一般在调查实施之前进行。其目的主要是让访员熟悉问卷或访问的问题,掌握作答或记录方法。

(2) 训练方法

一是讲解。由项目执行主任或访问督导就上述四方面内容进行讲解,即采用授课的形式加以训练。

二是模拟训练。即设计作业情境,让访员进行具体操作,检查他们在模拟操作中存在的问题,并加以指导、纠正。

三是实际操作训练。既可让新聘访员充当有经验的老资格访员的助手,也可以让新聘访员担当访问主角,有经验的访员在旁辅导。采用这种训练方法,目的是使访员从实干中提高技能,掌握技巧。

3. 实地调查

在明确样本、访员培训、问卷印刷、合理的工作分配等准备工作就绪后,实地调查活动正式展开。在实施实地调查的过程中,必须随时随地做机动性的控制及调整,务必在预定时间内,顺利完成工作。特别是问卷访问调查中,访员必须严格按照要求调查,通过既定的抽样方案选择样本,不得擅自更改抽样条件。

在填答问卷时,访员必须保持中立态度,忠实而准确地记录被访者的答案。问卷是事先精心设计而成的。问卷中的每一个问题及措辞都有着特定的理由,因此访员必须根据问卷的要求对被访者进行访问,不得任意删改问卷。要根据问卷上问题的语句发问;根据问卷上问题的顺序发问;问卷中每一个规定的问题都要问到。对于开放性的问题,访员须将被访者的回答在不改变人称、语态的前提下尽量逐字逐句记录下来。

通常实地调查的工作管理是督导员(Supervisor)负责制,即督导员对访员进行控制与管理,同时负责问卷的回收与检查工作。检查访员是否按指定的方法调查,是否按指定的样本访问,并检查问卷是否有漏答现象,相关问题是否出现前后矛盾等。如果发现取样错误,或不实回答时,立即指示访员或更换访员,重新调查。

在回收问卷的问题上,督导员的态度必须严谨,否则就会影响调查结果的准确性。因此在回收问卷时,一定要尽量设法发觉没有按照指定方法调查,或以不正确方式调查的问卷。通常采用以下的做法:

一是指示访员填写基本资料,然后再查对预先备好的样本名册;

二是规定访员填写样本的联络地址和办法,以便进行查对;

三是问卷中刻意设计根本不可能被样本接受的项目作为测谎题,在回收问卷时,针对特别设计处多加留意,如发现有多数样本犯同样的错误,则表示未按指定方法调查。

四是事后利用电话、回邮明信片或亲自前往样本核对,通常选取总样本数的15%~20%作为复核的样本数。

为了避免在实地调查中出现这样那样的问题,有必要在访员培训时,详细说明问卷回收、检查以及访员管理的办法,并强调特别需要留意之处。如果实施中发现问题,督导员应及时调整、修正,以免延误调查进度。

4. 数据收集与统计分析

调查问卷回收以后,要对问卷进行整理,将问卷和答案转化为数据并输入计算机,这个过程是数据收集的过程。对收集到的数据,用各种统计分析方法进行分析,就可以为整个市场分析和调查报告提供量化的依据。

(1) 数据收集

数据收集主要有下面几个步骤:检查问卷;给问卷每一个题目的答案编码;将每份问卷按编码输入计算机,形成数据库。

检查问卷。检查问卷的目的在于将填写错误、不完整或不规范的问卷挑出来,进行处理,以保证数据的准确性。

编码。在检查问卷的同时,可以对问卷进行编码。所谓编码就是把问卷的每一个题目看作一个变量并取一个变量名,把每一个题目的所有可能答案用1、2、3、4……代码来表示,靠这些代码与原题目相对应。

数据输入,形成数据库。建立一个数据库结构,问卷的每个题目都用一个变量来表示,每个变量在数据库中有固定的位置,每个变量的取值即变量对应的编码。这样,输入的是每份问卷按数据库中指定的位置输入相应变量的取值,一行数字就是一份问卷。结果所有问卷依次输入完毕就形成一个数据库。

(2) 统计分析

统计分析的方法很多,首先要根据变量的类型,其次要根据研究的目的与要求,选择适当的统计方法。

① 变量类型

变量的类型由低到高依次为:定类变量、定序变量、定距变量、定比变量。在统计分析时,对不同类型的变量要选用不同的方法。

② 统计方法

根据研究的目的与要求,要选择不同的统计方法。如果是对一个变量取值的归纳整理及对其分布形态的研究,用频数分析(计算百分比等)、众数、中位数、均值和标准差等方法或统计量来描述;对两个变量的相关性分析,可以用卡方分析、单因素方差分析、简单相关系数分析、一元线性回归分析等方法;对多个变量间的相关性分析,可以用多元线性回归、判别分析、聚类分析、因子分析等方法。

三、市场调研报告的撰写

调研报告的撰写是整个调研活动的最后一个阶段。一旦调研报告提交出来,调研活动就告结束。

市场调研活动的成败,调研报告的内容和质量是关键。写得拙劣的报告能把即使是最好的调研也能弄得黯然失色。相反,写得好的报告可以使调研结果锦上添花。报告的好坏有时甚至影响到调研结果在有关决策中的作用。

(一) 调研报告的基本要求

一份优秀的调研报告,起码必须具备下列条件。

1. 语言简洁、有说服力,词汇尽量非专门化

原因是阅读报告的人可能并不完全懂得调研人员已熟悉的技术资料,也不一定有耐心阅读繁琐、生涩的报告。

2. 报告必须严谨、简洁

报告必须以严谨的结构、简洁的文本将调研过程中各个阶段搜集的全部有关资料组织在一起,不能遗漏掉重要的资料,但也不能将一些无关紧要的资料统统地写进报告之中。

3. 提出明确的结论或建议

调研报告应该对调研活动所要解决的问题提出明确的结论或建议。

4. 调研报告应体现调研过程的全貌

调研报告应该能让读者了解调研过程的全貌。即报告要回答或说明研究为何进行,用什么方法进行研究,得到什么结果。

(二) 调研报告的结构

在开始撰写调研报告之前,调研人员对报告的结构和体例要有一个清楚的概念。调研报告尽管因调研课题、调研人员的风格不同而有所区别,但是其基本

结构应该是相同的。

规范的市场调研报告,一般应该包含下列五个部分。

1. 序言

主要介绍研究课题的基本情况。

2. 摘要

概括地说明调研活动所获得的主要成果。

3. 引言

介绍研究进行的背景和目的。

4. 正文

对调研方法、调研过程、调研结果以及所得结论和建议进行详细的叙述或阐述。

5. 附录

呈现与正文相关的资料,以备阅读者参考。

(三) 调研报告的序言

调研报告的序言部分通常包括扉页和目录或索引。

1. 扉页

扉页一般只有一张纸,其内容包括以下几点。

(1) 调研报告的题目或标题

题目一般只有一句话,有时可再加一个副标题。文字可长可短,但应将调研内容概括出来。

(2) 执行该项研究的机构的名称

如果是单一机构执行,写上该机构名称即可。如果是多个机构合作进行,则应将所有机构的名称都写上。

(3) 调研项目负责人的姓名及所属机构

即写清楚项目主要负责人的姓名及其所在单位。

(4) 注明报告完稿日期

(5) 目录或索引

目录或索引应当是列出报告中各项内容的完整的一览表,但不必过分详细。一般只列出部分的标题名称及页码。目录的篇幅以不超过一页为宜。有时如果报告中图、表比较多,也可再列一张图表目录。

(6) 摘要

阅读调研报告的人往往对调研过程的复杂细节没有什么知识或兴趣,他们只想知道调研所得的主要结果、主要结论,以及他们如何根据调研结果行事。因此,摘要可以说是调研报告极其重要的一节。它或许是调研报告中读者唯一阅读的部分。由于这一部分如此重要,所以它应当用清楚、简洁而概括的语言来写。调研报告的摘要一般最多不要超过报告内容的 1/5。

调研结果摘要是相当重要的内容,但国内的调查报告常常忽略。无论忽略这一部分的原因是什么,都有损于调研报告的价值,应引起调研人员的重视和注意。

(四)调研报告的引言

调研报告的引言通常包括研究背景和研究目的两个部分。

1. 研究背景

在这一部分中,要对调研的由来或受委托进行该项调研的原因作出说明。说明时,可能要引用有关的背景资料作为依据,分析企业经营、产品销售、广告活动等方面存在的问题。背景资料的介绍不仅可作为提出研究目的的铺垫,还可以作为研究结论和建议的佐证,与研究结果相结合来说明问题。所以背景资料的介绍不一定要面面俱到,但必须与调研主题有关。

2. 研究目的

研究目的通常是针对研究背景分析所存在的问题提出的。它一般是为了获得某些方面的资料或对某些假设作检验。但不论研究目的为何,研究者都必须对本研究预期获得的结果列出一张清单。

(五)调研报告的正文

调研报告的正文必须包括研究的全部事实,从研究方法确定直到结论的形成及其论证等一系列步骤都要包括进去。但是无关紧要的或不可靠的资料一定要删除掉,不能拖泥带水。调研报告的正文之所以要呈现全部必要的资料,其原因有二:一是让阅读报告的人了解所得调研结果是否客观、科学、准确、可信;二是让阅读报告的人从调查结果得出他们自己的结论,而不受调研人员本身所作解释的影响。

报告正文的具体构成虽然可能因研究项目不同而异,但基本上包含三个部分:

1. 研究方法;
2. 调研结果;
3. 结论和建议。

(六)调研报告的附录

附录的目的基本上是列入尽可能多的有关资料。这些资料可用来论证、说明或进一步阐述已经包括在报告正文之内的资料,每个附录都应编号。在附录中出现的资料种类常常包括:

1. 调查问卷;
2. 抽样有关细节的补充说明;

3. 原始资料的来源;

4. 调研获得的原始数据图表。

(七) 写调研报告的注意事项

调研报告是调研活动的成果的体现,调研的成败以及调研结果的实际意义都表现在调研报告上。因此,撰写调研报告时,要特别认真细致。以下是几个撰写报告时值得引起注意或重视的问题。

一是要考虑读者的观点、阅历,尽量使报告适合于读者阅读。

二是尽可能使报告简明扼要,不要拖泥带水。

三是使用普通词汇,尽量避免行话、专用术语。

四是务必使报告所包括的全部项目都与报告的宗旨有关,剔除一切无关的资料。

五是仔细核对全部数据和统计资料,务必使资料准确无误。

六是充分利用统计图、统计表来说明和显示资料。

七是按照每一个项目的重要性来决定其篇幅的长短和强调程度。

八是务必注意报告的打印质量。

附　　录

案例:

问卷编号_____ _____ _____ _____
　　　　　(0001) (0002) (0003) (0004)

(一)
南京市商品房市场研究
(2002 年 8 月)

访问员姓名:_____ 　　访问日期_____年___月___日

访问开始时间:_____　　访问结束时间:_____

被访者姓名:_____　　被访者电话_____

(注明家庭/单位/传呼)

被访者地址:_____　　邮政编码_____

督导员姓名_____　　备注_____

初审员姓名_____　　初审日期_____年___月___日

二审员姓名_____　　二审日期_____年___月___日

```
样本分配：
                                        ─── ───
                                       (108)(109)

      01 玄武区        04 下关区        07 雨花区
      02 白下区        05 秦淮区
      03 鼓楼区        06 建邺区
```

您好：

我是南京大学的大学生，我们正在开展商品房购买意向的研究，您是按科学原则抽查出来的，我想向您请教几个问题。您的回答对我们来说很重要，我们将把您的意向反映给有关部门。谢谢您的合作。

Q1. (出示卡片1)请问您家是否有人在以下单位工作：

  房地产公司 …………………………… 1
  广告公司 ……………………………… 2
  市场研究与信息咨询公司 …………… 3
  (以上均无,请继续进行访问)

Q2. 您家在最近5年之内是否准备购房？

  是…………………… 1 (继续问Q3)
  否…………………… 2 停止访问,检查配额(记录在访问记录单上)

Q3. 您家购房的最终决策者是谁？

  本人 ……………………………………… 1→跳至Q5
  家人 ……………………………………… 2→继续问Q4

Q4. 我能和_____(Q3中提到的人)谈谈吗？(重复自我介绍及Q2、Q3)

Q5. (出示卡片2)您家准备购房的总费用大约为多少？

  30万元以下 ……………………………… 1(如果选择的是1则终止访问)
  30万～40万元 …………………………… 2
  40万～50万元 …………………………… 3
  50万～60万元 …………………………… 4
  60万～70万元 …………………………… 5
  70万～80万元 …………………………… 6
  80万～90万元 …………………………… 7
  90万～100万元 ………………………… 8
  100万元以上 …………………………… 9

Q6. (出示卡片 3)您家的年收入是在下面哪个范围之内(包括各种收入来源)?
   3 万元以下 ················· 1(如果回答为 1,则停止访问)
   3 万~5 万元 ················· 2
   5 万~8 万元 ················· 3
   8 万~10 万元 ················ 4
   10 万~12 万元 ··············· 5
   12 万元以上 ················· 6
(访问员请注意,如果符合访问要求,继续访问主体问卷,否则停止访问并谢谢被访者)
   再一次感谢您的支持!

访问员声明

我特此声明:此份问卷是根据我所接受的访问指示所做的准确的完整的访问,若有假,我所做的所有问卷都作废,并赔偿委托方的损失。

访问员姓名_____   签　　名_____
日　　　期_____

南京市商品房市场研究主体问卷

第一部分　商品房购买意向

Q1. (出示卡片 4)您家之所以在 5 年之内考虑购房是因为(最主要的原因):
   本地拆迁 ··················· 1
   改善居住条件 ················ 2
   投资升值 ··················· 3
   结婚用房 ··················· 4
   地位身份的象征 ··············· 5
   其他 ····················· 6(请注明)_____

Q2. 您上面提到的这次买房是属于:
   1. 第一次买房　　　2. 第二次买房　　　3. 多次买房

Q3. (出示卡片 5)您家最可能购房的地区为:
   市中心 ···················· 1
   城东 ····················· 2
   河西 ····················· 3
   城南地区 ··················· 4
   城北地区 ··················· 5

江宁地区 …………………………………… 6

浦口 ………………………………………… 7

亚东 ………………………………………… 8

其他………………………………………… 9（请注明）_____

Q4.（出示卡片6）您最可能购买的房价范围为多少元/平方米（确定B、C点）？高于哪个价位（D点）您认为您家肯定不会购买？低于什么价位（A点），您认为质量得不到保证，您也不会购买？

2 800	3 000	3 200	3 400	3 600	3 800	4 000	4 200	4 400
4 600	4 800	5 000	5 200	5 400	5 600	5 800	6 000	

（单位：元/平方米）

Q5.（出示卡片7）您家在购房上花费的最可能的总费用为多少（确定B、C点）？高于多少（D点）您认为您家肯定不会购买？低于多少（A点），您认为质量得不到保证，您也不会购买？

20	25	30	35	40	45	50	55	60
65	70	75	80	85	90	95	100	

（单位：万元）

Q6.1.（出示卡片8）您家购房的总面积大约为多少平方米？

　　80平方米以下 ……………………………………… 1

　　80～100平方米 …………………………………… 2

　　100～120平方米 …………………………………… 3

　　120～140平方米 …………………………………… 4

　　140～160平方米 …………………………………… 5

　　160～180平方米 …………………………………… 6

　　180平方米以上 …………………………………… 7

Q6.2.（出示卡片9）您家最可能购房的面积大约为多少平方米（确定B、C点）？高于多少平方米（D点）您认为您家肯定不会购买？低于多少（A点），您也不会购买？

80	90	100	110	120	130	140	150	160
170	180	190	200	210	220	230	240	250

（单位：平方米）

Q7.（出示卡片10）您期望的楼型是：

　　1. 高层；　2. 小高层；　3. 多层；　4. 别墅；　5. 其他（请注明）_____

Q8. (出示卡片 11)您期望的户型是：

1. 平层； 2. 错层； 3. 跃层； 4. 其他_____

Q9. 您期望的户型结构是什么？每一间的面积分别是多少？

名　称＼数　量	第1间	第2间	第3间	第4间	第5间
卧　室					
厅					
卫生间					
阳　台					

注：面积为每1间的面积，单位为平方米

Q10. (出示卡片 12)以下区内公共设施,您最希望有的是哪些(不超过 3 项)？(请访问员从打"K"处循环读出答案)

1. 中心花园 2. 会所 3. 体育健康设施 4. 文化娱乐设施 5. 医疗保健设施 6. 购物场所 7. 金融邮政设施 8. 餐饮 9. 农贸市场 10. 幼儿园 11. 车库 12. 公交站点 13. 小学

Q11. (出示卡片 13)您最希望有的物业管理基本服务有哪些(不超过 3 项)？特殊服务有哪些(不超过 3 项)？(请访问员从打"K"处循环读出答案)

基本服务内容	请打"√"	特殊服务内容	请打"√"选
1. 清洁卫生		1. 衣服洗熨	
2. 家政服务		2. 提供学童专车	
3. 治安消防		3. 代管儿童伙食	
4. 公用设施维修保养		4. 照看宠物、洗汽车	
5. 家电维修		5. 临时看护老弱病残	
6. 其他(请注明)		6. 代聘家教、保姆、钟点工	
		7. 其他(请注明)	

Q12. (出示卡片 14)您对以下景观设计最感兴趣的有哪些？(限选 3 项,请访问员从打"K"处循环读出答案)

1. 活动器械 2. 城市雕塑 3. 装饰街灯 4. 喷泉 5. 瀑布 6. 水池 7. 花坛 8. 座椅 9. 地面铺装 10. 凉亭 11. 其他_____

Q13. (出示卡片 15)您期望的房屋交付标准：

毛坯房 ·· 1；

厨卫装修 ·· 2；

全装修 ·· 3；

其他 ·· 4；(注明)_____

Q14. 您购房时希望采取什么样的付款方式：
一次性 …………………………………… 1；（如果回答为1，请跳问至Q17）
分期付款 ………………………………… 2；
按揭 ……………………………………… 3；
其他 ……………………………………… 4；(注明)_____

Q15. （出示卡片16）您期望购房时首付的额度是：
1. 10万元以下　2. 10万~20万元　3. 20万~30万元　4. 30万~40万元　5. 40万~50万元　6. 50万元以上

Q16. （出示卡片17）您愿意承担的月供金额是多少？
1. 1 000~2 000元　2. 2 000~3 000元　3. 3 000~4 000元　4. 4 000~5 000元　5. 5 000元以上

Q17. （出示卡片18）以下是人们购房时通常考虑的因素。您认为这些因素的重要性如何，请您用5分制打分（请访问员从打"K"处循环读出答案）
（5分表示最重要，1分表示最不重要，您可以用1~5分中的任何一个数字。）

考虑的因素	重要性分数	考虑的因素	重要性分数
1. 区位		8. 品牌	
2. 价格		9. 区内配套	
3. 户型		10. 区外配套	
4. 交通		11. 区内景观	
5. 教育		12. 物业管理	
6. 楼型		13. 区外人文及自然环境	
7. 建筑质量			

Q18. 在未来3年内，您认为南京房产价格将会怎样？
1. 上涨　2. 保持现状　3. 下跌　4. 不清楚

Q19. （出示卡片19）如果您购买房产用于投资,您会购买哪个区域的房产？
1. 市中心　2. 城东　3. 河西　4. 城南　5. 城北　6. 江宁　7. 浦口　8. 亚东　9. 其他_____

Q20. 您对目前住房最为满意的是什么？（开放题，追问）(1. 物业管理　2. 交通状况　3. 购物环境　4. 内部装修　5. 户型　6. 小区环境　7. 居住地点　8. 通风采光　9. 居住面积　10. 教育　11. 其他)

Q21. 您对目前住房不满意的是什么？（开放题，追问）(1. 物业管理　2. 交通状况　3. 购物环境　4. 内部装修　5. 户型　6. 小区环境　7. 居住地点　8. 通风采光　9. 居住面积　10. 教育　11. 其他)

第二部分 企 业 形 象

Q22. 您听说过"万科"吗？
  1. 听说过
  2. 没有(如果没有,请跳问至 Q26)

Q23. 您听说过"建筑无限生活,从懂得你的生活开始!"吗？
  1. 听说过
  2. 没有

Q24. 一提到"万科",您首先想到哪一形容词:＿＿＿＿＿＿＿＿＿＿

Q25. (出示卡片 20)如果把"万科"当作一个人,您认为下列那些词汇适合描绘他(她)？(限选 3 项)(请访问员从打"K"处循环读出答案)
  1. 诚实守信 2. 友好亲切 3. 富有朝气 4. 追求卓越 5. 值得信赖
6. 大气 7. 渊博 8. 关爱 9. 成功 10. 成熟 11. 领导潮流

Q26. 您知道"万科金色家园"吗？
  1. 知道
  2. 不知道(如果回答为 2,请跳问至第三部分)

Q27. 提及"万科金色家园",您第一感觉是什么？＿＿＿＿＿＿＿＿

Q28. (出示卡片 21)下面哪些适合描绘万科金色家园(限选 3 项)(请访问员从打"K"处循环读出答案)
  1. 高尚住宅 2. 湖畔生活 3. 销售火爆 4. 金牌物业 5. 艺术生活
6. 都市情结

第三部分 休闲活动和生活形态

Q29. (出示卡片 22)您主要通过哪些渠道了解房产信息及广告？(限选 2 项)(请访问员从打"K"处循环读出答案)
  1. 报纸广告 2. 电视广告 3. 户外广告 4. 相关网站 5. 电台广告
6. 中介机构 7. 房展会 8. 他人介绍 9. 其他(请注明)＿＿＿＿＿＿

Q30. (出示卡片 23)您常在哪些报纸上看房产信息及广告？(请访问员从打"K"处循环读出答案)
  1.《扬子晚报》 2.《现代快报》 3.《金陵晚报》 4.《南京日报》 5.《南京晨报》 6. 其他＿＿＿＿＿＿＿＿

Q31. 请问过去的 4 个星期里,您有没有去过快餐店买东西或买外卖呢？
  1. 有 2. 没有

Q32. 请问过去的 4 个星期里面有没有到过餐厅/饭馆等地方吃过饭？
　　1. 有　2. 没有

Q33.（出示卡片 24）请问您购买了以下哪种保险呢？（多选）
　　1. 没有购买　2. 汽车保险　3. 人寿保险　4. 医疗保险　5. 养老保险
6. 房屋保险　7. 其他保险(请列出)_____

Q34.（出示卡片 25）您在以下哪些银行有银行账户呢？（多选）
　　1. 中国银行　2. 交通银行　3. 中国工商银行　4. 中国农业银行　5. 中国建设银行　6. 招商银行　7. 其他(请列出)_____

Q35. 您是否拥有信用卡呢？（单选）
　　1. 有　2. 没有(如果回答为 2，请跳问至 Q38)

Q36.（出示卡片 26）如果有，你的信用卡属于以下哪一种呢？（多选）
　　1. 金穗卡　2. 龙卡　3. 长城卡　4. 牡丹卡　5. VISACARD　6. 太平洋卡　7. 招行一卡通　8. 其他(请列出)_____

Q37.（出示卡片 27）您通常多久会使用一次信用卡，用卡购物或其他服务呢？（单选）
　　1. 每周一次或以下　2. 每月 2～3 次　3. 每季度 1 次　4. 每年 2～3 次
5. 很少　6. 没有

Q38.（出示卡片 28）在近一两年，你有没有投资？
　　1. 股票　2. 债券　3. 外币　4. 房地产　5. 彩票

Q39.（出示卡片 29）请问您通常会参加或喜欢观看以下哪些运动/活动呢？（多选）
　　1. 游泳　2. 骑自行车　3. 健身/健美操　4. 跳舞　5. 溜冰　6. 篮球
7. 羽毛球　8. 足球　9. 网球　10. 乒乓球　11. 高尔夫球　12. 台球　13. 钓鱼　14. 跑步　15. 登山　16. 保龄球　17. 其他(请列出)_____

Q40.（出示卡片 30）通常情况下您会参加以下哪些消闲活动呢？（多选）
　　1. 玩游戏/玩电子游戏　2. 打麻将　3. 下棋　4. 打扑克　5. 游乐场
6. 去公园　7. 逛街/购物　8. 看电影　9. 看歌舞剧/戏剧/话剧　10. 看电视/录像/影碟　11. 唱卡拉 OK　12. 听音乐　13. 玩乐器　14. 去咖啡厅/酒吧
15. 走访朋友　16. 饲养宠物　17. 种植花草　18. 阅读　19. 集邮/集币/收藏
20. 其他(请列出)_____

Q41. 最近一两年，您有没有外出旅游呢？（至少在外住宿一晚，包括探亲和出差）
　　1. 有　2. 没有(如果回答为 2，请跳问至 Q44)

Q42.（出示卡片 31）您最近一次外出是到哪里的呢？（单选）

1. 省内 2. 省外 3. 中国香港/中国澳门/中国台湾 4. 亚洲的其他地方 5. 美国 6. 欧洲 7. 其他国家(请注明)_____

Q43. (出示卡片32)这次您外出旅游的原因是什么呢?(单选)

1. 探亲/探朋友 2. 公差/公干 3. 度假 4. 专门旅游 5. 学习

Q44. (出示卡片33)以下各个选项是测试您对生活的态度和行为,对于左边的描述,您有不同的同意程度:"很同意""有点同意""不同意也不反对""有点不同意""很不同意"五个级别,您对每个描述都要做回答。(每项单选) (1表示很不同意,2表示有点不同意,3表示不同意也不反对,4表示有点同意,5表示很同意)

1) 我对我现在所从事的工作比较满意 …………………………… (   )
2) 我的个人爱好很多 …………………………………………… (   )
3) 我经常参加各种社会公益活动 ……………………………… (   )
4) 我经常外出旅游、度假 ……………………………………… (   )
5) 我经常参加各种文娱活动 …………………………………… (   )
6) 我总是同很多朋友保持联系 ………………………………… (   )
7) 我经常结识新朋友,与朋友聊天 …………………………… (   )
8) 我常去逛商店、购物 ………………………………………… (   )
9) 我经常进行体育锻炼 ………………………………………… (   )
10) 我对家庭生活很看重 ……………………………………… (   )
11) 我喜欢住的房间舒适一些 ………………………………… (   )
12) 我喜欢繁忙充实的生活 …………………………………… (   )
13) 我喜欢买一些新产品来试试 ……………………………… (   )
14) 我喜欢做家务 ……………………………………………… (   )
15) 我喜欢看电视、听广播或读书读报 ……………………… (   )
16) 事业上的成就感对我很重要 ……………………………… (   )
17) 我认为自己的能力比多数人强 …………………………… (   )
18) 我比较关注政治形势和社会舆论热点 …………………… (   )
19) 我认为参加社会公益活动很有必要 ……………………… (   )
20) 我喜欢钻研业务,提高自身素质 ………………………… (   )
21) 我认为发展经济是最重要的 ……………………………… (   )
22) 我认为应该更加注重教育 ………………………………… (   )
23) 我希望有不断推陈出新的产品设计 ……………………… (   )
24) 我对未来满怀信心 ………………………………………… (   )

25）我欣赏富有文化味、艺术性的东西 ………………………… （ ）

26）我试用过认为好的牌子，我会经常使用它 ………………… （ ）

27）我宁愿买国产产品 ……………………………………………… （ ）

28）使用名牌可以显示我的身份 …………………………………… （ ）

29）购物时，我不太注重品牌 …………………………………… （ ）

30）我喜欢尝试新品牌 ……………………………………………… （ ）

31）进口品牌令我买得放心 ………………………………………… （ ）

32）我极少注意报纸/杂志上的广告 ……………………………… （ ）

33）电视上的广告及节目我同样喜欢 …………………………… （ ）

34）我喜欢收听广播 ……………………………………………… （ ）

35）电视广告的可信程度较高 …………………………………… （ ）

36）我会尝试购买曾经在广告上见过的品牌 …………………… （ ）

37）我喜欢参加各种媒介（电视、报纸和电台等）主办的游戏及抽奖节目 ……………………………………………………… （ ）

38）购物时，我通常比较几家商店同类产品的价格 …………… （ ）

39）我不能抗拒昂贵的化妆品 …………………………………… （ ）

40）对于质量好的产品，稍贵一点也值得 ……………………… （ ）

41）我认为合资产品的质量不及原装进口的好 ………………… （ ）

42）每次遇到喜欢的商品，我会因为价格问题而犹豫不决 …… （ ）

43）我赞同便宜无好货的观点 …………………………………… （ ）

44）商店的大减价对我非常有吸引力 …………………………… （ ）

45）我对电视中有关国外生活的节目很感兴趣 ………………… （ ）

46）我不介意花钱购买能使生活更方便的东西 ………………… （ ）

（以下背景资料，我们完全保密，仅作统计分析用）

Q45.（出示卡片34）您的教育程度是：

    1. 大专以下　2. 大专　3. 本科　4. 研究生

Q46.（出示卡片35）您所在单位是属于：

    1. 私企　2. 外企　3. 国企　4. 政府机关　5. 事业单位　6. 其他_____

Q47.（出示卡片36）您所从事的行业是：

    1. 金融证券　2. 教育科研　3. IT/邮电/电信　4. 房地产　5. 政府部门　6. 广告/媒体行业　7. 医疗服务　8. 商贸行业　9. 文化艺术　10. 旅游业　11. 制造业　12. 其他（请注明）_____

Q48.（出示卡片37）您的职位是：

1. 职员/工人   2. 专业技术人员   3. 中层管理者   4. 高级管理者

Q49. (出示卡片 38)您的家庭结构：

1. 单身   2. 两口之家   3. 两代同堂   4. 三代同堂   5. 三代以上

Q50. 您的家庭人口总数：_____人

Q51. (出示卡片 39)您上下班的交通工具：

1. 私车   2. 单位配车   3. 单位班车   4. 出租车   5. 公交车   6. 自行车
7. 摩托车(电动车)   8. 其他(请注明)_____

您的姓名　　　　　　性别　　　　年龄

身份证号码　　　　　　　　　　联系电话

电子邮件　　　　　　　　住址：南京市　　　　区　　　　邮编

再一次感谢您的支持！

关　键　词

市场调查、市场细分、目标市场、消费者家庭生活周期、方案调查、随机抽样。

思　考　与　练　习

1. 什么是市场调查？
2. 试述市场调查的主要类型。
3. 定量调查与定性调查的区别是怎样的？
4. 问卷设计时应注意哪些问题？
5. 简述市场调查的流程。
6. 为某一品牌(自由选择)产品设计一份市场调查计划书。

第二章　广告与市场定位

第一节　广告定位概述

一、定位观念产生的背景

现代社会已进入了信息时代。以美国为例,其人口占世界人口的6%,而每年的广告支出却占了全世界广告费的57%。美国每人每年的广告消费是376.62美元,而世界其他地区每人每年的广告消费才不过16.87美元。在美国如此大量的广告信息时刻不停地向消费者进行轰击,其效果如何自是可以想见。即使是最具特色的企业或产品,也会淹没在广告的汪洋大海之中。因此,在我们这个传播信息过多的社会,你对你所传播的产品(服务)信息的可能效果决不能盲目乐观。

在信息爆炸的今天,广告的信息传播仅仅是其中的一小部分而已。以书籍为例,美国平均每年出版的新书就达3万余种,如果不包括过去出版的数以亿计的旧书,一个读者要读完3万余本新书,即使每天24小时不停地阅读,也需要17年的时间才能读完。再以报纸为例,美国的报纸每年的用纸量超过1 000万吨,这表明每人每年平均要阅读43公斤的报纸。仅《纽约时报》的星期版就有4公斤,约50万字,以平均每分钟阅读300字计算,全部看完一份《纽约时报》星期版就要128小时。

上述实例表明,如果我们在进行广告策划时,只顾盲目地无休止地借助媒体不厌其烦地向消费者提供信息,而不去考虑消费者是否乐意接收这些信息,那么这一广告策划将是一个十分愚蠢可悲的。

对于消费者而言,他们对传播过度的大量冗余信息只能采取冷漠或抵抗的态度。当他们在电视画面上看到频繁出现的广告镜头时,可能会转移自己的视线。当他们置身于如林的户外广告群中时,对这些广告往往是熟视无睹、毫无反应,在堆积如山的印刷媒体中,读者的选择性和挑剔性更是让出版商瞠目结舌。

那么,我们又该如何使我们的广告能真正起到传播信息的作用呢?也就是说,我们的广告信息如何才能进入潜在消费者的心智中去呢?如果广告主能够认识到过度传播冗余信息的弊端,把握住消费者的心理特点,那么就会找到一种进入并占据消费者心智的办法,这就是"定位"。

二、广告定位的涵义

定位思想的最先倡导者是美国著名广告专家杰克·特劳特。他于1969年6月号的《工业市场》杂志上撰文指出:"定位乃是确立商品在市场上的位置。"其后,他与艾尔·里斯在1972年的美国《广告时代》杂志上共同撰文确立定位理论。时隔不久,两人合著了《广告攻心战略——品牌定位》一书,该书迅速成为畅销书,从而使此概念迅速得到广泛传播并根植人心。

定位从产品开始,可以是一件商品、一项服务、一家企业、一个机构甚至于是一个人。然而"定位并不是要对产品本身做些什么,而是你在可能成为未来的消费者的人们的心智中做些什么。这也就是说,你得给产品在有可能成为消费者的人们的心智中定一个适当的位置。"①所以我们把这个概念叫作"产品定位"是不对的,因为你对产品本身实际上并没有做什么重要的事情。"所谓定位,就是使企业的产品在消费者心智中占有地位、留下印象的一种广告方法与推销方法。"②广告定位,则是通过广告宣传,使产品或服务在消费者心智中占据位置的一种方法。

三、广告定位的心理依据

(一)消费者倾向于有选择地接受信息

像电脑一样,人的心智也有一个记忆库,把经过选择的信息储存在里面。和电脑不一样的是,电脑对输入者的任何信息都来者不拒,而人的心智则拒绝其所不欲的信息,只接受与其心智状态相符合的新的信息。比如说,我们去问两位观念完全相左的人士对同一事件的看法,你会发现对同一事件有不同观念的人会得出完全相反的结论。也就是说,对于这一事件的信息传播,对已持有某种观念的人来说,简直可以说没有起到什么作用,因为人们只愿意接受那些能支持其原有观念的信息。

这表明,广告所要做的事并不是要改变产品本身,而是要改变人们对产品的观念,努力创造产品或劳务在消费者心智中的期望值,以满足消费者对产品所期望的幻觉。

---

① 《广告攻心战略——品牌定位》第12页,中国友谊出版公司1991年出版。
② 同上书,第8页。

(二)消费者心智中的品牌阶梯

为了与产品信息量大爆炸相抗衡,人们学会把产品品牌在心智上划分等级。我们可以把它看成是心智上的一系列的阶梯,每一阶就是一种品牌名称,每一梯代表一类不同的产品,有些梯有很多阶(一般多达7个阶),有些则比较少。

一个竞争企业如果想增加其销售额,扩大市场占有率,有两种办法:一是尽力驱逐产品上方的品牌,但这是在一般情况下难以办到的;二是用某种方法使自己的品牌与其上方的品牌发生关联。

第二节 广告定位的方法

一、实体定位法

此种定位方法是指在广告宣传中,强调产品的品质、功效及其与同类产品的不同之处和它能给消费者带来的独特利益。在具体应用时又分为功效定位、品质定位、市场定位、价格定位、档次定位等。

(一)功效定位

是指在广告中突出广告所宣传的产品的特殊功效,以吸引有着特殊需求的消费群,以使该产品远离竞争者。功效定位可以从两个方面入手,一是直接切入产品功效,如百事可乐的宣传以不含咖啡因为定位基点,以区别于可口可乐。另一是先切入人们的需求,再说广告产品可以满足这种需求。头皮屑给患者带来尴尬和麻烦,"海飞丝"正好去头皮屑。于是,"海飞丝"在消费者心目中留下了一个"去头皮屑"的特殊位置。

(二)品质定位

又叫质量定位,是通过强调广告所宣传的产品具有的良好品质而对产品进行定位。这种品质必须是产品具体的、看得见的品质。美国"德芙(DOVE)"香皂以"润滑肌肤"这一重要产品品质作为广告定位的重点。

(三)市场定位

这是具体市场细分策略在广告中的具体运用。每一种产品都有自己特定的目标市场,广告定位针对特定市场,将产品定位在最有利的市场位置上。例如:在美国两大著名可乐的饮料竞争中,当竞争持续了10年之久的时候,市场的反应都有些迟钝了。这时,可口可乐根据调查,发现人们的生活水准不断提高,生活环境也不断改善,人们都十分注意健康和长寿。由于可乐是带糖甜饮料,被医学界认为容易引起一些疾病。可口可乐公司立即抢先推出一种新产品叫健怡可乐,并把产品广告定位在"不含糖"、也"不含咖啡因"的健康新饮料上,通过广告的宣传,这一定位立即得到消费者的认可,产品的销量与日俱增。在这种情况下,百事可乐也不甘落后,推出同样类型的可乐,但它并不是重复可口可乐的新饮料的定位,而是独辟蹊径,把这种产品定位在"新一代"的口味上,标明它非常适合年轻人,不像其他可乐大部分适合成年人。因此,这一定位也取得了良好的效果。这就造成了两大饮料公司近年来互相竞争的戏剧性场面。

(四)价格定位

在产品的品质、性能等与同类产品没有多大区别时,常常采用的一种价格区别定位策略。百事可乐就是以价格定位来与可口可乐进行市场竞争的。当时,百事可乐的"5美分买双份"的口号,就是价格定位的典型。这里所谓的"买双份",指的就是可口可乐。当时的可口可乐饮料的包装瓶是每瓶6.5盎司,而售价也是5分钱。百事可乐把广告定位在"价格"上,以此与可口可乐形成比较,达到了促销的目的。

(五)档次定位

产品有一定的档次、品位和格调。广告根据产品的质地、特色,根据消费者对产品档次的追求,宣传产品的品位、格调、档次,这就是档次定位。"人头马干邑,格调高几级"、"乔伊德——世界上最昂贵的香水"、"劳力士——财富权势和地位的象征"等等,就是比较典型的例子。但要注意,产品格调的宣传要根据产品自身的实际档次、销售目标和对象来确定。不能随意浮夸拔高,使人感到你是在吹牛皮,或是吓得消费者不敢问津。

(六)造型定位

强调商品在造型上的特异之处。产品的造型向消费传递了生产者的情感和审美意识,不同的造型定位会引起人们心理上的不同反应。因此,广告设计中的造型定位准确,则可激发消费者的购买欲望。例如,日本"迷你窈窕型三洋收录机"广告,就把产品定位在造型"小"与"巧"上。广告标题是:"精致、伶俐、好身段"。广告画面是一身着比基尼泳装的健美女郎俯身在天然游泳场的沙滩上,身旁放一小型三洋收录机。女性娇柔苗条的身段极好地烘托了产品的精美灵巧的特点。

(七)包装定位

突出精美包装给人带来的心理价值。例如"美琪香皂"广告,定位于华丽高档的包装能满足消费者的社交需要,因此广告宣称:"美琪换新装,送礼真大方"。

(八)色彩定位

色彩能影响人们的性格、情绪、行为。例如,从销售实践来看,确定色彩定位对促进销售具有重要意义。在好些情况下,消费者选择这家的产品而不选择那家的产品,仅仅是由于颜色的因素。并且,不同民族、不同国家的人,对颜色的好恶、引起的联想均不相同,这可作为外贸商品广告定位的重要依据。

(九)服务定位

强调商品售后服务措施的完善和所具有的优势,以打消消费者的后顾之忧,增强购买信心。例如"宝岛"眼镜广告:"宝岛关心您的眼镜更关心您的眼睛,全国 26 家实在地服务。"

(十)利益定位

突出商品能够带给消费者的明显的、其他同类商品所不能给予的利益和好处。它既可以是实实在在的利益或好处,也可以是精神上的满足。"戴海霸,添身价"便是一例。

二、观念定位法

所谓观念定位是指通过突出产品的新意义改变消费者的习惯心理,树立新的产品观念的广告策略。观念定位一般的有概念定位、追随定位、逆向定位、是非定位和归类定位等几种。

(一)概念定位

即从概念上人为地将产品市场加以区分。通过产品的广告宣传,给人们以一个全新的概念。"龙牡壮骨冲剂"的定位是:"不要让孩子输在起跑线上"。一家燃气饭煲的广告也是概念化定位的典型:"是该讲讲'饭道'的时候了"。

(二)象征定位

将一种商品所具有的特点综合起来,塑造一种象征性形象,使消费者容易记住并喜爱。例如美国销量第一的万宝路香烟,几十年前是一种专为女士生产的香烟,选用美国与土耳其高级烟丝混合起来作为主要原料,并配有过滤嘴,烟味清淡,包装文雅,很受烟瘾不大的妇女们欢迎。但针对女性烟民毕竟销售量有限,因而厂家决定改变销售形象,转向男士烟民市场。于是,如何塑造一个男人们喜爱的形象,就成了万宝路香烟能否打开竞争十分激烈的男士烟民市场的核心问题。广告设计者先后选用诸如矿工、消防队员、警察等多种男子气十足的形象,均不理想,最后才确定为人们最熟悉的、公认最具有大丈夫气概的美国西部牛仔。广告还配了以口琴为主调的美国西部电影音乐,并固定为一个有力的曲调。广告口号也响亮有力:"万宝路的世界!"结果,万宝路借助英勇无畏、率直粗犷的西部牛仔形象,一跃而夺得香烟霸主的宝座。

(三)追随定位

这是将自己的产品与别的同类产品在声誉上或在消费者的心目中所占的地

位进行比较的一种定位方法。

当为产品制作广告时,创意制作者应想到人们的心目中是否已有了同类产品其他品牌的位置;也要想到同类产品中其他品牌的声誉。一种产品的各种品牌在消费者心目中的地位,或所获得的荣誉都是客观存在的,这一点必须正视,必须承认。如果忽视或蔑视这一客观存在,你的广告便会失败,产品的经营也会随之而受到损失。

20 世纪 70 年代初的美国,IBM 雄踞电脑业之首,占有 70% 的市场,在人们心目中 IBM 的第一地位已十分稳固。RCA 是一个拥有上百亿美元的大企业,在电脑业可以稳占第二的地位。但他们不甘居人下,与 IBM 展开正面的厮杀,试图取而代之。然而,结果是悲惨的,RCA 不但没有抹去顾客心目中 IBM 的第一位置,也失去了自己作为第二的机会,因为他们不仅没有争得市场获得经济效益,等待他们的却是 2.5 亿美元的损失。

(四) 逆向定位

一般的广告定位都是采用正向定位的策略,即突出本商品在同类商品中的优越之处。逆向定位则相反,采取"贴身"策略,尽量与第一名挂起钩来,承认自己不如第一,甘居第二等,从而占据市场的一个有利位置。例如,美国爱飞斯(AVISE)出租汽车公司在广告中承认竞争对手赫兹(HERTZ)汽车出租公司是第一流的,而自己仅居第二,并表明自己会更加努力。当时赫兹公司地位牢固,若采用正面攻势,则很难奏效。而采用逆向定位策略,就可利用人们心理上认为第二位与第一位差不多,并往往同情弱者的倾向,赢得消费者的同情与支持。结果,爱飞斯一改过去 13 年里均为亏本的局面,开始赢利。

(五) 是非定位

这是从观念上人为地进行是非分类的定位策略。最著名的案例当属美国的饮料七喜(7 up)汽水。当时,可口可乐、百事可乐早已家喻户晓,深入人心。如果它定位为"七喜可乐",则不可能引起人们的任何兴趣,其销量也就可想而知。但七喜的广告却在更新消费者的观念上做文章。它提出饮料分为可乐型和非可乐型两种,可口可乐是可乐型的代表品牌,而七喜汽水则是非可乐型的代表品牌,促使消费者在两种不同类型的饮料中进行选择,一举打破了可乐的垄断局面。由于该广告的是非定位使消费者从观念上接受了七喜,因此其销售获得了成功,第一年的销量就比预计增加了 100%,以后销量也不断上升,成为非可乐型饮料市场中首屈一指的名牌饮料和美国饮料市场上的三大名牌之一。

(六) 归类定位

这是依据产品分类进行广告定位。在开拓市场的过程中,广告定位可用产品类别细分的方法、改变产品归类的方法、扩展产品类别的方法来达到宣传的目的。

产品类别细分是根据产品的功能细分化和市场细分化而进行的产品深度定位。世界上万事万物在人们的心理范畴,被分成各种各样的类型。每个事物都属于一定的类别。商品也是一样。人们按商品的特性、成分、结构、功能、效果、价格和满足人们需求和利益等情况,将商品分为各种各样的类别。如,生活用品、生产用品、文化用品、体育用品、老年用品、妇女用品、儿童用品、高档消费品、低档消费品等。在各种类型中,又可以细分为更小更细的类别,如中国的酒类有白酒、有色酒;白酒里分高度酒、低度酒;还分曲香型和酱香型……

根据不同的划分角度和标准,同一产品可以归属于多种类别。一支钢笔可以归于文具类,也可归于礼品类。

在广告中,将产品归属于什么类别,强调产品的哪一类特征,是广告定位的一个重要方面。在广告创意的过程中,确定产品的归类,就必须分析产品本身给人们提供的归类可能。一瓶高档的人参酒,我们可以将它归于以下几类:高档礼品、滋补品、药品、饮料。产品提供了多种归类选择的可能,那么,广告中将产品归于什么类更合适呢?这应该视广告的目标、市场走势以及竞争产品占位情况和本品牌可能占位情况等而定。比如万宝路香烟,原为女子香烟类,市场很小。后来改为男士香烟,打开了市场。又如美国约翰逊公司生产的强生婴儿洗头水,因为它不含碱质,给婴儿洗发时不会刺激眼睛,销路很好。后来约翰逊公司为了将产品打入成人市场,重新制定了广告战略,提出"强生婴儿适用,成人也可天天勤洗"。新的定位打开了新的市场,拓展了销路。

企业需要在每个细分市场内制定定位策略。它需要向顾客说明本公司与现有的竞争者和潜在的竞争者有什么区别。定位是勾画形象和提供价值的行为,以此使该细分市场的消费者正确理解和认识本企业及其产品有别于其他竞争者。故此在定位策略实施过程中,要注意不能定位过低,以免使消费者对企业的定位印象模糊,看不出这家企业与其他企业有什么区别。也不能定位过高,定位过高会使消费者对企业了解甚少,以至于对该企业价廉物美的产品也不敢问津。

第三节 广告定位的策略

一、市场领导者的定位

(一)建立领导地位

最先进入消费者心智的品牌,一般而言,比第二个进入消费者心智的品牌,其市场占有率要高出一倍,而第二个品牌又要比第三个品牌高出一倍,这种情况是很难轻易改变的。比如,赫兹比爱飞斯的营业额就大得多;通用汽车比福特的销量大;麦当劳比汉堡包卖得多,等等。

许多营销专家往往忽视用品牌来树立领导者地位的巨大优势,他们常常把柯达、IBM及可口可乐的成功,归之于它们在营销上的聪明才智。

然而,当产品的品牌不是最先进入特定市场时,此一产品则常会是一个失败者。与百事可乐相比,可口可乐是一个巨大的公司,然而可口可乐上市一种所谓的可口可乐新配方饮料与百事可乐竞争时,这位亚特兰大的巨人,虽然挟其雄厚的资金,但仍然对百事可乐的销售发生不了太大的影响。可口可乐新配方饮料最终惨败。

IBM比全录大得多,并拥有先进的科技、大量的人力及强大的财力等资源。然而当IBM上市一系列的复印机以便与全录竞争时,其结果却不如人意,全录仍然拥有数倍于IBM的复印机市场。

又如柯达公司欲进军"立即显像"的相机市场,以侵占"拍立得"的庞大市场,其结果不但没有能如愿以偿,而且在传统相机市场上也遭受了相当大的损失。

所以,就产品而言,几乎一切品牌的优势,都归之于市场的领导者地位。

(二) 保持领导地位的策略

1. 考虑长远发展问题

处于领导者地位的品牌一般能做到任何该企业想做的事,尤其是在较短的时间内更是如此。他们几乎是无懈可击,仅仅只要有动力,就能无往不利。比如通用汽车、宝洁公司等处于领导者地位的品牌拥有者们,他们从不为今年或明年烦恼。他们所烦恼的是长期发展问题,即企业的品牌在5年之后会怎样?再过10年又会怎样?

2. 重复叙述明显的事实毫无意义

一个企业的品牌一旦取得领导者的地位之后,其广告如仅仅是重复叙述明显的事实便显得毫无意义。在潜在消费者的心智中突出产品类别效果可能会更好一些。为什么说"我们是第一位"的广告不具备好的构思呢?这是由于心理上的原因,潜在消费者如明明知道你是第一位,就会奇怪你怎么非说自己是第一位不可呢?如果潜在消费者不知道你是第一位,那又是为什么不知道呢?

3. "只有可口可乐,才是真正可乐"这个典型的广告策划运动,其所用的策略可运用于任何领导者。产品获得领导地位的主要目的,是要能进入消费者的心智;保住此一位置的主要因素,则是加强当初的观念。可口可乐是衡量其他一切品牌的标准,在对比之下,其他每一个品牌都是在模仿"真正的可乐"。这与说

"我们是第一位"全然不同。第一位的品牌可能是因为销售最多,由于其定价较低,能得到更多的经销处所等等。然而"只有可口可乐,才是真正可乐",常会在潜在消费者的心智中占据一个特殊的位置。

二、市场跟进者的定位

对领导者有效的做法,对跟进者则不一定有效。领导者常能压制一个个竞争者的活动而依然保持自己的领导地位,而跟进者们则不太可能以相同的地位采用反压制策略去谋取利益。当跟进者模仿领导者的做法时,根本就不可能压制对方。

(一)寻求空隙

大多数产品之所以不能成为市场的领导者,是因为其仅仅强调了"较好"而非"快速"。许多排名第二的企业认为,只要上市一种较好的模仿产品便算是成功之道了。

然而对企业而言,你的产品仅仅比竞争者好是远远不够的,你一定要在其他企业有机会建立起领导者地位之前推出你的产品,并发动更大规模的广告攻势及推广促销活动。不过,对大多数中小型企业而言,由于其本身的资金及生产能力所限,大都没有充当市场领导者的欲望,而只想分割一部分市场就心满意足了。在这种情况下,企业所要做的第一件事便是你如何在潜在消费者心智中去寻找一个空位。也就是要在潜在消费者心智中去努力地寻求空隙,并想方设法加以填补。这就需要企业有反其道而行的能力。如果每个人都往东走,那么你就要往西走看能不能找到空隙。哥伦布所使用的策略有效,对一般中小企业也能发生作用。

(二)空隙的大小

多年来,美国的汽车制造商都强调车子大、长、好看;而德国大众公司的金龟车既小且短又难看。如用传统的方法去做广告宣传推销金龟车,只能是尽量减少其缺点而竭力夸大其优点,然后请一位高超的摄影师把金龟车拍摄得看起来更漂亮更让人感兴趣,再配以可信赖的口气去大肆宣传。但是,金龟车在市场上的空隙是在于其体积的大小。因此,金龟车在过去所刊登过的最有效果的广告,是那个毫不含糊,清楚地道出其所定位的广告:"想想还是小的好"。

仅仅只有一个短句,便说明两个问题:一是说明了金龟车的位置;二是对其潜在消费者所认为的"要想更好则体积更大"的看法,表示不以为然。

这种诉求方式应根据潜在消费者的心智中是否有那么一个空隙而定。并不是在金龟车上市之前,市场上还没有小型车,而是还没有一种小型车首先占据

"小"的位置。

集成电路以及其他电子设计,使得"小型"空隙在许多产品类别的技术上成为可能。在相反的方面,也呈现了许多机会,在投影电视及其他以大尺寸为基础的产品方面,也有占有位置的机会。

(三) 高价位的空隙

高价位品牌的典型范例是"酒鬼酒"。湖南湘西酒厂发现有一个尚未开发的内销高价位白酒市场,于是就用"酒鬼酒"这个名称打进市场中的空隙。高价位的空隙,似乎在许多产品类别中都虚位以待:像宝马 635-CS 这类价值 4 万美元的轿车,像奔驰 500-SEL 这类价值 5 万美元的汽车,都是高价位产品的代表。

定价也是一种策略,如果在某一门类中最先建立高价位空隙时尤其如此。然而要注意的是,并不是所有的产品都能以高价位取得成功。高价位成功的秘诀在于建立高价位的位置,并且要有一个证据确凿的产品事实,更要在消费者能接受的高价位品牌类别之内;否则你的高价位,只能是将潜在消费者推开。

(四) 低价位的空隙

与高价位相反,有时采取低价位的方法,也会成为有利可图的策略。

在以价格作为可能的空隙而予以评估时,要注意的是低价位的空隙。对照相机、望远镜及录像带之类产品的消费者而言,低价位常常是一个好的选择。许多消费者认为在这些东西上玩一下,即使是由于质量问题而使用时间不长也不必冒太多风险,因为,毕竟所花的费用不高。在美国超市内有许多没有品牌名称的产品上市,就是在试图探索低价位的空隙。

当然,企业可以结合全部三种价格策略,即高价位、标准价位和低价位来制定营销方法,也可以对企业生产的不同的产品分别采用高价位、标准价位和低价位策略。

三、重新为竞争品牌定位

(一) 创造你自己的空隙

在同类产品过多过剩的市场环境中,一个企业应该如何才能利用广告去打通进入消费者心智的途径?根本的出路在于为品牌"重新定位以利竞争"。

由于寻找不出所要填补的空隙或所填补的空隙过少,一个企业必须把竞争对手们占据在人们心智中的位置重新定位,并创造出一个新的秩序。也就是说,当你想把一个新的观念或产品侵入消费者的心智中,你就必须先把一个旧的观念或产品从潜在消费者的心智中清除出去。

哥伦布说"地球是圆的"。而民众却说:"不对,地球是方的。"使民众信服的方法,就是首先一定要证明地球不是方的。最有说服力的论证之一,是一项事实:即在海上的水手若发现有船接近他们,首先看见的是来船的桅杆,然后是船帆,最后才是船身。如果地球是方的,水手们应该同时看到整条船才对。

旧观念被推翻之后,推销一个新观念常是一件轻松容易的事,事实上人们常常是主动地寻求新观念以填补空隙。

重新定位的要点是根除一个既存的观念、产品。

(二)重新定位与比较性广告

许多重新定位的广告都不可避免地带有比较广告的色彩,但重新定位与比较广告是有区分的。

"我们比我们的竞争者好"并非重新定位,而是比较性广告,且未必会有好效果,因为,潜在消费者会认为,既然你的品牌那么好,为什么它不是领导者?由此而对你产生反感。

比较性广告是将竞争对手的产品作为本品牌的基准点,而重新定位则是将老品牌作为新品牌的基准点。

特定企业的一个品牌在市场上的最初定位即使很成功,随着时间的推移也必须重新定位。这主要是由于以下情况发生了变化。

竞争对手也推出一个品牌,并把这个品牌定位于本企业的品牌旁边,从而侵占了本企业品牌的一部分市场,使本企业的品牌市场占有率下降。有些消费者的偏好发生了变化,他们原先喜欢本企业的品牌,现在却喜欢其他企业的品牌,因而市场对本企业的品牌需求减少。

第四节 经典案例评析

一、美乐啤酒公司的市场细分策略

中国的抽烟者大都知道"万宝路"香烟,但很少知道生产、销售万宝路香烟的公司叫菲力普摩里斯公司。就是这家公司在1970年买下了位于密尔瓦基的美勒啤酒公司,并运用市场营销的技巧,使美勒公司在5年后上升为啤酒行业市场占有率的第二名。

原来的美勒公司在全美啤酒行业中排名第七,市场占有率为4%,业绩平平。到1983年,菲力普摩里斯经营的美勒公司在全美啤酒市场的占有率已达21%,仅次于第一位的布什公司(市场占有率为34%),但已将第三第四位公司远远抛在后头,人们认为美勒公司创造了一个奇迹。

美勒公司所以能创造奇迹,在于菲力普摩里斯公司在美勒引入了该公司曾使万宝路香烟取得成功的营销技巧,那就是市场细分策略。它由研究消费者的需要和欲望开始,将市场进行细分后,找到机会最好的细分市场,针对这一细分市场做大量广告进行促销。美勒公司的实践,也使啤酒同行纠正了一个概念上的错误,即过去一直认为啤酒市场是同质市场,只要推出一种产品及一种包装,消费者就得到了满足。

美勒公司并入菲力普摩里斯公司的第一步行动,是将原有的唯一产品"高生"牌重新定位,美其名为"啤酒中的香槟",吸引了许多不常饮用啤酒的妇女及高收入者。在调查中还发现,占30%的狂饮者大约消耗啤酒销量的80%。于是,它在广告中展示了石油钻井成功后两个人狂饮的镜头,还有年轻人在沙滩上冲刺后开怀畅饮的镜头,塑造了一个"精力充沛的形象"。广告中强调"有空就喝美勒",从而成功地占据了啤酒豪饮者的市场达10年之久。

美勒公司还寻求新的细分市场。担心身体发胖的妇女和年纪大的人觉得,12盎司罐装啤酒的分量太多,一次喝不完,从而公司开发了一种7盎司的号称"小马力"的罐装啤酒,结果大获成功。

1975年后,美勒公司又成功地推出一种名叫"Lite"的低热量啤酒。虽然1900年以来,不少厂商试图生产、销售低热量啤酒,但他们把销售重点放在节食者身上。广告突出宣传它是一种节食者的饮料,实际效果很差。因为节食者中的大多数人原本不大喝啤酒,结果导致低热量啤酒被误认为一种带娘娘腔的饮料。美勒公司把它售给那些真正的喝啤酒者,并强调这种啤酒喝多了不会发胀,广告上聘请著名运动员现身说法,说少了1/3热量的Lite啤酒,喝多了不觉得发胀。包装上采用用男性雄伟的线条,使它看起来不是娘娘腔的东西,而是更像真正的啤酒。低热量啤酒从此销路大开。

美勒公司还推出高质的超级王牌啤酒,与啤酒生产头号公司——布什公司展开对攻战,定价很高,结果又获得很大成功,使人们认为在特殊场合一定要饮用这一美勒超级王牌啤酒——"鲁文伯罗"招待好朋友。

美勒公司的市场细分策略,使它跃到了啤酒业的领导地位。

二、坦德猪油的市场定位

1973年12月,加拿大派克公司下属的坦德尔福米克猪油公司的品种经理伯内安·伯顿正在为1975年3月截止的财政年度设计"年度营销计划"。他是1年前分派到这里的。他的首要工作是进行一项调查,了解顾客对坦德公司及其竞争对手的产品的看法及使用情况。依靠这些数据,伯顿先生考虑对品种战略进行一些可能的修改。

(一) 背景

加拿大派克公司1927年成立时,只生产了包装猪肉制品,随后公司又添加了其他许多产品,其中之一就是坦德猪油。猪油是猪肉的副产品,为了提高原料利用率,每个小包装肉类公司都生产猪油。

直到1970年,派克公司的猪油和其他猪肉制品仍采用统一分销渠道。派克公司将全国分成5个地区,每个地区有一个独立自治的工厂负责销售。每个工厂的经理对自己的产品自行定价并拥有自己的销售队伍(当地称食杂商店)。考虑到卖给大批发商和超级市场时,个人服务和低价格是重要因素,公司对猪油产品没有大做广告。

1969年,公司的最高层感到在分散机制下,公司的小包装产品生产线没有获得最大利润,1970年,他们设立了食品杂货生产部。到1973年,该部负责销售公司的起酥油、奶油、猪油、肉类罐头、奶酪及香皂等等。每一种产品指派一名品种经理,其主要责任是制定该品种的发展战略,监督其生产。

(二) 坦德产品的历史

坦德猪油从来没有登过广告。但由于其品名既属于枫叶家族的名牌系列,又是派克公司的商标,其知名度和信誉都比较高,故得益不浅。坦德猪油的销售量在1973财政年度高达2500万加元,占市场总量的65%。这一成就主要来源于派克公司的富有竞争性的价格,该价格很少有人能与之匹敌。因此,该型号产品通常每磅只有1分的税前利润(1972年数据),1973年上升为1.6分,1974年则突破2分大关。

坦德猪油在加拿大是通过一个65人的销售队伍进行分销的。每个推销员都有自己的地盘。他们中有大型或中型食杂店主,也有少数服务于小型食杂店的批发商。这些零售网通常将售价标高16%作为他们的利润。1973年,派克公司还对零售商实施了一项"合作广告项目",即提供每张发票价值的1%作为广告基金。对该品种来说,其标准折扣量相当于1%的可变成本。

(三) 市场情况

伯顿先生知道起酥油和猪油是可以相互替代的。公司经理们估计1975年财政年度可售出起酥油和猪油共8400万磅。几年来这两种产品的销售总额一直以每年大约2%的速度下降。1975年度售出的8400万磅猪油和起酥油中,起酥油占60%。其中,克瑞斯科牌起酥油占起酥油销售的55%,猪油的65%则是坦德牌。

起酥油是白色无味的,它是用植物油或是动植物混合油制出的。坦德猪油也是白色无味的(并非所有的猪油都如此),因为派克公司是用了一种精妙的加工技术,除去了其中的颜色和气味。如果不考虑颜色和气味,猪油就能代替起酥油拌到制糕点的面糊中。它可使糕点的层次变多,松脆可口。大多数专家也都以为猪油用起来更方便。许多制作优质糕点的厂家都指定要用猪油,而且不惜工本。

起酥油的价格看来影响了猪油的销售。伯顿先生注意到无论何时,当每磅猪油的价格升到比起酥油低7分钱时,消费者就改用后者了。两种产品的零售价随着原料成本的波动而波动。只有克瑞斯科牌起酥油在整个市场下跌时价格稳定,销售额和利润都保持上升的势头。各竞争产品的价格(1973年12月)见表2.1。

表 2.1

品　　种	品　　牌	零售价(单位:加元/磅)
1. 猪油	坦德牌	0.45
	彭斯牌	0.44
	施耐特牌	0.44
	斯威夫牌	0.45
2. 起酥油	克瑞斯科牌	0.56
	廉价起酥油的平均价格	0.50
	所有牌号起酥油的平均价格	0.53

(四)竞争状况

普氏公司销售的克瑞斯科牌起酥油是该公司唯一大做广告的食用油类产品。伯顿先生估计每年用于这一产品的广告费用约为55万加元。在广告中,普氏公司强调科瑞斯科牌起酥油是纯粹的植物油制品,质量可靠,是制作糕点和煎烤类食物的理想用品。"克瑞斯科"是由普氏公司的推销人员推销的。他们同时还推销纸张、食物和香皂类产品,对象是零售网点或批发商。普氏公司所采用的唯一的贸易激励手段是一项合作广告项目,即每箱(共36磅)支付18分钱作为广告费。

两种产品都是用1磅和3磅的容器装的。但3磅装的坦德猪油只占全部销售量的5%,其中大部分是在西加拿大售出的。而克瑞斯科牌的3磅装起酥油却占总销售量的39%。

伯顿先生相信,3磅装的克瑞斯科牌起酥油销量较大,是因为顾客买一个3磅的比买3个1磅的要便宜些。但由于边际利润较少,包装成本较高,派克公司的3磅装产品的价格略高。伯顿先生认为价格较高是导致3磅装在总销售额中所占比率较小的直接原因。

（五）消费者研究

伯顿先生成为坦德公司品种经理后做的第一件事，是对各种牌子的猪油的使用情况、消费者背景以及消费者态度进行调查。一个著名的市场研究公司曾对具有代表性的 1 647 名妇女进行了调查。其调查成果就成了 1973 年 3 月伯顿先生收到的"脂肪和食用油研究"报告的基础。

这些妇女被问及烘烤食物的时间，她们的回答成了季节指数的主要依据(指每一季节烘烤食物的次数)。

春 132 次；夏 100 次；秋 161 次；冬 196 次。

报告指出，猪油和起酥油主要用于烘烤食物，猪油用于面糊，起酥油主要用于蛋糕和甜饼。

对于产品的态度主要来源于两个方面：(1)使用猪油的作用怎样？(2)上一代人是否将用猪油制糕点作为一个传统传给下一代。下面的介绍显示了顾客对猪油这种产品，以及各种牌子猪油的基本态度，用或不用猪油的原因。

克瑞斯科和坦德在全国同类产品中占有很大优势，但一些小牌子产品在某些地区也极有市场。

除了研究市场上各种食用油的情况，伯顿先生还雇用了一个商业研究公司，就坦德及其竞争对手的情况，进行一些问题集中的小组式问话调查，以取得一些"软性"的数据。一般地，10～15 名妇女在一名心理学家的指导下，随意地谈论食油产品及烘烤方面的问题。由于顾客挑选缺乏随机性，人数也较少，因此对结果未有奢望。但他却为营销策略的制定提供了一些新奇的设想，这些设想在脂肪和食用油的研究中被证实了。

这一调查告诉伯顿先生，做出来的糕点松脆程度如何以及担心受骗，是顾客最关心的两个问题。就做糕点而言，用过猪油的人都知道它比起酥油要好，那些只用起酥油的女顾客则认为，猪油只不过是一种含油的、便宜的产品罢了。

（六）克瑞斯科的进攻

1973 年初，克瑞斯科就制作了广告，向猪油产品的主要优势（廉价）发起了猛烈进攻。伯顿先生感到作为主要猪油厂商的坦德可能会被克瑞斯科夺走其市场占有率。他看出这和当年普氏公司采用的促使克瑞斯科打倒廉价起酥油的方法如出一辙。1973 年 12 月，伯顿制定了多项计划，他要行动了。

（七）抉择

伯德看到了一个提高坦德价格并且开始为坦德做广告的机会。因为广告能稳定坦德产品的销售，提高边际利润总量，从而抵消广告费用，增加赢利。伯顿先生进一步的决策将涉及目标市场的确定、品种安排和为坦德制定的拷贝策略等。伯顿认为,脂肪和食用油报告为坦德产品提供了一系列的机会。据他判断,只要精心策划并保证财务回收,一年35万加元的广告预算最高当局是会同意的。

这位经理指出,连锁商店进货员在看到坦德产品提高价格后,必然转向较低廉的其他公司的产品。因此他建议保持现在的价格定位,与其他牌子的猪油产品在价格上不致相差太大。盲目"追赶"克瑞斯科的高价政策对坦德不利。

最困难的任务是估计营销计划的可能结果。派克公司的高级营销经理期待着伯顿先生能制定出今后5年坦德猪油系列产品的全面营销规范,包括销售和赢利诸方面。

关 键 词

定位、品牌阶梯、实体定位、观念定位、逆向定位。

思 考 与 练 习

1. 简述广告定位的涵义。
2. 试述广告实体定位法的具体内容并举例加以说明。
3. 市场领导者应该如何定位。
4. 简述重新定位与比较性广告的区别。
5. 举例说明市场跟进者应如何定位。
6. 运用所学知识分析"七喜"饮料的定位策略。

第三章 社会文化与广告文案写作

广告是社会文化的一部分。同时,它又必然受到整个社会文化的制约。社会文化对广告传播的制约主要是通过广告的创作者和接受者作用于广告的。广告的创作者和广告的对象都处于特定的社会文化环境之中,广告的创作者正是根据自身对社会文化的认识和体验以及他们对广告对象的生活方式、价值观念、文化观念等的认知和把握来创作广告作品的。

第一节 传统文化积淀与广告文案写作

一、社会文化与广告

文化是指社会成员在群体经历中产生的代代相传的共有的价值观、意义和物质实体。正是文化赋予了人类社会自身的特性。人类是唯一的能由文化来定义的社会动物。

广义的文化由三个主要元素构成:一是符号、意义和价值观,这是用来解释现实和确定好坏、对错的标准;二是社会规范和准则,以及对一定社会中的人们应该怎样思维、感觉和行动的解释;三是物质文化,主要指实际的和艺术的人造物体,它们以物质形态出现,反映出非物质文化的意义。简单地说,文化是社会成员所共有的内在和外在的行为规则和特质。一定社会的生活习俗、民族心理、道德观念、价值观念、宗教信仰、消费观念等都是构成一定的社会文化的必要因素。

任何广告主体都是在一定的社会文化背景下发展起来的。任何广告的本体,即各种商品和服务的产生也离不开一定的社会文化背景。而广告的对象也总是处在一定社会中,有其特定的生活方式和文化背景。广告本身就是一定的社会文化的组成部分,而一定的社会文化环境对广告的整个过程和形态又有至关重要的制约作用,并在广告中得以反映。广告像一面镜子,反映出特定的社会文化特征。广告与其所处的社会文化环境存在着密切的互动关系。

广告文案直接地或间接地体现了一定社会的生活习俗、民族心理、道德观念、价值观念、宗教信仰、消费观念等文化内涵,因此,广告文案必然会受到特定的社会文化的制约,体现一定社会的文化特征和风貌。

二、广告文案写作中的传统文化因素

广告文案发展的历史表明,广告文案始终与特定的社会历史条件联系在一起。在不同的社会历史条件下,广告文案显现出不同的风貌。这正是在广告文案写作的深层结构中不同的文化因素起作用的结果,其中,传统文化因素是最主要的部分。

传统文化的形成是世代累积的结果。经过一代又一代创造,并流传、保存下来的事物必然是那些有深远影响力的事物。而一些没有生命力的文化因素则逐渐被淘汰。被保留的文化因素深深积淀在新文化产生、壮大的背景之中。广告是近现代逐步发展起来的一种社会文化现象。广告文案的写作过程不可避免会受到传统文化因素的影响和制约。

若干年前,广东省潮州市在"潮州新城广告推广活动"中,紧紧抓住潮州的地域文化和传统文化,做了一则文化广告。潮州新城的广告实则是一项房地产广告。广告的创作者在调研以后认为,潮州新城的销售对象是境内外的大中型物业发展商;诉求对象则以海外的潮州籍富商为主。潮州历来有"有水处,有潮处,何处无潮人"之说。潮汕文化有极鲜明的地域文化特色。散落在世界各地的潮州籍人士,在追求成功和卓越的同时,自然会受到与中国传统文化特色截然不同的当地文化的影响。但这种经历越久,那种"把根留住"的愿望便愈强烈,这正是传统文化对人的难以磨灭的影响。于是,广告主题跃然纸上:"昨日岭海名邦,明日粤东翘楚"。潮州传统的瓷器、木雕、戏曲、功夫茶等都成了潮州文化典型的符号;一口井的情思、一条河的洪波、一棵老茶树的摇曳、一缕韩山祠的晚风,甚至旧城杂乱无章的格局都成了诱发乡思、乡情的代言物。在新城广告中,截取了功夫茶和潮剧作为主画面,文案部分则是悠悠的画外音:

> 挑来甘美清纯的山泉水,泡一壶滚烫香浓的功夫茶,畅论粤东名邦的过去,一起勾画潮州新城的未来。

文案配合画面营造的悠远意境自然地呈现出传统潮州文化的情调。细品这则广告,可以感觉到一种浓浓的传统文化的氛围。虽然是一则负有商业使命的广告片,传统文化是创作者着意刻画的结果,但也叫人感到这是一种文化底蕴的自然流露。浓郁的潮州生活气息,无疑会引起海外潮州人的强烈共鸣。这则广告的成功,启示人们,中国的传统文化能够为现代商业广告活动提供更广阔的空间和更深厚的基础。现代广告若能融进传统文化内涵,将能在目标受众中得到更多的回应。

广告文案写作过程中受到的来自传统文化的影响是多方面的。

(一)社会心理

社会心理是一种自发的日常经验性的文化。它能反映一定社会的现象和人们在社会生活中的直接需要。上海通用汽车公司生产的别克G18曾推出一系列电视广告。其中的《小鹿篇》展现了这样一幅图景:宁静的湖泊边,几头小鹿悠然自得在晨曦中徜徉;一部深蓝色的别克G18停在平滑如镜的水面上,倒影中车身更显流畅。一群小鹿轻盈地奔向别克,优雅地跃入车厢;水面泛起涟漪,风景平添生气。此时,画外音响起:"有空间就有可能"。这一句主题词寓意深远,表现了现代人对自由与空间的渴望,张扬的是一种积极向上的生活哲学,体现了现代人普遍的社会心理。

社会心理包含的内容主要有以下几个方面。

朴素的社会信念。在一定的社会环境中,共同的社会实践和生活,使人们普遍产生一种朴素的信念。这些信念并没有经过专门的整理加工而成为深奥的理论,却能协调人们的社会行为,使人们具有较为一致的思想观念。这些信念以一种不言而喻、无须论证的朴素心理保持、维系着一定社会的存在。社会信念不是凝固不变的,而是伴随着社会的变迁而变迁的。当社会生活发生急剧变化时,旧的信念会受到破坏,新的信念会逐渐形成。

流行的社会价值观念。一定的社会会产生并要求统一的价值观念。虽然每个人的价值观念的具体内容可以有所不同,但在总体上却具有一定时空范围内的一致性,形成一种大体一致的价值观,例如,中国传统文化中的宗法等级价值观,在封建社会是支配人们行为的重要价值观念。进入现代社会,这种价值观念因其不适应新的社会要求已逐步被人们摒弃。

社会情趣。社会情趣表现的社会情感和社会兴趣,表现了人们的需要、动机、理想。

社会道德观念。社会道德观念是维护社会生活相对稳定的心理因素。它普遍存在于人们的内心,无时无刻不在起着调节人们相互行为的作用。它是由社会生活自发形成,世代流传,保存在人们心中的朴素观念。例如,中国自古就有"尊老爱幼"的传统,"老吾老以及人之老,幼吾幼以及人之幼",这就是根植于民族传统的文化心理。

(二)科学、哲学、宗教

科学技术。每一种技术都包含一定的价值。一种工具的发明和使用都是一种文化特质的体现,并能构建人们的价值观念。如文字的发明,其本身是技术的创造,但它的文化涵义则是人所共知的。科学技术的影响表现在它不仅向人们提供一定的知识、价值,并在实践中构建新的价值观念,而且,特定的科学技术环境必定带来经济生活、政治制度、社会规范的变化,甚至带来整个社会文化的改变。每一个人都生长在一定的科学技术环境中,并逐渐获得相应的技术文化观点。而广告的创作和表现则更为经常地受到技术条件的限制。

哲学思想。哲学是一种理论文化内容,是对社会的普遍性、概括性、间接性的反映。由于哲学可以作为世界观和方法论来调节思维,以便获得对事物的认识或结论,因此,哲学对每一个社会成员都有内在的、深远的影响。在特定的社会环境中,这种理论化的文化内容甚至能够主宰整个社会的思想。

宗教。宗教是一种具有理论色彩的特殊的精神文化。其影响与哲学有相似之处,但它不是对社会实践的反映和回答。它是以简单的故事编造、现象比附去解释整个世界和人类生活。但宗教的影响对社会成员来说,往往表现为一种深层的文化积淀,是根深蒂固,难以改变的。

(三) 艺术

艺术是用语言、动作、线条、色彩、音响等不同手段构成形象以反映社会生活的文化门类。艺术可以反映特定社会的政治、经济、文化等各方面的现实风貌。例如,旧石器时代已经有小型雕刻艺术。这些艺术形式的最重要的主题是动物。那些动物恰好是原始人类狩猎的对象。艺术是一种人为创造物,在不同时代表现出不同的特点,但一个民族、一种文化往往会在社会文化的各方面体现出较为统一的艺术特征。

(四) 社会规范

社会规范包括社会中的诸种关系与制度、道德、风俗、习惯等。人们生活在社会中,他的各种行为首先要受到各种社会关系、社会制度的约束和规范。从实质上看,社会关系和社会制度就具体体现在人们之间的行为规范中。

除了社会关系、社会制度作为社会的规范性文化对人们的行为进行制约外,道德也是一种重要的社会规范。社会的道德观念是某一社会中人们对行为善恶、邪正的一种认识。例如,某地的一则电视广告中,让模特扮成当地臭名昭著的杀人恶魔来推广一种产品,广告一出,立即受到观众的一致谴责,因为它违反了社会一致的道德观念。道德规范虽不具有政治、法律规范的外在强制性,但具有很强的内在的强制性,从心灵上约束着人们的行为。

社会习俗也是重要的文化规范。它是人们在长期共同生活中自发形成的。虽然,社会习俗不具有很强的约束力,但社会习俗一旦形成,就成了社会成员比较固定的生活模式,因此,社会习俗仍然在一定程度上制约着人们的行为。如果违反这些习俗,就会招致世俗的议论。尤其是当习俗一旦有了道德特征,它的约束力就会进一步增大。

不同的社会规范各有不同的作用。每一个社会都存在着一个成文或不成文的规范体系。这些社会规范对人们的行为、观念均有程度不同的制约。

（五）社会的经济发展水平

社会的经济发展水平决定着人们的物质生活水平。只有当人们的基本生存需要得到满足之后,人们才会追求更高层次的物质生活和文化娱乐生活。人们的生活舒适程度和所获得的生活乐趣是与物质生产的水平成正比的。随着生产水平的提高和物质文化的发展,人们的生存条件逐渐得到改善。

（六）社会组织

社会组织是一种重要的社会现象,也是一种重要的文化现象。在社会组织中通常具有一定的共同社会心理。社会组织是以明确的奋斗目标为指引,靠文化性的活动维系在一起的,并且作为社会的文化要素进入整体社会。因此,社会组织对个人的影响往往是相当直接的。在一定的社会组织中,有明确的权力分配、运行程序和角色分配,组织对内通过分工协作而成为一个整体,对外通过良好的社会形象立足于一定的环境之中。

三、传统文化对广告文案写作的影响

（一）传统文化对广告文案写作的影响途径

首先是影响广告文案的撰稿人。以目前的情况来看,广告文案的撰稿人才,国内广告公司与海外存在很大差距。单从撰稿人的结构来说,国内公司的文案人员基本是土生土长的本国人,即使都经过现代的高等教育,看起来有较高的起点,但人员构成的单一化有可能成为造成广告风格单调、缺少变化的重要因素。对当代中国人来说,传统文化仍然是一种渗透在每个人举手投足之间的集体无意识。它会带来灵感,但也限制了中国人的思维方式,尤其是在社会开放度不够,国际对话欠缺的情况下。新加坡1年的广告支出只相当于美国广告支出的0.01%,但是,在2002年ONE SHOW的评比中,新加坡却有30多件作品获奖。新加坡的广告业之所以充满活力,其中的一个源泉就是拥有来自全球各地的优秀的从业人员。

其次是影响广告文案的诉求对象——广告的目标受众。广告文案的撰稿人是广告的创作主体。他们和广告的诉求对象都处于一定的社会文化背景之中。他们对文化的特质有自己的体认,而且,社会文化总是深深积淀在每个人的精神

世界并通过他们的各种行为得到表现。广告文案的撰稿人正是根据自身对文化的体验以及对消费者的生活方式、文化观念的主观把握来创作广告作品的。

（二）传统文化的制约表现

首先,传统文化积淀使得广告文案总会反映出一定社会的文化风貌和生活方式。例如,大量的广告文案以传统的"家庭"作为背景,刻意营造家庭生活的温馨气氛,体现了社会对于家庭作为社会细胞的角色的高度重视。美国 Money 杂志的广告几乎一直以温馨的家庭作为广告背景,给人以亲切感和接近感。这也是传统文化积淀的体现。

传统文化在广告中女性形象身上体现得更为突出。有一生产女性口服液的厂家为其产品打出的广告词是"做女人真好。"言下之意:有人在关心女性,暗示了女性在社会中传统的"第二性"角色。诸如此类的广告不胜枚举。在一则油烟机的电视广告中,画面上油污的厨房里女人在辛苦地擦洗,而广告词则说:"没有油烟味,只有女人味。"厨房似乎注定是属于女人的空间。据资料统计,在电视广告中,家庭是女性频繁出现的场所,其出现的几率达到 50.8%,其中 26% 的女性在从事家务劳动。在洗衣机广告中,"爱妻型"洗衣机温柔地把女性放在了洗衣妇的岗位上。在洗衣粉广告中,奋力搓洗的全是女性,广告总是借她们之口介绍产品的性能,好像女性是该产品的唯一使用者。在洗洁精广告中,刷锅洗盆的通常是女性;在食用油广告中,挥铲做菜的依旧是女性。广告多将女性定位于传统的家庭主妇。在一项对 1 197 则广告的统计资料中,有性别歧视内容的占到33.7%。事实表明,现代广告大量反映了当代社会中人们头脑中依然具有的传统的生活观念。

其次,由于传统文化对人们的生活观念、思维方式和行为方式都有深刻的影响,因此,违背传统文化的广告往往会受到消费者的排斥。所以,广告文案撰稿人总是自觉追求对一定社会中依然占据重要位置的传统文化的认同,并对产品所包含的社会文化内涵进行调整,努力适应特定社会的主流文化。例如,法国雪铁龙汽车在中国所做的标志广告,成功的契机就在于找到了雪铁龙标志与中国"人"字的内在联系,抓住了"以人为本"的中国文化精神。其广告口号就定为"以人为本",一经推出,深受中国消费者的欢迎。

再退一步说,即使广告文案的创作者处于不自觉的状态,在特定的社会文化环境中也只能产生适应这种社会文化特征的广告。面对在戛纳国际广告大赛中的连年失利,有的中国广告人面对西方人的精彩创意,禁不住问自己:"为什么我们想不到?"对于这个问题,'96戛纳广告大赛评委主席迈克尔·康拉德说:"亚洲国家和地区具有创作世界级广告的潜力,只要其广告创作来源于本土文化。

泰国、马来西亚、新加坡、中国香港和中国台湾已有很大发展,任何亚洲国家和地区都可能向盎格鲁-撒克逊和拉丁国家的广告创作提出挑战,日本就是一个最好的证明","先别考虑拿奖","扎根于本土文化,适合你的观众口味,牢记不断提高品牌广告制作水准"。

第二节 东西方文化差异与广告文案写作

一、中国传统文化的特征

中国传统文化是指中国历史上以个体农业经济为基础,以宗法制家庭为背景,以儒家伦理道德为核心的社会文化体系。中国传统文化不是单一的文化,而是庞大的社会文化体系,是各种文化的复合体。中国传统的文化思想,除了儒、道、佛以外,还有墨、名、法等家的文化思想。这些思想既相辅相成又充满矛盾冲突。中国还有不同的民族文化。中国文化还包括不同区域的文化。齐鲁、燕赵、吴越、巴蜀、三楚、三湘、三晋等文化,均古风犹存、各有特色。中华民族的文化是世界文化中的一个最有特色的典型。

中国文化的基本精神来自儒家哲学。儒家学说是中国传统文化发展的主流,被列为先秦至汉初"九流十家"之首。儒学在中华文化中所占的主导地位,使它对中华民族的民族心理的形成、国家统一的维护、中华文明的发展,都起过无法估量的作用。不仅在国内如此,儒学还向邻国传播,和当地的民族文化相结合,形成具有儒学特色的民族文化,即所谓儒学文化圈。由于儒家文化思想在中国延续时间最长,影响最大、最久远,在中华民族的社会生活中占据支配地位,因而成为中国传统文化的核心。儒家文化不只是孔孟文化,而且也是在中华民族形成、发展过程中所产生的民族文化。这种文化不仅存在于儒家经典著作中,更为重要的是仍然保存在今天的社会生活中,影响着现实生活中人们的思想方式和行为方式。

儒学经历了两千多年的发展,经过提炼、升华造就了"自强不息"、"厚德载物"的文化精神,形成了中华儿女勤劳勇敢、艰苦创业、坚忍不拔而又浑厚兼容的民族性格。在优秀文化传统的陶冶下,我们的先辈在道德修养、成就事业、治理国家等许多方面,为我们留下了无数嘉言懿行;许多富有哲理的格言警句,至今仍然闪烁着睿智的光辉。

文化的形成是一个世代累积的过程。一种文化一旦形成,就会对人的价值心理和价值观念有很强的规定性,即使是现代人也往往很难完全摆脱传统文化的影响。文化之于人,如影随形。文化也是人们观察世界、理解世界的一面透镜,并反过来决定人们脑海中的世界图景。

在广告文案的写作过程中,不一定时时处处都会渗透着儒家文化,但儒家文化的某一侧面却常常在现代人的言行中自然而然地流露出来,体现出文化无处不在的特性。例如,孔府家酒的广告语:"孔府家酒,叫人想家",体现了一种"游子"文化。孔府宴酒广告语则是"喝孔府宴酒,做天下文章",均是传统酒文化的体现。

中国自古以来被称为礼仪之邦。"礼"可看作是中国传统文化的象征。《荀子·礼论》中说"礼有三本:天地者,生之本也;先祖者,类之本也;君师者,治之本也。"这里,"天地"是指整个自然界,尤指土地。中国传统文化注重以自然为本。"先祖",即祖宗。中国文化是以宗法家庭为背景而发展起来的。因此,它也可以理解为家庭。"类"则是指社会、社会群体。"君师"是指有德行的人,可以理解为道德的体现者。"治"则是指处理人与人之间的伦理关系。由此,中国传统文化具有如下三方面的特征。

(一) 中国传统文化是一种土地文化

中国文化不像古代希腊文化那样一开始就以海上贸易、海上交通为基础,而是在黄河流域这块土地上以农业为基础发展起来的。土地和农业生产乃是中华民族生存的根本。因此,中国文化非常注重天人关系,即人和自然界的关系。中国文化认为,人是自然界生成的,"有天地然后有万物,有万物然后有男女,有男女然后有夫妇,有夫妇然后有父子"(《周易·序卦》)。既然如此,人就应与自然界保持和谐关系,"与天地合其德,与日月合其明,与四时合其序"(《周易·乾卦·文言》)这就是天人合一的思想。因此,中国的土地文化产生了风水、望族、君子之泽一类迷信,而没有产生像西方那样占统治地位的宗教神学思想。

中国传统土地文化的特点是土地崇拜,为土地而生存,为土地而斗争。如果说西方人的文化取向是安息于天国,中国人的文化取向则是安息于土地,尤其对农民而言。几千年来,农民生长在土地上,他们深知土地对生存的重要性,因此养成一种安土重迁的心理和质朴厚重的性格。这种心理和性格也是中华民族最可贵的文化品格之一。在现代广告文案中,"树高千丈,叶落归根"这一常用的创意思维就是这种传统文化的体现。

(二) 中国传统文化是一种家庭文化

中国传统文化的发展是以宗法家庭为背景的。血缘宗法家庭是中国文化发展最基本的单元和载体。在中国文化中,家庭的利益和家族的利益是最基本的价值。这种文化的核心部分是祖宗观念、后代观念。其他,诸如婚姻观念、贞节观念、望子成龙观念都是从这一核心观念衍生出来的。中国传统文化中占据主导地位的不是宗教神学,而是尊尊、亲亲的宗法观念。

中国传统文化的家庭本位外推,即有了"修身、齐家、治国、平天下"的观念。虽然它把修身作为根本,实际上修身的内容还是宗法家庭所要的尊尊、亲亲观念,即孝、悌、慈。一个人在家要少孝、中爱、老慈,在外交朋友要守信义,对国家要忠君爱国,否则,这个人也就失掉了做人的资格。因此,中国人主要是作为社会群体成员而存在的,这与西方以个人为本位的文化迥然不同。西方人崇尚奋斗,自我实现,而在中国传统文化的制约下,是不提倡脱离家庭、家族、村落、社区以及民族、国家等社会群体而搞个人奋斗、追求自我实现的。以社会群体为本位的文化价值取向是中国传统文化的基本特征之一。

(三) 中国文化是一种伦理文化

中国传统文化是非常重视伦理道德的。儒家经典之一的《大学》就指出:"大学之道,在明明德,在亲民,在止于至善。"所谓"明德"就是理智的人伦规范。"明明德"就是顺应万事万物的规律从而达到道德上至善的最高境界。不能以理智的人伦规范来做人处世,就会丧失家国,所以,人生不可以不慎待道德。《大学》中说:"有德此有人,有人此有土,有土此有财,有财此有用。德者本也,财者末也。"在中国的传统文化中,道德高于一切。而中国文化的道德观念根本的是"仁"。"仁者,爱人。"为此,儒家经典提出了孝悌、忠信、仁义、礼智、恭敬等一系列道德规范,并把它们看作做人的根本。儒家文化主张"见利思义"(《论语·宪问》),"义以为上"。"生亦我所欲也,义亦我所欲也,二者不可得兼,舍生而取义也。"这正是中国传统文化注重道德的体现。

中国传统文化中的道德观念仍然是以家庭伦理为基础。中国传统文化中,血缘关系是一切社会关系的基础。中国传统社会的一切人际关系都是从夫妇、父子这些核心关系中派生出来的。有了夫妇,才生儿育女,才有家世谱系和整个社会关系。

由家庭本位也推出其他的社会伦理关系。孔子提出过:"泛爱众"(《论语·乡党》)。但这种爱是有差别、有等级的,也就是对"爱众"采取有差别的分等级的立场和态度。一个人爱自己的家人应胜过别人的家人,爱自己的家庭应胜过邻居,爱自己的国家应胜过别的国家,等等。孟子提出正常的社会伦理关系应是"父子有亲,君臣有义,夫妇有别,长幼有序,朋友有信"的五伦关系。这是一种自然的、相对的、有差别的爱,既不同于西方基督文化伦理的爱一切人,也不同于西方的个人本位文化。这是从自然的伦理关系中发展起来的文化观念。

这种以伦理为基础的中国传统文化非常重视伦理道德规范的建设。儒家认为,一个人应该"入则孝,出则悌","出则事公卿,入则事父兄。"孝悌思想是中国传统文化的根本伦理道德观。孝与悌推广到社会,就是忠与义。忠既是对国家的代表——国君的忠,也是对普通人的忠;与朋友交而讲信义,这是一种爱人的正义感情,也是中国人的伦理道德品格。当它们被社会文化制度即礼仪所规范时,就变成了中国传统文化中一整套行为模式。

中国传统文化中的各种行为模式,构成了礼教、家风、古训、德行一类整个社会文化生活。直到今天,中国的社会关系仍然建立在亲缘、礼仪、友情、互相信任等文化情感联系上。传统文化在人际关系中仍有很深的影响。"手足情,同胞亲";"是亲三分近";"远亲不如近邻";"在家靠父母,出门靠朋友"等格言俚语都是传统文化在社会生活中的体现。

综上所述,尊祖宗、重人伦、尚道德大致可以概括中国传统文化的文化品格和价值内涵。这种文化模式维持了几千年来的中华文明,也塑造了中华民族的主要文化心理和性格特征。

文化既然是历史延续的结果,中国传统文化随着历史的演进也处在不断的变化之中。尤其是当历史迈向近、现代,中国传统的社会文化体系愈来愈受到世界范围内其他文化潮流的冲击。历史上的中国传统文化在它的生长、发育、成熟阶段,是朝气蓬勃、富于生命力的。随着传统社会的衰退,中国传统文化中部分不适合现代社会的内容也在慢慢地衰退、僵化,而新的文化内涵会慢慢渗透到中国传统文化体系中,与中国传统文化的合理内核重新组合成新的文化。例如,在当今社会,世界经济结构的发展、地球村的出现以及现代科学技术的突飞猛进,都正在促进一种新的世界文化的出现,形成人类共同的文明。随着我国对外开放的不断推进,中国传统文化体系必将发生并正在发生结构性变化,并逐渐形成新的文化模式。中国传统文化走向现代化是一个必然的历史过程。

二、东西文化的差异表现

在现代化进程中,中国传统文化所面对的冲击和挑战主要是西方文化的东移。

由于地理环境、历史背景、发展过程以及其他因素的不同,东西方民族各有特性,东西方文化也有各自的特色。

(一)中国传统文化是一元的,西方文化则是多元的

孔子说:"吾道一以贯之。"孟子说:"夫道,一而已矣。"《中庸》说:"天地之道,可一言而尽也,其为物不贰,则其生物不测。"这里的"一"是天地之道,是正道,是能衍生不测之数之"一"。中国人向来就有大一统或大同的观念。"仁者爱人",也是推己及人,己立立人,己达达人。所谓"修身、齐家、治国、平天下"也是由内

到外,由近及远,视天下国家为个人生命的延续和扩展。爱有等差的仁爱思想正是一元主义的体现。

西方文化则是多元文化。西方人注重变化、多样性或多元论。古希腊和古罗马人心目中的众神之间,尔虞我诈,勾心斗角,以大欺小,互相倾轧。虽然有个以力服众的主神,却常有被推翻和贬抑的危险。西方文化的创造性特质,集中体现在它的多变性。尤其是中世纪以后,西方文化的多变性表现为不断花样翻新的科学创造过程。他们利用古巴比伦人发明的轮车,加上新的动力,创造了蒸汽机车、内燃机车以及现代化的电机车辆。

西方人不断吸取外来文化,又不断地改革、创造,表现出极强的文化创造力。

在文化观念上,西方文化也不断推陈出新。自文艺复兴以来,西方人文化观念之繁多,真是不胜枚举。几乎每一种学说均不乏追随者、信奉者。19世纪下半叶人们的口头禅是"进化",20世纪则转向"遗传"。20世纪50年代结构主义作为一种社会思潮席卷西方社会时,同时又崛起了存在主义、弗洛伊德主义等。文化的多元性可见一斑。

(二)中国传统文化追求推己及人的忠恕之道,西方文化则是崇尚个人主义的文化

中国传统文化的忠恕之道和西方的个人主义,对中西文化的各层面影响深远,也可以说,中西文化的主要差异均是由此而来。

在西方文化的发展中,人一直是文化的主体。整个西方文化都是以个人自由和竞争发展起来的。在任何情况下,人的存在、自我意识都相当强烈。西方文化肯定人的自由、人的价值、人的地位等,因此必然要充分发展人的个性、人的自由和竞争能力。人们在竞争中发展了经济、科技,也发展了各种各样的理论和学说。由于个人主义盛行,人人都想充分发挥自己的个性,充分享受个人的权利和自由,因此必须制定严密周详的法律来匡正个人的行为,使人不至于为了个人自由的过分膨胀而妨害他人的自由。因此,西方文化总括起来有四项内容:一是宗教神学;二是自然科学、技术;三是经济;四是法律。西方的哲学主要是关注人与神、人与自然、人与社会的思辨,关于人自身存在的意义和价值居于重要地位。

中国文化则基于儒家思想的"仁者,爱人",并以此为出发点。虽然中国文化也要求爱护人、尊重人,但它不同于西方文化的个人主义的本位思想,而是一种家族本位和社会本位。中国文化强调的不是人的个性自由和个性解放,而是人在社会中的位置和责任义务。因为以家庭为本位,所以主张少孝、中爱、老慈。由家庭本位推及到社会本位,自然反对个人自由和竞争。儒家文化为解决人与

人之间的关系,制定了一整套的社会行为规范,这就是中国的礼仪之道。中国文化在维持善良人格与良好的人际关系方面,讲求君臣、父子、夫妇、兄弟、朋友关系。从家庭中的孝悌到社会的忠、孝、仁、爱、信、义、和、平;从个人的修身,到齐家、治国、平天下,都是在要求个人的发展和社会的治理取得统一。所以,中国传统文化更强调社会群体本位、家庭本位。对社会和谐的追求也就很适合中国人的心理。中国传统文化对人的行为界定,也主要是稳健和德行,而不是个人突出和冒尖。传统文化一方面造就了稳定的环境,造就了中华民族深沉的性格和心理,另一方面又在某种程度上抑制了人的个性发展。

在日常生活层面上,中国与西方文化性格的另一个显著区别是中国人重"情",西方人重"理"。重"理"是常常运用概念、判断、推理等逻辑方式来认识、思考社会、自然和人生,思维模式多以冷静的、抽象、逻辑的把握入手。而中国文化性格则处处体现着一个"情"字,宛如披上一层温情脉脉的面纱。儒学因其尚"情"而更容易走进千家万户,也为幅员辽阔、人口众多的中国形成巨大的凝聚力起到了黏合剂的作用。

三、中国文化的自身变迁

对于一个国家、一个民族来说,历史是不能割断的,传统是不能完全否定的,否则,这样的文化必定会枯萎。但是,对于在中国延续了几千年的以儒家文化为代表的传统文化,不仅要看到它的长处和优点,还应看到它的短处和缺点。随着全球经济、社会生活、信息传播一体化的推进,中西方文化都在吐故纳新,发生着巨大变化。就中国文化而言,现代中国人的思想更加开放,文化的内涵更具多样性。这是最为突出的一点。

随着经济的现代化,数亿农民从土地的束缚中解放出来,走向更广阔的天地,同时,新社会环境也给城市居民提供了更多的机会,国民新的文化意识、文化心理、文化品格逐渐树立。文化的主体性更为明确,个人的自我价值意识进一步发展。此外,中国人的思维方式也逐渐由非理性走向理性。科学技术的发展及其在社会中的大量应用,使得传统文化中人们落后、愚昧的思维方式发生了极大的变化。人们不再凭巫术、迷信或单凭伦理道德来对事物进行判断,而是凭科学技术的价值、商品信息的价值进行判断。以科学、技术、商品生产为核心的现代文化体系使得整个国民的思维方式更趋于理性。合理的技术、生产、管理、分配和合理的消费逐渐成为人们的主要行为方式。这些新的变化的出现又表明中国传统文化在不断接受外来文化的影响并在重塑着自身的文化品格。

另一方面,在当今世界上,儒家文化圈内的国家经济高速增长,在现代化的过程中取得了令人瞩目的进步,这说明儒家文化的精华与现代化相结合,就会产生巨大的物质力量。鉴于此,1988 年,全世界诺贝尔奖金的获得者在巴黎召开会议,并发表宣言说:"如果人类要在 21 世纪生存下去,必须回到 2 500 年前去吸取孔子的智慧"。西方也越来越认识到东方文化的魅力。

四、东西方文化对广告方案写作的影响

(一) 文化制约着广告方案写作中的诉求和表现策略

南方黑芝麻糊的广告在中国老幼皆知,成功之处就在于它朴实、传神,其广告口号"南方黑芝麻糊,抹不去的回忆",具有一种悠远的意境和浓郁的人情味,蕴含着一种民族特有的文化内涵,一种怀旧的情绪。

西方一则剃须沫的系列广告则采用了西方人最擅长的夸张和幽默来表现主题。四则广告分别是:

万一钉子错长在你脸上,罗克西码剃须沫最能帮你。

假如你的胡子用于军事目的,罗克西码剃须沫最能帮你。

如果你吃薯片的机会超过用瓷器的机会,罗克西码剃须沫最能帮你。

如果每次你一拿剃须刀消防队就紧张,罗克西码剃须沫最能帮你。

这些广告中的幽默与它们所处的特定的社会文化环境是相适应的,换到中国的文化背景下就不一定能取得同样的效果。

一定社会的文化传统既决定着人们生活方式的内容和形式,也决定着人们的价值观念和价值取向,并形成特定文化氛围。一定的风俗、习惯、伦理、道德、宗教、信仰以及哲学、法律、政治观等社会文化,不仅赋予人们对社会生活的一定的思想感情,而且造就了人们对人生、对生活特有的价值观念和取向。这种价值取向既表现在人们的物质生活中,也表现在人们的精神生活中。

在物质生活方面,穿衣戴帽、饮食起居,各有所好。它不仅是一种物质的必需,更是一种文化观念的体现。西装革履或是中装便服,各有所长,但在中国的广告中,许多着中式服装的广告模特往往受到创作者和大众的青睐。因为它更显中国文化的风格和情调,更有庄重、舒坦的情调。中国东西南北人们对食品口味的偏好,也不仅是一种生理需要,更为主要的是长期的生活习惯培养而成的一种文化需要。因此,当南方黑芝麻糊电视广告中,画面上一个中国男孩在氤氲着中国传统文化气息的小巷里跑向卖芝麻糊的小食摊,贪嘴地把碗底舔得干干净净时,这时悠远的画外音:"小时候,一听到芝麻糊的叫卖声,就再也坐不住了……"和广告语"南方黑芝麻糊,抹不去的回忆",就成了对中国文化传统的表达,其中的浓情厚意恰当地体现了中国传统文化的格调。

在一定的社会文化制约下,人们的审美观念有着不尽相同的丰富内涵。因此,广告文案的主题表现应与特定的审美文化相契合。

在重庆奥妮洗发水的系列广告中,有一则广告借著名歌星、影星刘德华之口,向观众诉说:"我的梦中情人,应该有一头乌黑亮丽的头发。我觉得黑头发才够健康。相信我,没错的。"借助刘德华的形象,许多人认识了奥妮。但在一项调查中也发现,刘德华的一句"相信我,没错的",也使许多公众产生强烈的逆反心理:"即使是一个天王巨星,又有什么权利在大众传媒上对受众说他的选择才是最好的选择呢?"这则广告的诉求显得过于直露,因而给许多目标受众带来心理上的不舒适感。而且,中国文化中的美的观念是由内向外的,人们更愿意从内在心灵之美出发再到外在之美,而这则广告所表现的审美观念是由外向内的,更注重外在之美,也偏离了中国人的传统审美趣味。

这一系列中的另一则"百年润发"的电视广告则采取了截然不同的表现策略。同样取用名人策略,"百年润发篇"中,香港著名影星周润发用丰富的面部表情给观众讲述了一个青梅竹马、白头偕老的爱情故事。广告语被定位成:"青丝秀发,缘系百年。"这一广告主题被作为画外音配合着电视画面。男女主人公的相识、相恋、分别和结合都借助于周润发丰富的面部表情表现了出来:爱慕状、微笑状、焦灼状、欣喜状。男主人公周润发一往情深地给"发妻"洗头浇水的镜头则表现出白头偕老的情愫。头发,在中国传统中本来就有着深沉的内涵。"百年润发",滋润的不仅是头发,而且是把相爱的夫妻百年相好的承诺贯穿在普普通通、平平常常的生活场景中——洗头浇水。这样就把中国夫妻从青丝到白发,相好百年的山盟海誓都溶入到了产品和广告之中。广告背景音乐中一句句韵味十足的京腔,更增强了对产品"百年润发"情感承诺的衬托。

在不同的社会文化中,人们有不同的价值观念和价值取向。这些不同的价值观念必然会影响人们的心理特征和行为取向,并在生活方式中表现出来,形成形形色色的饮食文化、性文化、衣着文化、居住文化、保健文化等。广告文案创作则需要针对不同文化的特点寻找合适的形式和内容。

现代广告表现手段的特征是:国际主题,本土创作。也就是说国际的主题应当融入本土的文化之中,寻找适合于本土特点的表达形式。可口可乐公司经过

20年的努力,如今在中国市场已具有深远影响力。但同时,该公司也愈来愈强烈地感受到中国民族饮料工业的竞争压力。为此,可口可乐展开了大规模的本土化行动。长期以来,可口可乐公司的广告宣传都是由亚特兰大总部统一控制和规划的。中国消费者看到的总是可口可乐那鲜红的颜色和充满活力的造型,可口可乐以最典型化的美国风格和美国个性来打动中国消费者。十几年来可口可乐公司广告宣传基本上采用配上中文解说的美国的电视广告版本。但1999年开始,情况发生了显著的变化。可口可乐在中国的电视广告,第一次选择在中国拍摄,第一次请中国广告公司设计,第一次邀请中国演员拍广告,从而放弃了它的美国身份。2001年春节,可口可乐公司的一则广告取景于中国东北的一个小村庄,贴春联放烟花等民俗行为、全家福的形象弥漫着中国人熟悉的浓郁的乡土气息。这可以说是中国老百姓喜闻乐见的形式。可口可乐的贺岁之举赢得了中国消费者的喜爱。这样做并没有削弱其百年来的独特传统和品牌形象,反而进一步巩固了其世界第一品牌的地位。

(二)不同的文化会影响到受众对广告创作的理解模式和接受模式

著名笑星冯巩和葛优曾为"双汇火腿肠"做过这样一则电视广告:

葛优:(沉思状)
冯巩:冬宝,想什么呀?
葛优:想戈玲。
冯巩:甭想了,我给你介绍一位新朋友。
葛优:双汇火腿肠,还是中国名牌产品。
冯巩:还想戈玲吗?
葛优:戈玲是谁?
冯巩:双汇,省优,国优,葛优。

这则广告巧用名人,利用葛优在轰动一时的轻喜剧《编辑部的故事》中扮演的角色——冬宝,以及剧中冬宝对戈玲那份一厢情愿又滑稽可爱的相思,作为广告的切入点,并采用错位的手法:演员错位,现实与舞台错位,词语错位,来吸引受众。幽默风趣,歪打正着。这种切入点的把握最重要的是确保主题能够进入受众的期待视野,把宣传的主题置于特定的文化背景之中,而不能把广告创作者主观的思维模式强加给消费者,否则,广告文案创作往往会南辕北辙。

因此,可以说,文化背景、受众的理解和接受模式往往是广告文案撰稿人的出发点。而受众对信息的理解和接受又是深受文化模式影响的。

(三) 文化的差异和变迁决定着广告创作模式的取舍和变化

"双汇火腿肠"的广告用典只适合于中国受众。面对世界性的市场,这种做法就不能引起受众的反应,因此,必须选择一种适用于跨国、跨文化的诉求方式。面对全球市场的百事可乐广告就是借用了几乎全世界人都熟悉的雨果《巴黎圣母院》中的一个情节:爱丝美娜达给被拷打的卡西莫多送水。场景、群众、骑在马上的士兵、远处的巴黎圣母院,一如电影中的情景:爱丝美娜达拿起一瓢水送给绑在石台上的卡西莫多。可卡西莫多却用头一下把水拱翻并摇头表示坚辞不受。就在观众愕然之时,爱丝美娜达不知从何处拿出一瓶百事可乐递将上去,只见驼背人马上伸手来仰面豪饮。然后镜头打回人群,身着15世纪服装的群众、士兵人手一瓶百事可乐,大家一起高歌、畅饮,巴黎圣母院的大钟又响起来。观众会觉得似乎不是爱丝美娜达的人道精神,而是百事可乐给人类带来了平等、博爱和善良。

今天的跨国广告创作中,集中体现出中国文化在转型期的诸种特点。在许多广告创作中既体现出中国传统文化的积淀、东西方文化的巨大差异,又体现出中国文化接受外来文化,向新型文化转变的进程。表现在广告创作手法上,就是既有传统的表现手法,如产品示范、名人或消费者推荐、生活片断、故事式、音乐等,又增添了一些新的表现形式。在中国社会的转型时期,消费者在向往美好未来的同时,一些过去被忽视的风俗、文化、传统在广告中得到重视。消费者心底里的中国文化情怀被激发出来,进而产生共鸣。还有一种表现就是把新与旧的生活方式进行对比,让新一代消费者感觉到新的价值,体现出新观念、新思想和新选择。例如威力洗衣机广告:

(画面)一条小溪,一个小山村,头发花白的妈妈在晾晒一堆衣物。

(画外音)女:妈妈,我又梦见了村边的小溪,梦见了奶奶。妈妈,我给您捎去一样好东西。

(画面)一辆卡车载着一台洗衣机从远方驶来,妈妈和村子里的人围着洗衣机又说又笑,妈妈的脸上充满着幸福和满足。

(画外音)男:威力洗衣机,献给母亲的爱。

"爱"是这则广告的主题,新旧生活的对比则是广告的表现手法。"妈妈,我又梦见了山间的小溪,梦见了奶奶",十分自然地把游子的思乡之情表现了出来。村边的小溪,该是从前奶奶和妈妈洗衣的地方,可是现在,画面上的妈妈已白了头发,腰也不再挺直,却仍吃力地晾晒衣物。远离母亲的女儿如何报答母亲的辛劳呢？给母亲捎去一台威力牌洗衣机,这就是女儿的报答。广告口号既表现了中华民族尊老爱老的传统美德,又表现出新生活的内涵;既有新旧对比,又有新旧融合,深深打动了今天消费者的心。

可以说,文化的差异性和共通性既给现代广告文案写作带来了限制,同时,也给广告文案创作拓展了更为广阔的伸展空间和深厚的文化底蕴。万宝路的一则贺岁广告将镜头对准中国的西部大漠。镜头中,马蹄声响,无数中国人身穿民族服装骑马从嘉峪关各城门涌入。忽然锣鼓声震天动地,城上城下,城内城外,一排排、一行行西部汉子,个个喜气洋洋,正跳着庆祝丰收的锣鼓舞。鼓声愈来愈急,舞步越跳越快,直至高潮,戛然而止。镜头近90度仰拍,随着一声粗亮豪迈的长啸,城头突然倒挂下无数鲜红的缎带。最后在一片欢天喜地的场景衬托下,传来了"万宝路恭贺各位新年进步"的广告语。这则广告运用的是具有中国民族特色的形式,传递给受众的却是"万宝路"不变的精神内涵。广告秉承了万宝路一贯的豪迈、粗犷不羁,依然给人以不同凡响、傲气冲天的"万宝路世界"的感觉,所不同的是西部牛仔换成了中国大汉。但它又不单纯是表现形式的转换,而是体现着对中西方文化的差异性与共通性的深刻把握。狂放不羁的万宝路精神在喧天的锣鼓声中融入了中国的文化氛围。在这则广告中,东西方文化之间实现了沟通。

随着现代人思想、文化心态的改变,尤其是对人的自身存在意义的追求,广告文案写作中对物的人性诉求日渐增多,这是文化发展的一种整体趋势。这一点在西方广告文案中体现得尤为明显。例如,在西方文化中,汽车是一种商品,但由于汽车已深深进入现代人的生活,并已成为现代人生活的一部分,因此,在现代西方人的观念中,汽车更是一种文化。人们对汽车不仅有交通功能和驾驶乐趣上的需求,而且还有精神生活的寄托。这两种需求正是物质和精神生活的结合。欧宝汽车的系列杂志广告文案重在揭示:欧宝汽车满足了人们对驾驶乐趣的需要,使得人与车的结合达到了"物我合一"的境界。欧宝汽车系列广告的标题分别是:"当风格与性能结合起来的时候,人们将会知道";"给身体赋予一个灵魂,人们将会知道";"创造一种将大脑和心脏融为一体的发动机,人们将会知道"。

奔驰汽车广告更是将青蛙与汽车联系在一起,以体现环保概念。系列广告之"青蛙篇"的标题是:"我们的汽车已经保护这种生命多年了。"文案称:"令人奇怪的是,青蛙和鱼高高地列在我们的工作单中,例如在德国,我们甚至在道路下面建造了青蛙通道,因此把对水的保护列为又一个重点就不怎么令人惊奇了。"然后,文案又列举了许多奔驰汽车制造过程中对环保的关注,比如节约用水、使用无化学溶剂的喷漆、放射物控制、先进的空调系统等等,最后说,"所以,我们改变得越多,保持不变的越多"。产品对人们生存环境的关注正是"以人为本"的文化理念的体现。

奔驰汽车系列广告的"高跟鞋篇",广告标题一眼看去更是出语惊人:"我们拒绝相信男女平等。"标题不禁令人大吃一惊。在广告文案中,撰稿人解释道,奔驰认为男女在许多生理方面是不平等的,比如男人要比女人高一些,等等,而奔驰汽车的设计正是考虑到了性别间的诸多差异,以使无论是谁坐到奔驰汽车里都会感到同样舒适、安全,"总之,在梅赛德斯奔驰那里,我们相信我们的汽车应该是只为一个人制造的,那就是你。"文案最后揭示创作主旨:使汽车成为一种完全从属于人性的商品。所以,将商品与人性结合才能真正有效地打动消费者的心。

第三节 广告文案的文化蕴含和文化品位

1994年11月,香港亚洲电视台的一则广告因幽了希特勒一默而引起轩然大波,最后亚洲电视台和广告代理公开道歉。在这则广告文案中,希特勒照片旁的标题宣称:

90%的欧洲在他的统治之下,但他还是输了这场战争。
感谢上帝他没有在亚洲电视台做广告

在正文部分,广告则称,如果亚洲电视台当时为希特勒做广告,可以针对年轻的目标群体做广告,同时又不损及较年长的核心支持者。在正文结尾处,更有一个立即行动的指示:"当您决定最后方案之前,请打电话给您的广告代理商,或亚洲电视台。"后来,的确有许多人打电话去,但不是订版面。

该广告的创作者表示,原本以为希特勒在电影、电视中早已声名狼藉。他杀人无数,但那已是历史,世人应可以接受这样一个对纳粹的小玩笑。只可惜创作者对广告文案文化内涵的判断与现实相去甚远。现实中的人们,无论在理智还是感情上都无法对纳粹肆虐的那段惨痛历史释怀,或报以淡然一笑。人们对纳粹的痛恨已深入骨髓,把它视作人类文明史上的一场噩梦,是人类文化的一场浩劫。现实中的人们当然无法认同对这一历史人物的幽默态度。人们对这则广告的排斥反映出的是与创作者截然不同的文化认同观念。

这一事件表明,广告文案写作中的文化蕴含和品位看似虚无缥缈,实则具体可感。而且,广告文案的文化内涵和文化品位必然直接影响广告的传播效果。文案作为广告表现的重要手段之一,更能体现广告中的文化理念,更容易深入到人的灵魂,从而深深地打动人、影响人。

在现代社会生活中,广告本身也是一种文化,既是物质文化的一部分,也是精神文化的一部分。对广告文案的文化蕴含和文化品位的追求,正是物质文化和精神文化的统一。

一、广告文案的生活文化内涵

生活文化是一种生存性的文化、基础性文化。其作用是满足人的生存需要,提高人的生活质量。广告的本体通常是人工制造的满足人的各种需要的产品,广告文案表现的往往就是这些生活需要如何被满足,如何被提升。因此,广告文案的文化内涵首先是生活文化的内涵。

人的生存需要通常分为饮食需要、穿着需要、居住需要、健康需要、性需要等等,在长期的历史发展中,相应地衍生出饮食文化、衣着文化、居住文化、健康文化、性文化等等。

(一) 饮食文化

饮食文化以饮食为基础,包括食物获取方式、食物加工方式以及饮食习俗、制度。

人们对于食物的获取,看似是到市场走一遭,把肉、鱼、蛋、菜、粮买回家,其实,全然不是如此。人们获取食物的方式不像动物那样先天地决定于自身的遗传,而是一系列的社会活动。因此会形成不同社会条件下不同的食物获取方式,进而形成一定的饮食文化。

随着物质生活水平的提高,特别是食物获取方式的发展,食物愈益丰富,人们开始追求对食物的各种加工,以便提高食品的食用效果。例如中国古代有"食不厌精,脍不厌细"之说,说明古代中国的烹饪水平已达到相当的程度。食品加工方式的发展,提高了饮食的文化性、艺术性,并成为人们社会文化交往的重要组成部分。

饮食文化还包括饮食习俗与礼节。由于地理环境、自然风物、食物获取方式等因素的不同,不同社会中的人们形成了各不相同的饮食习俗。不同的饮食习俗与礼节,甚至形成很严格的文化规范,若有人违反规范,就会受到某一群体的排斥。例如,在我国的许多地方,仍沿袭着许多饮食习俗和礼节,主客层次分明,若不遵礼节,便是失礼。饮食习俗与礼节,也成为人们之间相互交往的重要文化渠道。

广告在表现特定饮食文化时,应充分调动特定的饮食文化内涵,为广告产品增添附加值。

下面是一则嘉兴粽子广告的文案：

粽子是快餐先驱

粽子是祖国食文化的先驱！

它是祖国人民的创举，它为纪念我国伟大诗人屈原而诞生。

当您打开粽子的时候闻到的是中国文化的芳香。

几千年历史证明它是古代人民诗一般的创造！

您尝到的不仅是粽子，您首先为中国文化而骄傲。您尝到的不仅是粽子，您首先为几千年中国食文化而骄傲！

世界上快餐的始祖，中国的粽子。

还告诉您，嘉兴粽子和她的城市一样有名！

注：客赐我嘉兴粽子，一时兴发胡诌几句。如蒙嘉兴五芳斋采用，当不计报酬，特此附记。

该广告的成功之处在于，以深邃的文化内涵和意蕴，使消费者在获得有关商品信息时受到一种文化的熏陶。把粽子与中国文化联系在一起，定位准确又意味深长。凡中国人都知道，粽子是为纪念我国伟大的爱国诗人屈原而创造的。它维系着人们对屈原的深深敬仰和怀念。饮食与文化如此富有诗意地结合在一起，使得商品成了民族文化的一种载体，一种象征。创作者诗一般的语言也对消费者的心理形成一种强劲的冲击力，使之对商品生出由衷的喜爱。

饮食文化，不仅是"吃"的文化，而且也包括"喝"的文化。中国的酒文化更是源远流长。我国诸多名酒如茅台等早就在国际博览会上获奖。我国酒的产销量也非常之大，可说是酒的大国，从造酒史来看，更是酒的古国。

当饮酒进入了社会生活，并有了久远的历史时，就成了社会的文化象征。历代有许多与酒有关的名篇佳句，流传久远。曹操的"何以解忧，惟有杜康"尽人皆知；陶渊明的《饮酒诗》情理浑然，使人有回归自然之感；李白的《将进酒》折射出诗人与社会的矛盾。王维的《渭城曲》成了千古流传的别离之歌；柳宗元的《饮酒》，写出了饮酒的醉态和性格。苏轼"明月几时有，把酒问青天"、晏殊的"一曲新词酒一杯"和"无可奈何花落去，似曾相识燕归来"、李清照的"浓睡不消残酒"、辛弃疾"醉里挑灯看剑"等等，均是把饮酒作为诗情的催化剂。这在中国文化中是一个独特的传统。这种传统使酒成为中国文化的象征，即酒神精神。

在中国，酒神精神以道家哲学为源头。庄子主张，物我合一，天人合一，齐一生死，倡导"乘物而游""游乎四海之外""无何有之乡"。庄子宁愿做自由的在烂泥塘里摇头摆尾的乌龟,而不做受人束缚的昂头阔步的千里马。追求绝对自由、忘却生死利禄及荣辱,是中国酒神精神的精髓之所在。"李白斗酒诗百篇,长安市上酒家眠,天子呼来不上船,自称臣是酒中仙。"(杜甫《饮中八仙歌》)"醉里从为客,诗成觉有神。"(杜甫《独酌成诗》)"俯仰各有志,得酒诗自成。"(苏轼《和陶渊明〈饮酒〉》)"一杯未尽诗已成,涌诗向天天亦惊。"(杨万里《重九后二月登万花川谷月下传觞》)。南宋政治诗人张元年说:"雨后飞花知底数,醉来赢得自由身。"这些诗歌都是酒文化的代表之作。在文学艺术中,酒神精神无处不在,它对文学艺术产生了巨大的、深远的影响。在这一点上,东西方文化有着惊人相似之处。德国哲学家尼采认为,酒神精神喻示着情绪的发泄,是抛弃传统束缚回归原始状态的生存体验。

另一方面,东西方对酒文化的内涵也有不同的理解。对于中国人的酒礼,外国人感到好奇,难以理解。而有酒,有音乐,有很多人,则是中国人所理解的西方酒文化的标准模式。中国历史上酗酒之害并不严重,西方历史上则有若干次大规模的禁酒运动。中国的禁酒是为了"节粮",西方的禁酒则是为了维护人身健康和缓解社会矛盾。两者有着截然不同的出发点,体现了东西方对酒文化的不同理解。

正因为对酒文化的内涵理解不同,中外酒类广告的创作表现出巨大差异。

中国的酒类广告往往将诉求点集中于酿造史和口感,也有自觉地将酒与中国文化结合起来的,最典型的代表莫过于曹操的诗句"何以解忧,惟有杜康"被直接地用作广告语。再如"孔府家酒,让人想家",是在酒中发现其文化底蕴的附加值,较切合消费者的心理需求。但也确有许多白酒广告要么诉求点不明,要么牵强附会,不能凸现中国悠久的酒文化的精髓。其实,酒类广告发展到今天,卖的已决不单纯是那瓶子里的液体,还包括那酒的颜色、酒流动的声音,甚至包括盛酒的容器。例如,嘉士伯啤酒有两则广告,就是将啤酒杯加以变形,幻化成窈窕美女的身姿,广告语分别是:"您从来没见过啤酒吗?""我只跟你说,你觉得我像是从修道院里出来的吗?"这种拟人化的表现手法仿佛在说,嘉士伯啤酒如同美女那样诱人,真正地具有一种诱惑力。

(二) 衣着居室文化

衣着、居室文化反映的是人们的生存环境和生存条件。在现代人的生活中,穿衣已主要不是出于防寒、遮羞的需要,而是体现了人的审美需要。衣着文化,包括衣着、衣着加工技术、衣着习俗等。

衣着文化有着突出的地域性、民族性、时宜性。由于地理环境、文化传统、经济条件的不同,各民族的衣着有不同的特点。尤其是当各民族之间的相互交往较少时,衣着差异更为显著。随着世界范围的社会交往的增加,衣着和衣着的习俗开始出现趋同现象。

请看一则电视广告:

  (画面)抽象的音符在一男士的杉杉西服上跳跃;男士在穿衣镜前审视自己穿的杉杉西服;穿杉杉西服的男士在草地上奔跑扑蝶;男士跃上天空,渐渐远去。
  画面推出杉杉集团标记。
  (广告语)编织自己的梦想,要有高瞻远瞩的眼光,随时审视自己,不断超越过去,潇洒人间。杉杉系列服装。

这则广告虚实结合,用象征手法表现了杉杉服装的不懈追求。广告画面与广告语对应,以含蓄的手法表达了十分明确的象征意义,从而体现出杉杉服装的亲和力。

意大利贝尼顿服装公司的广告则透过服装表现了全世界四海一家、相互认同、团结互助、同甘共苦的主题。下面是它的招贴广告:

"贝尼顿彩色联合国"

  各种肤色、各种国籍的可爱孩子,穿着贝尼顿彩色服装,手拉着手,互相拥抱,亲密无间地在一起。

这张海报在20世纪80年代世界性援助非洲赈灾捐款的氛围中,在世界各地张贴之后,引起公众强烈共鸣,贝尼顿彩衣成为团结友爱的一种象征。此后,贝尼顿彩衣在人道主义旗帜的引导下,在世界各地畅销无阻。

居室提供了比衣着更大的生活环境。居室除了具有其本身的实用性以外,也和衣着一样,具有审美价值。现代居室不仅是一种住所,而且也是各种社会活动的场所。

居室文化古已有之。居室是人们生存方式的物质表现,并显示出特殊的文化性质。若是把居室文化理解为居室外表形式的设计,那么这仍是把居室文化局限于简单的装潢。外观形式上的花样翻新,不能完全取代内容丰富的活动空间设计。居室环境除了居住和美观的功能之外,心理及社会文化功能不可低估。

居室文化是技术与艺术的圆满结合、实用与审美的天然统一,甚至是个人艺术创作与日常生活实用的融和。居室不同于一般的消费品,其文化含量的多少是一个家庭文化修养高低的明显标志。居室还是人的理想、信念变化的纪录。我们所经历的祖先崇拜和领袖崇拜以及对物质的狂热追求，在居室里都留下了物质证据。表面上看起来十分简陋的住宅，作为一种文化现象，它可以蕴含着深厚的文化底蕴，并打下了鲜明的时代烙印。

　　随着社会经济文化的快速发展，不同文化的交流日益频繁，中国人的居住条件有了极大的改善，各种居室文化争奇斗艳。中国传统文化本质上是基于农业文明的文化，人的一切活动要顺应自然的发展。以儒道释为代表的传统文化渗透在中国古代居室设计之中。中国古代居室、村落、陵墓、园林，都依赖于自然，依据气候和地势等自然条件来设计。居室是权力和教化的最小单位，宅院空间象征着伦常人际关系，体现尊卑秩序，而诸侯、大夫的宅院标准是国家制度明文规定的。居室的体量、色彩、材料等方面的设计选用，都依据于自然规律、社会礼制和宗教信仰。由于中国封建统治的顽固持久，使居室设计大多集中在宫廷和园林以及陵墓，民居设计则是模仿多、创新少。

　　近代工业文明体现了以人为中心的价值观念。社会发展的驱动力是追求物质享受，市场经济靠利益驱动。由于人类疯狂地掠夺自然追求经济增长，前所未有的生态失衡、能源枯竭、人口爆炸等全球性问题出现了。中国改革开放后，在引进外资、技术的同时也引进了包括设计思想在内的许多思想观念。现在人们很难从流行的居室设计中寻找到民族文化传统的遗迹。尽管传统民居单纯、朴实、耐用，可在工业文明时代要与以钢筋混凝土为代表的现代居室抗衡是不可能的，结果是工业文明代替了农业文明。大多数人盲目从众热衷于追逐流行时尚，满足自己的夸富显贵的心理需求，结果在居室装饰上造成既无个性风格、又无文化品位的酒店风格。现在的问题是居室条件改善的同时，我们原有的人与人、人与自然、人与社会的关系也改变了。

　　下面是中国台北宏日建设云庄广告：

在聚散离合的尘世，
你珍惜心灵永恒的依偎，
一如爱你的云庄。

　　大凡房地产广告，为吸引消费者，都在环境的优美、设施的齐全、质量的上乘、价钱的优惠、增值的潜力等房产实用性上做文章。这则广告则别具一格地以房产的心理价值、情感价值为出发点，表达一份深情的关怀。这一立意重在抚慰人的心灵，减轻人的思念和寂寞，给人以归属感。在表现手法上，注重现实与理想的交织,情与物的融合,使得广告具有丰富的文化意蕴和审美价值。

(三)健康文化

健康文化的核心是医学。医学的实质是治疗人的疾病以保障人体健康长寿。随着科学的发展,人类的生活进入了医学化的时代,这是健康文化进入一个历史新时期的标志。以前,人们吃的食物、从事的身体锻炼的形式、抚养子女的方法都是由个人处理的私事。今天,这些生活内容已经在很大程度上处在医学指导和管辖之下。这使得人们的健康和长寿得到更大保障。医学化进一步拓展人类的健康概念,酗酒、抽烟、不正常的饮食起居,都被列入有碍健康之列,人们的心理领域也走进了健康文化的视野。医学水平的提高,还使得人体器官可以根据特定的文化偏好加以改造、重建。这些都表明,健康文化在现代社会中,已经成为生活文化的重要组成部分。这种健康文化往往会受到社会文化的其他组成部分如社会心理等的影响。广告文案对健康文化的表达也常常与社会文化传统、特定时代的社会心理联系在一起。

例如龙牡壮骨冲剂的功能是补钙壮骨,最终消费者是儿童,但直接的购买者是家长。这则广告就是针对中国父母的心理特点做出的对现代健康文化的表达。正如该产品的一则广告所说:"望子成龙,天下父母的心愿。"尤其是中国的父母,为望子成龙,更是不惜精力财力,期待孩子有朝一日能出人头地。广告中也反映了这种传统文化的积淀。广告告诫家长们:"不要让孩子输在起跑线上",意味深长。

又如海王集团的广告口号:

健康成就未来。

这一口号含义丰富,在市场化程度日渐加深的今天,尤其能引起人们的共鸣。在改革开放深化的过程中,机会越来越多地呈现在人们的面前。勤奋努力加上机遇垂青,使不少人能生活得更美好。但是与此同时,人们在奋斗的同时,却忽略了自身的健康状况,透支青春。"亚健康"、"过劳死"等词汇频繁地出现在各种媒介上。在这样的背景下,海王以药业集团的身份,倡导健康成就未来的理念,就能直入人心,并能树立起集团的亲和形象。

(四)性文化

现代社会的性文化既是健康文化的一部分,又有其独特的社会文化地位和意义。性文化的范围很广,凡涉及性的意识、关系、行为、习俗、制度等都属性文化的范畴。广告中经常涉及的婚姻习俗、制度、爱情观念、性教育、性角色等都是性文化的重要组成部分。

　　一项对征婚广告的调查显示,尽管中国社会日益开放,西方观念对中国人产生持续影响,但中国人的择偶观念中对传统的男女性别特征要求并没有随之淡化,传统观念反而日益明显。在性别特征上,温柔娴静、贤良持家是中国传统社会对女性的最高评价;在男性方面,有才干,能力强,有事业心、上进心是女性对男性的要求。这表明,尽管社会对个人生活的宽容度越来越大,但在涉及个人自身生活时,传统观念仍具有强大的力量。在对婚姻关系的期待中,男主外、女主内的家庭性别角色的传统观念仍有广泛影响。

　　在西方社会,由于国情不同,习俗不同,禁忌各异。在西方广告中,性诉求更为普遍,更为直接。"年轻,享受人生,做个性感的女人!"这样的广告语出现在色彩艳丽的服装广告中。芝加哥大学的一项研究成果显示,美国人性关系实际上比一般人想象的单纯。这就是为什么"性"可以用来推销商品、吸引人的原因(但强调或暗示过火的广告却会倒人胃口)。传统的性文化表达方式受到消费者的欢迎。例如,在法国福乐多的系列招贴广告中,一位金发女郎背向观众,高大而丰满的身材极富魅力,画面配着广告语:

　　　　福乐多炸薯片……酥脆的金发女郎?

　　在其后的另一则招贴广告中,画面上依然是那位金发女郎,但这次是面对观众,怀里抱着一摞福乐多炸薯片,配合画面的广告语是:

　　　　福乐多炸薯片……酥脆的金发女郎!

　　两则广告的区别仅在于标点符号:前一则用的是问号,后一则用的是感叹号。广告推出之后,福乐多迅速拥有了鲜明的个性。当人们嚼着金灿灿的炸薯片时,迷人的"金发女郎"也随之飘进了浪漫情思。"酥脆的金发女郎"迅速成为广告史上的一个著名形象。

二、广告文案的精神文化内涵和文化品位追求

　　广告文案写作中的生活文化内涵当然远远不止上述四个方面。社会的发展,文明的进步,使得人们的社会生活内容愈益丰富,文化内涵得到更新和充实。人们在满足基本生存需要之后,很自然地要追求精神需求的满足,超越生存文化的低级层次,人们的衣、食、住、行、健康等都作为物质生活的重要组成部分促发

了人们的物质活动。人们对于生活所需的购买表现为一种物质消费行为。但由于人们精神生活的需要,一般的物质消费行为又往往被提升到文化的另一层次,即带有精神消费的因素。精神消费的宗旨由于人们社会生活的具体存在形态不同,也具有不同的内容,但共同点在于使人从物质生活中获得自由。但为了推销商品,劝说购买,广告文案的创作也应包含丰富的精神文化内涵,追求较高的文化品味,将物质文化和精神文化结合起来,才是消费文化的完整体现。

广告文案的精神文化内涵十分丰富,包括科学、艺术、社会心理、政治、经济等许多内容。这些内容前文已有论述。这里再探讨一下各种精神文化内容的共同的文化特质。

广告文案对精神文化内涵的追求是更高层次上的文化追求。尽管精神文化的内涵极其丰富,内容庞杂,但其共同的文化特质是对真、善、美的追求。对真、善、美的认识程度、表现程度形成了广告文案的文化品味的高下之别。

文案写作的主要目的是通过语言文字手段对广告宣传的内容进行反映,充分介绍事物,反映事物的物质属性。文化的求真特质就是追求对事物的真实认识。广告文案写作一旦违背了对于事物的反映的真实性,也就失去了成功的基础。广告中的真当然不只是拘泥于生活实态的真,而是对蕴藏在事物中的某种真理的揭示。许多广告运用夸张手法描述事物,当人们接受夸张之时并非在接受虚假,而正是因为他们对夸张的超越以及对夸张背后真实的清醒认定。善,本来是一个伦理学的概念,指的是人的行为的合乎伦理道德以及对他人及社会的有益性。广告文案中涉及的善的概念则有更广的内涵。它不仅适用于个人与社会的关系,而且适用于人类和自然的关系,从根本上讲就是合理性。只要广告中表现出的思想、观念以及产品本身对于社会进步和物质世界的繁荣是有益的、合理的,就是善的。广告文案是广告文化的一部分,对人而言,都具有审美价值。人们创造各种文化,是为了满足不同的需要。当人的需要从生理层次上升到文化层次之后,文化创造的目的就是为了满足不同的需要。当人的需要从生理层次上升到文化层次之后,文化创造的目的就是追求美。广告宣传的商品作为物质文化的体现也能让人产生美感,这种美感通常需要去挖掘。因为,商品需求的满足更多地表现为快感。当这种浅层次的需求得以满足之后,人们追求的便不只是饮食快感、安逸快感等生理的愉快,而是心理的愉悦,这就是美感。因此,广告文案应能给人审美的愉悦,以满足人们高层次的文化需要,尤其是在物质生活水平大大提高,人们的基本生活需要有了保障的今天。广告文案的审美情趣、审美品位往往是影响受众的重要因素之一。

总之,广告文案对文化品位的追求是真、善、美的统一,即至真、至善、至美,缺一而不可。这既是广告文案写作所蕴含的精神文化的实质,也是文案写作的高层次的追求。

关 键 词

广告文案撰稿人、广告文案诉求对象、广告文案的文化内涵。

思 考 与 练 习

1. 广告文案写作是怎样受到社会文化的制约的?
2. 试述广告文案写作中的传统文化因素。
3. 试述传统文化影响广告文案写作的途径及其表现。
4. 试述东西方文化差异在广告文案写作中的表现。
5. 广告文案的文化内涵主要体现在哪些方面?试举例说明。

第四章 广告受众心理

任何商品广告的目的都是试图劝服受众购买商品。要劝服受众,就必须分析和了解受众的想法,然后进行有针对性的劝说。广告文案的作者必须掌握广告受众的普遍心理特征,广告文案的写作必须建立在对受众心理进行正确分析的基础上。

第一节 目标受众的期待心理

人有多种多样的需求。这些需求会产生相应的心理期待。作为消费者的目标受众对广告及商品必然有所期待。在一般情况下,受众的心理期待往往"处于一种笼统、朦胧的状态"。[①]广告最基本的作用是帮助受众认清他们的期待,通过广告文本的召唤,使其成为明晰的意识。

一、丰富多彩的期待心理

人的期待心理是多种多样的。通常可以把目标受众对商品的期待根据不同的标准划分成不同的类型。例如,根据期待的对象划分,可分为物质性期待和精神性期待;根据期待的主次划分,可分为优势期待和非优势期待;根据期待的时效划分,可分为长远的期待和近期的期待;根据期待的层次划分,可分为生存期待、享受期待和发展期待等等。

在实际生活中,支配消费者消费动机的心理期待,往往表现得更加具体。对消费者的期待了解得越清楚、越细致,广告的针对性就越强,效果就越好。据研究分析,消费者常见的期待心理有以下几点。

(一)求实心理

求实心理是以追求商品的使用价值为主要倾向的心理需要。具有这种心理期待的消费者比较讲求"实用"、"实惠"。这类消费者选购商品时特别注重商品的效用、质量和方便,不过分强调外观的新颖、漂亮以及内在的象征意义等。例

[①] 马建青主编:《现代广告心理学》第195页,浙江大学出版社1997年出版。

如,他们关心的是电视机图像是否清晰,电冰箱是否制冷好、耗电低,空调是否省电,是否只有很小的噪音等等。针对这一类消费者,商品广告应突出商品卓越的性能和质量。新飞电冰箱在激烈的冰箱广告大战中,其诉求的重点就是省电。而2002年夏季,春兰空调的广告则强调其产品的静音效果。它们都把自己的广告诉求放在"实惠"上,也都取得了不错的销售业绩。

(二) 求廉心理

求廉心理是以少花钱为其主要特征的购物心理,具有这种心理期待的受众追求"价廉物美"。毋庸置疑,不管在什么时代,低价格总是大多数消费者选择商品的一个重要因素。这些消费者有时对商品的性能、外观和包装等不大计较,而对同类商品之间微小的价格差异往往比较敏感。在平时生活中,厂商常常会抓住受众的这种心理大做文章。比如在彩电的广告大战中,熊猫彩电常常抓住受众的求廉心理,不断宣传本产品是"同类产品最低价",曾经有过比较高的市场占有率。

(三) 求美心理

求美心理是以追求商品美感为主的购买心理期待。其心理期待的核心是"美观"、"赏心悦目"。这类消费者(有相当一部分是女性消费者)在选购商品时,特别重视商品的造型、色彩、包装等外观美,注意商品对人体的美化作用和家居环境的装饰作用。他们着重追求的,不是商品的使用价值,而是商品的艺术欣赏价值。这类消费者不仅追求商品本身的审美价值,而且对商品广告的审美品位也有较高要求。他们往往会因为一则创意新颖的广告而去注意并购买广告中所宣传的商品;也会因为广告的粗制滥造、缺乏品位而不知不觉地排斥其宣传的产品。因此,一则成功的广告往往会在宣传产品美的同时,注意自身美的形象。求美是人们的普遍心理,消费者对商品美感的追求历来如此。随着社会的不断发展,人们生活水平的迅速提高,消费者对商品美感的渴求会愈来愈甚。

(四) 求新心理

求新心理是以追求商品时髦、新颖、奇特为主要倾向的购买心理期待。在求新心理期待中,很大程度上包含有好奇心理因素的作用,因此求新与好奇又往往纠合在一起。这种心理期待的核心是讲求"新奇"、"与众不同"。这类消费者在选购商品时,特别注意该商品是否别具一格,而不大注意商品的实用与否和价格高低。比如,他们在购买手机时,只要中意,肯定会购买最新的款式,并会不断更新,根本不会在乎价格的高低。针对这类受众进行广告诉求,应在商品的新颖性方面做文章,以吸引他们的注意。

(五) 求名心理

求名心理是以追求名牌商品为主要倾向的购买心理期待。其核心是崇拜、信任名牌商品。许多商家都有这样的经验,只要是名牌的商品,不管价格多高,质量如何,都能卖得出去。甚至有时价格越高,卖得越好。造成这种购买行为的原因是,名牌商品往往可以用来显示或炫耀身份、地位等,如皮尔·卡丹服装、劳伦斯手表等等。在求名心理的驱使下,某些消费者也容易对以名人、明星为模特儿制作的广告所宣传产品情有独钟。如李宁牌运动服、美的空调、小霸王学习机等,就取得了这种效果。商家为迎合这类消费者的心理期待,往往会不惜重金聘请名人、明星来为其作广告。

（六）求同心理

求同心理是以追求大众化商品为主要倾向的购买心理期待。它的核心是"从众"、"趋同"。由于社会消费风气、时代潮流、社会群体等社会因素的影响,在消费者中,通常会产生迎合某种流行风气或群体的求同心理期待。具有这种心理倾向者,一般有不同程度的"随大流"思想。买的人多,大家认为产品还不错,他才下决心买;别人不买的,他决不率先尝试。为此,一些广告就设计了众多消费者购买的场面,造成产品受人欢迎的景象,以影响目标受众。

（七）求便心理

求便心理是以追求便利为主要倾向的购买心理期待。在购买商品特别是购买日用消费品时,消费者普遍希望能获得方便、快捷的服务,迅速买到商品,而讨厌繁琐的购买方式、过长的待购时间和低下的售货效率。同时,还要求商品具有携带方便、使用方便、维修方便等特性。随着生活节奏的加快,工作压力的增大,许多消费者都会产生这种求便心理需要,这是很容易理解的。为此,各种形式的广告宣传都十分注重满足消费者的这种心理期待。譬如一烫即熟的方便面,一抹即亮的液体鞋油,一漂即净的低泡洗衣粉,无不给消费者带来方便,因而很受欢迎。

以上这些消费期待心理普遍地存在于广大消费者之中,是一些带有规律性的消费期待心理。当然,多数消费者的消费心理是上述几种消费心理的集合,这就需要具体情况具体分析。广告设计、宣传只有建立在充分了解消费者上述期待心理的基础上,才能深深地打动消费者。

二、有效引发期待心理的方法

（一）广告必须帮助受众意识到自己的期待

广告文案应该用清晰、简洁和生动的文字去召唤或暗示受众,激发他们的美好想象。罐头食品的广告,如果只在广告画面上画一两只罐头是不太容易引起目标受众兴趣的,原因是,这种广告不能帮助受众意识到自己对这个罐头有什么期待。反之,用清晰、生动的文案,辅以醒目而美观的图画来表现其美味及多种用途,情况可能就会大不相同。

很多广告大师都认为,广告文案要让受众意识到自己的期待,就应说出消费者真正的期待或深层期待。请看李奥·贝纳在20世纪30年代末期为明尼苏达流域罐头公司的罐装豌豆所作的广告。提起罐头食品,其显而易见的功能是保存期长。但这也是所有这类食品的共同特点。人们对食品的需求是既希望它方便易贮存,又希望它新鲜可口。而在消费者心目中罐装食品常与不新鲜相联系。让罐装食品尽量保持新鲜的味道是消费者更进一步的要求。于是李奥·贝纳替消费者说出了他们的要求。广告的标题是"月光下的收成",文案如下:

无论日间或夜晚,绿巨人豌豆都在转瞬间选妥,风味绝佳……从产地至装罐不超过三小时。

由于广告诱发了消费者对罐装食品的进一步的需求,使消费者把绿巨人与新鲜联接,销量可观。假如不注重消费者对商品真正的期待,则不能完成广告在商品与消费者之间架起一座沟通的桥梁的任务。

(二)广告还必须帮助受众发现自己的潜在期待

广告文案若要让目标受众意识到自己的期待,有时还必须帮助受众发现被忽略的潜在期待,并把它说出来。

许多广告的成功,在于它诱发了别人没有注意到的,同类产品广告中没有说出来的消费者的潜在需求。这也正是商品生存的秘诀。它不断地发现消费者的需求,并认真加以改进,使得消费者对它保持一种持久的期待。

这方面的例子很多。这些年,"露露"牌杏仁露饮料,由于长期的电视广告宣传及其本身的优良品质,已在市场上具有较高的知名度和占有率。如何扩大这一成果?调查发现,夏季是这种饮料销售的黄金旺季,春季、秋季是维持季,而冬季则是淡季。原因在于人们把"露露"看成是冷饮。人们在冬季十分喜爱喝热的饮料。如果让人们在冬季一样喜爱"露露",将会形成一个十分巨大的市场。实际上,对像"露露"杏仁露这样不含气的罐装饮料加热后饮用,依然令人回味无穷。只是这种饮法没有人告诉消费者,使得他们的思路和行为固定在原有的习惯上。由于发现了消费者冬天喜爱喝热饮的需求,"露露"及时在广告中告诉消费者:"冬天喝热'露露',同样美味有营养",并演示其加热的简便方法,可谓一语点醒梦中人。此举诱发了许多喜爱把"露露"当冷饮喝的消费者冬天喝"露露"的需求。

另一方面,广告要使受众深信商品可以满足他们的期待。要使受众深信,广告所介绍的商品,确可满足其期待。有许多商品,消费者非亲自试过不能知其性能。所以有许多销售者配备样品以利促销。有时销售者不能提供样品,可劝导受众光临参观;若无法安排参观的,则可以运用栩栩如生的图片或生动的词句,给受众留下深刻的印象。

(三) 广告文案要满足受众的心理期待

1. 必须突出本产品独特的功能

假如产品有其他产品所没有的独特功能,则应突出此功能带给消费者某种期待的满足感。例如,罗瑟·里夫斯(R. Reeves)为M&M巧克力糖果所做的广告。他发现此种巧克力糖是第一个用糖衣包裹的。于是"只溶在口,不溶在手"的创意立即出现。这种独特的功能带来的好处立即被消费者接受,满足了他们爱吃巧克力又怕它被体温溶化弄脏手的期待。这一广告主题从1954年一直沿用到20世纪90年代,并成功地进入中国市场。这种作法也是符合里沃斯提出的销售主张或"销售点说"的。此学说认为广告应给消费者一个强烈独特的主张,即强调产品具体的特殊功效。这是其他产品所无法提供的。而一旦这个主张与产品相联接,则会在消费者头脑中保存较长时间。因为它第一个诱发了消费者的某种期待。这也证实了第一印象的不易改变。广告说出这个"第一",先声夺人。广告如果使产品在消费者的某个期待领域占据了第一的位置,那么后来者要取代这个位置将要付出大得多的努力。

2. 必须找出商品的附加心理价值

在许多情况下,一个消费者购买某种商品,并非只出于一种需求,商品提供给消费者的也不仅仅是其使用价值,还有更多的附加心理价值。在机器化大生产的社会中,在同等技术条件下,同类产品品质上的差异变得越来越小,提供给消费者的物质期待越来越相似。要满足消费者心理期待的多层性,就必须更多地从商品带来的附加心理价值上去寻找出路,从而赋予广告商品以丰富的文化内涵。优秀广告文案常常暗示人们,由于使用了某种消费品,会使消费者在更高的心理期待层次上获得满足,例如,某名牌商品可增加消费者的自尊心、荣誉感等。

借助对商品附加心理价值的宣传,可以赋予商品独特的个性和文化气息,使其从同类产品及其广告中脱颖而出。例如,香水,不仅仅是满足了人们的嗅觉感受,更重要的是它创造了某种气氛,满足了人们更高层的需求。香水广告中常常宣扬香水使人感受到异性、爱情和浪漫。然而如果都从这一个角度来宣传香水的附加心理价值,则仍然难以区分商品。

第二节 目标受众的接受心理

广告的目的在于促成购买行为,但了解受众的期待并不等于已经实现了广告的目的。有时,虽然把握住了受众的期待心理,然而由于种种原因广告人没有把握好受众的接受心理,结果广告所获得的效果微乎其微。为了加强广告的传播效果,一方面,我们应了解目标受众心理的基本内容,从静态中研究受众的各种心理现象;另一方面,我们又应了解目标受众的心理接受过程,从动态中掌握受众选择、购买商品时的心理活动。

一、影响目标受众接受心理的要素

目标受众在接受广告信息时的心理活动并不是简单和被动的,而是复杂和主动的,是有规律可循的。一般认为,广告受众接受心理由意欲、认知、情感三个要素构成。

(一)目标受众接受心理要素解析

1. 意欲

广告受众心理的第一个构成要素为意欲。意欲是心理活动中相当活跃的一个要素,包括想要做或打算做某些事情的心理活动。对于广告来说,意欲的产生非常重要。它是广告运作的基础。意欲也可以说是一种目的意识。它主要源于需要。人的需要是多方面和多层次的。按需要的起源进行分类,可分为天然需要和社会需要;按需要的对象进行分类,可分为物质需要与精神需要;按需要的主体进行分类,可分为个人需要与社会需要;按需要的时间进行分类,可分为长远需要和眼前需要。

美国人本主义心理学大师马斯洛曾把人的需要从低级到高级分为五个层次。

第一层次:生理的需要。这是人们最原始的需要。它指人对食物、水分、氧气、休息等的需要,是人体本能的需要。人的这类需要如不能得到满足,就有生命危险。所以,这是人最强烈、最基本的需要。

第二层次:安全的需要。它是指人们要求安全,希望避免因冷热、灾害引起的伤害或者因经济不稳定所带来的威胁等需要。

第三层次:社交的需要。如渴望来自家庭、父母、朋友、同事、上级等方面的爱护、关怀、温暖、信任和友谊。

第四层次:尊重的需要。希望他人尊重自己的人格,希望自己的能力和才华能得到他人公正的承认和赞赏,要求在社会团体中确立自己应有的地位。

第五层次：自我实现的需要。希望完成与自己能力相称的工作，充分表现个人的情感、思想、愿望、兴趣、能力、意志等，能使自己的潜在能力得到充分的发挥。

层次需要是按金字塔形式排列的。人的需要是随着层次的上升而减少的。商品销售受到的最大制约就是需要。大量的广告信息使受众经常面临着种种选择。在选择中总是存在着动机冲突，而其实质则是需要的冲突。如个人一旦拥有相当积蓄，就会既想购买耐用消费品，又想用于旅游，既希望保持充足的物质生活，又渴求享受丰富的精神生活。由此可以看出需要有它自己的特性。

一是需要的无限性。人们的需要是无止境的，一种需要得到了满足，另一种新的需要又会产生。目标受众的需要是一个由低到高不断提升的过程。

二是需要的伸缩性。由于各种条件的影响，人们的需要具有一定的伸缩性。目标受众的经济能力、广告主的商品供应和销售服务等状况，可能会促进或抑制目标受众的需要。这是伸缩性的一个方面；另一方面，因商品对目标受众的影响程度不同，需要的程度也不一样。日常生活必需品，其伸缩性就比较小；而非生活必需品，需要的伸缩性相应就比较大。

三是需要的替代性。有些商品性能是可以互相替代的。一种商品的销售量上升，可能导致另一种商品销售量的下降。如洗衣粉需要量增加，肥皂的需要量就会减少。

四是需要的联系性。有些商品之间是有联系的，目标受众购买了这种商品，就会同时购买其他商品，如购买自行车，一定会同时购买车锁及其他配套部件等。

研究目标受众需要的上述内容和特性，并策划制作合适的广告，对受众的需要进行引导和调节，使受众的需要朝着广告文案撰稿人预期的目标发生变化或转移，并最终接受广告和广告中的商品，这是广告文案作者所应追求的目标。

2. 认知

认知是就某种事物或构想作出提示时，受众希望获知所提示的内容究竟是什么的心理活动。广告是受众产生意欲后，进行认知的一个重要途径。认知是获知或思考事物的过程，包括记忆、推理等心理活动。

3. 情感

情感是指受众对外界表示好恶的主观情绪。所谓喜怒哀乐，是受众情感世界的外露。它是受众的内心世界被干扰而形成的不平静状态。

(二) 意欲、认知、情感的关联性

下面的例子可以说明意欲、认知、情感的关联性。如某人根据自己的需要，打算购买洗衣机，那他必然很注意该种商品的广告信息。一天，他找到了自己比较注意的某种品牌。他先去看货，而后决定购买。购买后经过试用，发现该品牌的洗衣机性能很好,于是他对自己的选择很满意。在这个过程中,意欲、认知、情感这三个要素在受众心理中不断地互相作用,有时是互相交织在一起的,直至促成购买行为的最终完成。

二、目标受众的心理接受过程

(一)目标受众心理接受的认识过程

目标受众购买商品的心理活动,首先是从对商品的认识开始的。目标受众认识商品的过程,就是目标受众对商品个别属性的各种不同感觉加以联系和综合的反映过程。整个过程主要是通过目标受众的感觉、知觉、记忆、思维等心理活动来完成的。目标受众的认识过程是心理接受和购买行为的重要基础。

在购买活动中,消费者借助于触觉、视觉、听觉、嗅觉和味觉这五种感觉器官来接收各种商品信息。这些信息通过神经系统,从感觉器官传递到脑部,由此对商品产生相应的心理反应。感觉使消费者获得有关商品及其属性的许多资料。

感觉仅仅是目标消费者认识商品的开端。在感觉的基础上,他们会对围绕商品的有关感觉材料进行综合整理,在头脑中进一步形成关于商品的整体认识。这就是消费者对商品的知觉阶段。经过这一阶段,消费者形成了对商品的完整印象。与感觉相比,知觉使他们对商品的认识活动又深入了一步。当然,消费者对商品从感觉到知觉的时间是极为短促的,有时,它们甚至是同时进行的。

记忆是人的大脑对经验过的事物的识记、保持、再现和再认,在消费者的购买活动中有着深化认识、促进购买活动的重要作用。消费者借助于记忆把过去生活中感知过的商品、体验过的情感或知识经验,在头脑中复现出来。如果消费者对先前的生活经验或购买经验在头脑中没有留下任何痕迹,这势必会影响他们对商品的认识过程,甚至难以完成这一过程。因此,广告宣传采取强化记忆的手段,这是十分必要的。新颖的商品造型,鲜艳夺目的装潢色彩,对比强烈的橱窗陈列,有传统特色的商品包装,简明易记的商标名称,形象鲜明的商品广告,这些方法都有可能会在人们头脑中留下较深的痕迹,起到深化认识的良好作用。

消费者对商品的认识的高级阶段是理性认识阶段。在这一认识阶段,他们对商品的认识,由繁复趋于概括。他们达到了掌握商品的本质属性的地步,达到了间接地理解和把握那些没有感知过的或不可能感知的事物的境地。通过这一阶段,消费者进一步认识了商品的一般特性和内在联系,全面地、本质地把握商品的品质。当然,他们在思维过程中还始终保持着与感知、表象的联系,以继续发展感知和表象的认识功能。认识的这两个阶段是交替发展的,是有机地交织在一起的。

（二）目标受众心理接受的情绪过程

对于客观现实是否符合自己的需要而产生的态度体验,就是目标受众购买心理活动的情绪过程。情绪过程是目标受众心理活动的一种特殊反映形式,对购买活动有着重要的影响。

情绪虽然没有具体的形象,但它并不是不可捉摸的。大多数情绪可以通过目标受众的神态、表情、语气和行为表现出来。喜、怒、哀、惧、爱、恶、欲七情,可说是目标受众情绪的基本表现形式。目标受众的情绪表现较为复杂,各种情绪表现的程度也有明显的差异。他们在消费活动中的情绪主要受下列因素影响。

购买现场的影响。步入宽敞明亮、色彩柔和、美观雅洁、温度宜人的商场,会引起目标受众愉快、舒畅的情绪,使之处于喜悦、喜爱等积极的情绪状态之中,这有助于强化他们的购物倾向。相反,就会使之产生厌烦、失望和厌恶的消极情绪,就可能减弱他们的购物倾向。

商品的影响。在现实的购买活动中,目标受众情绪的性质和程度会随着对商品的了解而发生变化。他们或者产生"满意—不满意"、"愉快—失望"等性质对立的情绪变化,或者产生"喜欢—欣喜—狂喜","疑虑—不满—失望"等情绪程度的变化。在商品符合目标受众心愿时,他们就会产生积极情绪,反之,就会形成消极情绪。

个人情绪的影响。目标受众的心理状态背景有多方面的内容,其中包括生理特点、性格倾向、生活遭遇、事业成败、道德观念、社会地位、理想信念乃至自然环境、身体状况、社会关系等等。这些心理状态背景的不同或程度差异,会对消费者的个人情绪状态有所影响。这种个人情绪状态一旦形成,就具有相对的稳定性。它贯穿于消费者的整个购物活动之中,对他们的购买行为发生相应的影响。

社会情感的影响。社会情感具有稳定的社会内容。这种情感可以归结为美感、理智感和道德感等三类。

所谓美感,是目标受众根据自己的审美标准和审美理想,对商品和消费活动进行评价时所产生的体验。在购买活动中,目标受众有着各自不同的心理背景和审美能力。他们的身份地位、爱好情操、文化修养、实践经验等方面的差异,必然使他们在心理接受过程中对商品或消费活动得出不同的审美评价,尤其是不同国家、不同民族、不同时代的广告目标受众,其美感的差异性就更为明显。

所谓理智感,是目标受众在围绕某些构造新奇、性能复杂的商品进行认识活动时所产生的疑惑感、求知感、好奇感和自信感。这些都可能促进目标受众做出某种情绪反应。

所谓道德感,是目标受众依据社会道德准则去评价事物时产生的一种情感。例如，售货员的热情服务、礼貌待客，符合社会道德准则的行为，会使目标受众产生赞赏感、友谊感和满足感。这些感觉又会以愉快、欣喜、兴奋等情绪形态反映出来。

可见，目标受众在购买商品时，影响其情绪状态的因素很多。因此，研究目标受众的情绪过程，对于广告文案撰稿人来说是十分重要的。

（三）目标受众心理接受的意志过程

为了实现既定的购买目的，广告目标受众在购买活动中所表现出来的有目的地、自觉地支配调节自己行为的心理活动，就是意志过程。意志过程对目标受众消费活动中的行动阶段和体验阶段有着较大的影响。

消费者心理活动的意志过程有两个基本特征：

一是有明确的购买目的。一般地说，在进行购买活动之前，目标受众活动的预期结果已经作为意志行为的目的、观念存在于其头脑中。要想把这种观念变为现实，目标受众就必须以预期的目的去指导自己的行动，并由此寻找实现购买目的的途径。

目标受众消费活动的意志过程首先是在有目的的购买活动中表现出来的。在购买活动中，他们为满足自己的需要，总是经过思考而明确提出购买的目的，然后有意识、有计划地根据购买目的去支配和调节购买行动。目标受众这种意志与目的性的联系，集中地体现了人的心理活动的自觉能动性。

二是能排除干扰、克服困难。目标受众为实现购买目的而采取的意志行动过程，通常就是排除干扰和克服困难的过程。目标受众由作出购买决定过渡到采取购买行动，并不都是一帆风顺的。他们往往要克服主观的与客观的各种困难，必须付出一定的努力，才能实现既定的购买目的。

意志对人的心理状态和外部动作的调节作用，一方面表现在它可以推动达到预期目的所必需的情绪和行动，另一方面还表现在它可以制止与预期目的相矛盾的情绪和行动。这两方面作用的统一，使人能克服阻碍实现预期目的的各种各样的困难。

在消费心理活动的意志过程中，目标受众要排除的干扰和困难是多种多样的。例如，同时发生几个不协调的购买动机所产生的冲突；物质的抑或精神的需求与个人经济条件的矛盾；商品品质、销售方式和服务质量造成的障碍等等。这些干扰与困难，有些是由内在因素造成的，也有些是由外部条件造成的。在购买活动中，消费者往往需要克服这些由主观和客观因素所形成的障碍，去实现消费目的。

目标受众的意志过程有的较为简单，有的则很复杂。在简单的意志过程中，消费者在确立了购买目的后立即付诸购买行动。它可以从作出购买决定直接过渡到采取购买行动。在复杂的意志过程中,消费者在确立了购买目的之后,往往还需要付出一定的意志努力。

认识过程、情绪过程和意志过程,在目标受众消费心理活动中是密切联系、不可分割的。一方面,意志过程有赖于认识过程,反过来,它又能促进认识过程的发展和变化。另一方面,意志过程有赖于情绪过程,但它又能调节情绪过程的发展和变化。

第三节 目标受众的逆反心理

广告受众的逆反心理对特定的广告运动也有一定的影响。具有逆反心理的消费者或公众,一般来说好奇心与好胜心比较强,有较强的"自我意识",喜欢显示自己的与众不同,富有冒险精神。广告主和广告文案撰稿人,如果忽视受众的逆反心理,那么广告就不可能产生良好的效果;相反,如果善于利用受众的逆反心理,广告常常能取得意想不到的成功。

一、逆反心理的涵义

逆反心理是一种客观存在的心理现象。它是指人们在一定条件下产生的与集体意愿相悖的要求和欲望。在这个意义上,逆反心理是与"从众心理"和"遵从心理"相对的。如20世纪80年代牛仔裤在我国刚刚出现的时候,不管是国家机关,还是学校、工厂,都把它视为奇装异服加以禁止,绝大多数人遵从集体意志,对牛仔裤敬而远之。但却有少数人无视集体意志,穿起了牛仔裤,并且宣称:牛仔裤有什么不好,穿着它更能显示人体优美的线条。这就是一种逆反心理的体现。

二、逆反心理的产生

现代心理学的研究成果表明,逆反心理的产生有着多方面的原因。

(一)来自外部的集体的压力

集体的压力,是使个体产生逆反心理的根本原因,同样道理,它也是使消费者产生逆反心理的主要原因。集体的压力可以对其中的个体产生正向的推动力,也可能使之反感、抵触,从而形成逆反心理。对于个体来说,外界的压力又常常是和他们自身的主观因素结合起来发挥作用的。

(二)来自个体的主观因素

从主观因素来分析,形成逆反心理的相关因素是很多的。主要因素有以下三点：

1. 强烈的好奇心

在强烈的好奇心的驱使下，人们容易产生逆反心理。好奇心理，是指人们对某些不了解的事物因感觉新鲜、奇怪而产生的某种兴趣。有些新鲜事物常常是人们头脑中的旧观念所不能容忍的，他们一般会采取置之不理或群起而攻之的态度，给某些有好奇心理的人造成一种集体的压力。这种压力，往往又成为具有强烈好奇心理的人产生逆反心理的重要因素。

2. 较强的自尊心

在集体中，当人的自尊心受到伤害时，容易产生逆反心理。自尊心是一种尊重自己，不向别人卑躬屈膝，也不允许别人歧视、侮辱的自我防卫的心理状态。如某消费者去商店，想买一双物美价廉的皮鞋，见柜台内有双很合自己心意的鞋，于是向营业员询问价格，营业员却不屑一顾地说："不要问，贵得很。"消费者感到自尊心受到了伤害，就会不顾同伴的劝阻，不管花多少钱也要执意买下这双皮鞋。

3. 极强的自信心

自信心是指人对自己能力和行为信任的一种表现。它是人生重要的精神支柱，也是行为的内在动力。具有自信心理的消费者或公众，为了表明自己的独立性、不盲从，而有意识地抵制集体压力，容易产生逆反心理。

（三）买卖双方的心理矛盾

营销心理学研究表明，买者心理与卖者心理之间的矛盾也是导致逆反心理的原因。分析、研究买与卖的矛盾心理的存在与统一，解决买与卖之间的心理障碍，促进销售，推动消费，是商品营销活动的基本思路。广告是商品营销活动中的一个重要组成部分。广告文案撰稿人在研究消费者的心理现象时，必须在了解与掌握买与卖的心理矛盾的发生与发展的基础上，着眼于解决买者与卖者之间存在的心理障碍，消除消费者的逆反心理。

1. 买者心理与卖者心理矛盾的形成

买者心理与卖者心理的矛盾是由商品营销活动中所特有的矛盾决定的。在营销活动中形成的买卖关系，构成了买与卖这一对矛盾。这一对矛盾贯穿于营销活动的全过程，并决定着营销活动的成败，即商品是否能最终销售出去，实现其使用价值和价值以及商品心理价值。构成这对矛盾的直接主体是营业员（售货员或推销员）与顾客（消费者）。他们之间在商品等价交换的原则下，站在各自的角度来考虑买卖问题。相互之间的心理差异，导致了买者、卖者心理矛盾的产生。一般地说，营业员从销售商品出发，其心理活动总是遵循着尽快将商品卖出去的轨迹发展;而消费者从商品使用价值和商品心理价值出发,其心理活动又总是遵循着不着急、慢慢地挑选直到找到满意的商品为止的轨迹发展。两者之间不同的心理活动轨迹,构成了买者心理与卖者心理的矛盾。

2. 买者与卖者心理矛盾的统一

买者与卖者心理矛盾的统一,实质上是顾客购买心理与营业员销售心理的统一,也就是心理沟通。心理沟通,既是人与人之间在心理活动上的一致过程,又是人与人相互之间在行动上一致的过程。营销活动是一种双向活动,因此,营业员心理与顾客心理的沟通是一种双向的心理沟通。即营业员的心理需要得到顾客的理解与支持;顾客的心理也需要得到营业员的理解和支持。

三、逆反心理与广告劝服

当受众对广告产生逆反心理的时候,常常会影响对广告所传播的信息的接受。如果广告不能说服受众改变某种"对立态度",那么所面对的就只能是失败。

(一) 广告劝服的要素

广告诉求实际就是一种劝服艺术。劝服就是要使受众接受劝说者的意图,并进而改变自己的态度或意见。而广告就是要说服受众接受广告所传达的观念。广告劝服的过程,在一定程度上也就是化解受众逆反心理,改变受众原有心理定势,促成消费者进行消费的过程。

从传播学的角度看,劝服有三个要素:一是要使接受者重视劝服者的立场;二是要使接受者赞成劝服者的意见或观念;三是要使接受者依照劝服者的意见采取行动。

众所周知,报刊广告,因篇幅有限,一般不可能以太多的文字来进行劝服;电视广告一般在30秒钟之内,很难完成实施劝服的全过程,只能选择重点进行劝服。所以广告劝服的第一步是选择重点,每一则广告都应有一个劝服重点。为此,可以为一种商品品牌策划一系列广告,以体现并完成劝服过程。

有这样一个例子:世界上最著名的品牌之一"百事可乐"饮料一度曾在中国台湾市场上出现滞销,原因是其知名度提高以后,受众对其历史了解也多了,知道可乐是由一名自制提神药水的人,匆忙之间在配制过程中出错,将一种褐色溶液冲调进去而制成的饮料。这些信息经一些媒介传播和受众的口头传播,使人们产生了一些不利于百事可乐销售的认识:第一,认为可乐类饮料是用化学原料制成的,内含刺激人体神经的咖啡因;第二,认为可乐类饮料的褐色,是用色素调成的;第三,认为可乐类饮料中,含有不少防腐剂,不宜多饮。在这种情形下,消费者逆反心理的产生似乎不可避免。

在这种情况下,可乐型饮料的广告担负着要说服受众改变原来的认知、化解逆反心理的重任。因此,该劝服过程相应由以下三则广告完成。

第一则广告,画面上显现出一些树,树上的果子落到地上,变成一瓶瓶的可乐。广告语为:"口渴的人都信赖清凉舒畅的百事可乐。在您最需要的时候,带给您欢乐舒畅。欢乐来自天然的原料:可可豆、香草豆、焦糖、蔗糖,还有纯净的水。"这则广告将可乐类饮料定位为纯天然,诉求内容和受众原来的理解相反,使受众引起注意和重视。

第二则广告,画面上显示出的几株树上,分别长着颜色不同的果子,有黄色的、红色的、绿色的,还有褐色的。突然,褐色的果子落到地上,渐渐变成一瓶瓶可乐。广告词是:"嘿!嘿!我是可可豆,它们都是我的朋友,我生长在可可树上,也是新鲜天然的果子。百事可乐用我制成。一样新鲜纯净。只不过百事可乐是褐色,因为我是褐色。但是百事可乐是一样纯净天然。哈哈哈哈!您一定喜欢纯净天然的百事可乐。"这则广告说明了百事可乐呈褐色的原因,说服消费者赞成广告的观点。

第三则广告所说明的是,百事可乐不但清凉爽口,而且饮用后有益于防止由剧烈劳动引起的过度疲劳;此外可可还有治疗某些疾病的功效。其意在促使受众采取购买行动。

可见,即使在市场上已经很有知名度的商品,也仍然要注意运用广告策略中的劝服手段进行有效的广告诉求。

劝服的另一个问题,是由谁下结论更好。劝服的目的是要得出结论,并让受众接受。究竟是让广告诉求者下结论好呢,还是让信息接受者自己下结论更合适?

研究者曾作过这样的试验:让两组学生收听谈论货币贬值的广播讲演,两组学生听的内容自始至终完全相同。只是到最后,有一组学生收听结论,另一组学生则不收听结论。结果是不收听赞成贬值结论的那组学生,改变自身意见的比较多。

所以,要使受众改变意见,一般都是先诱导至改变的方向,然后让受众自己下结论。这可能使他们相信,之所以含有这样的结论,完全是因为事实如此,从而较容易被说服。但在有的情况下,受众较难明白广告所列举的各种事实的含义,广告诉求表现中须明白地说出结论,或顺应受众的态度下结论。这样做也许较有效果。

(二) 广告的劝服方式

1. 权威性劝服

权威性劝服,主要利用的是受众的信任。用这种诉求方式制作广告,大致有三种情况。

第一是利用名人的影响力来说服受众。如现在很多化妆品广告,常请影视明星来表现,像"霞飞"、"奥丽斯"、"伊思利"等就是如此。这样做试图使受众认为:某明星用的是此种化妆品。受众如果原本就较偏爱此明星,必然爱屋及乌。这就较容易达到劝服的目的。但在运用此方法时一定要自然,否则会有做作之嫌,甚至会产生反效果。

第二是请专家出面来说服受众。社会上一般公认专家发表的意见具有权威性,遇到问题,只要有可能,首先想到的是请教专家。因此专家的观点具有很强的说服力。在广告表现中经常运用此种方法。如某电冰箱广告以专家在实验室里对其压缩机进行性能测试,并宣布测试结果全部达到规定标准为内容;药品广告以医学专家的说明为诉求内容的也相当普遍。

第三是以消费者的证言来说服受众。广告以消费者主动投寄的信件中肯定的语言或者现身说法为表现内容,也能收到良好的效果。

权威性说服的方法,只有在诉求者具有可信度的情况下使用,才能产生好的说服效果。若受众认为说服者不值得信任,则会产生相反的效果。

2. 威胁性劝服

广告采用含有某种威胁成分的方法,有时也能达到很好的劝服效果。某化妆品厂的洗面奶广告语为:97.68%的成年人面部都有螨虫。该洗面奶是目前唯一有抑制螨虫生长作用的护肤品。这就是向受众施以温和胁迫的一种广告表现方式。再如一种治疗脑血管病的药品的电视广告为:一只因失血而苍白的手,伴以救护车急救的呼啸声,随后推出药品名称。这是一种向受众灌输恐惧感的广告。这类广告以受众为摆脱恐惧、接受劝服为目的。

但运用威胁性劝服方法应谨慎。因为人的意识有很强的自主性,有时会竭力摆脱恐惧而不去想它,或因憎恶这种威胁而连该广告本身都不愿意关注,使得广告形成反效果。

3. 顺应性劝服

广告诉求以顺应对方所赞成的事物而加以叙述或表现,在一些主要问题上就容易说服对方。研究人员曾作过这样一个实验:将120名大学生分成两组进行测试,其中一组学生是先由主持人对他们强调有关学术自由的问题,这组学生对学术自由问题一致表示赞成,反应非常热烈。而对随后提出的关于饮水加氟有利于人身健康的观点,大部分人也表示赞成。对于第二组学生,开始时只谈论一些微不足道的话题,再提出饮水加氟的观点。比较结果,对第一组学生劝服效果好,因一开始的话题使学生对劝服者产生认同感,肯定学术自由显然是顺应了学生的心理。

从这里我们可以看出,对某件事,如果副题先获得赞同,那么主题提出后所招致的批评,也会趋于缓和。使用这种劝服方法,可以减少劝服者和被劝服者之间的对抗。如以下这则广告就运用了顺应对方的劝服方法:

喜欢春天吗?
喜欢。
在春天郊游呢?
喜欢。
郊游时我向您推荐一种新饮料……

第四节 广告文案写作与受众心理

受众的心理是如此重要,以至于在广告文案写作中必须时时关注它。可以说,广告文案写作与受众心理之间有着千丝万缕的联系。

一、受众心理对广告文案所提出的要求

(一)广告文案具有独特性

可以毫不夸张地说,如果广告文案没有自己的独特性,那么也就失去了生命。一个毫无新意的广告,甚至无法引起受众的知觉就在无声无息中消失,更不要谈理解和记忆了。在信息时代,每天的传媒上充斥着大量的广告信息,受众只能从中记住少之又少的广告(有时甚至为零),大多数广告都是冗余信息。因此,在我们这个时代,没有个性的广告,是很难获得成功的。

当然,广告文案的个性并不是单纯建立在语言技巧基础之上的。广告学的大师们常常告诫广告从业者:广告文案的个性是建立在商品独特个性的基础上的,是建立在独特的定位和销售理念的基础上的。

(二)能使人对所宣传的产品产生好印象

广告表现的最终目的,是要让受众看了广告,能记住它所宣传的商品而不仅仅是广告本身;是留下一个好的产品印象,而不是纯粹留下一个好的广告印象。如某粮站有一则对联广告:"谷乃国之宝,民以食为天。"这则广告就高度地概括了粮食商品的独特性。有些广告文案写得像诗歌一样优美,可是并没有帮助受众加深对特定产品或服务的认识。这些文案大致是失败的。

(三)具有清晰的销售理念

纵观20世纪80年代以来的中国广告,佳作不少。但也有不少让人感到费

解的作品。这些广告作品不可能产生良好的传播效果。

如有一则"白雪洗面奶"的电视广告,采用了一种浪漫的富有情趣的表现方式:一俏丽的年轻女子在奶牛前挤奶,一年轻男子走向前去用一枝花挑逗她,挑逗多次女子均未理睬。最后一次,青年女子生气地端起牛奶桶向男子的头上倒去,弄得男子一身牛奶,狼狈不堪。这则电视广告的问题在于整个创意和广告表现让人看后未能获得一种清晰的销售意念,相反,多少感到有些莫名其妙。

二、受众心理对广告文案写作的制约

(一)受众心理对广告标题写作的制约

标题,是广告的题目,是表现广告主题的短句。了解受众心理对广告标题写作的制约,有利于文案作者创作成功的广告标题。受众心理对广告标题写作的制约,主要表现在以下三个方面:

1. 广告标题应脍炙人口、引人注目

从广告接受心理的角度来看,好的广告标题,已成为成功广告的重要标志。因为它可以在第一时间引起受众阅读的欲望和兴趣,是广告产生效果的先决条件。几乎每则成功的广告都仰赖于脍炙人口的广告标题。从某种意义上讲,成功广告首先要有一个成功的广告标题。成功的广告标题可遇不可求,有时甚至是千金难买。它凝聚着创作者的智慧与心血,是良好的广告创作心理的表现。所以难得的成功的广告标题,一经采用就可以流传很多年。

2. 广告标题应表现广告主题

标题是广告的题目,是广告内容的高度概括和浓缩。因此,广告标题的作用是以最简短的文字表达广告的意念,或产品的特征、优点等,以吸引消费者的注意,使人印象深刻,增加认识,促进销售。

3. 广告标题应鲜明、新颖、深刻

一个成功的广告标题,是由鲜明、新颖、深刻的广告主题决定的。鲜明、新颖、深刻的广告主题,不是主观臆造的,也不是凭空而来的,而是广告创意策划人员在深入了解特定产品与市场以及目标受众心理需求的基础上形成的。同时,鲜明、新颖、深刻的广告主题的产生,又有赖于广告创意策划人员良好的心理品质、创造性的思维能力和优良的业务素质。一则广告必须鲜明、突出地表现广告主题,传播一种明确的思想或观念,给人以清晰的概念,使消费者能很好地把握和理解。所以在广告主题策划中要把握住鲜明、新颖、深刻这三个基本要求。所谓鲜明,就是观点表达明确,使人能立即把握住问题的实质,不会产生误解;所谓新颖,就是能从新的角度和层次表达问题,不落俗套,富有新意;所谓深刻,就是要能表达客观事物的本质,使主题隽永,富于哲理。

(二) 受众心理对广告正文写作的制约

1. 广告正文的心理功能

广告标题的心理功能在于吸引消费者,而广告正文的心理功能则在于劝服消费者。因此,它必须在劝服方面充分体现魅力,要写得实事求是,令人信服。同时还要写得亲切动人,具有从感情上打动人心的力量。因此,广告正文写作的心理策略应当是:

第一,引起兴趣。强调产品或服务的魅力与特点,以引起目标受众对广告正文的兴趣。

第二,提供有价值的信息。提供可信赖的、易领会的信息,使消费者产生获得与占有这一商品或服务的强烈欲望。

第三,强化推动力。使目标受众接受广告正文中所宣传的商品形象,产生欲亲眼目睹和进行尝试的冲动。

2. 广告正文的写作原则

广告正文,是广告作品中的介绍、说明性文字,是广告文案中属于文章形态的部分,是传达商品或服务信息的重点所在,起着宣传商品、树立商品形象和推动购买的作用。因此,从广告心理的角度看,撰写广告正文的基本原则应是:

第一,真实可信,具有比较强的说服力,实事求是地表述产品的性能或劳务的个性特点。

第二,简明扼要,突出重点。能明确表达广告的主题。切忌堆砌空泛的概念,唠唠叨叨地罗列。

第三,应围绕消费者而展开,切忌抛开消费者去做表现自己的文章。

第四,语言通俗,文笔流畅,富于情趣,生动感人,能与消费者达到心理沟通,并使消费者产生良好的心理反应。

1960年10月4日,李奥·贝纳在对美国芝加哥撰文人员俱乐部发表的题为《请不断注意听取那微小的心声》的演讲中提出,在撰写广告文案时必须注意三种情况,即:第一,用许多不证自明的事实做成一篇无趣味的自说自话;第二,用明显的夸大之词构成了夸张的狂想曲;第三,炫耀才华,舞文弄墨。

(三) 受众心理对广告口号写作的制约

广告口号又叫广告标语。它是广告文案撰稿人从广告主的长远利益出发,而制定的在一定时期内反复使用的特定的宣传词句。其目的在于通过反复使用给人以强烈的印象,使广大消费者理解并记住一个确定的观念,使这个观念在无形之中成为消费者进行消费时的选择依据。

广告口号的号召力对不同社会阶层的消费者来说是不同的。一般而言,重复出现的广告口号对受过高等教育的人缺乏号召力,而对一般知识水平的人则效果较好。在消费者的消费行为中,主要受感情因素支配购买某些商品(如衣物、香皂、香烟等)时,使用广告口号的效果往往比较好;而主要受理性因素支配购买某些商品(如耐用消费品和生产资料等)时,使用广告口号往往收效甚微。

关 键 词

期待心理、心理要素、逆反心理、广告劝服、受众心理。

思 考 与 练 习

1. 简述消费者常见的期待心理。
2. 如何有效引发消费者的期待心理?试结合广告文案实例进行分析。
3. 简述广告受众接受心理的构成要素。
4. 通过观察调查等方式,分析研究消费者购买商品时的心理接受过程。
5. 逆反心理的涵义是什么?试述在广告面前受众逆反心理产生的原因。
6. 结合实例分析受众心理对广告文案写作的制约。

第五章 广告创意

广告创意对于广告文案写作的重要性是不言而喻的。广告创意的产生,绝不只是简单地形成构思,而是要在市场调研所获得的资料的基础上,在广告目标的指导下,体现广告策略思想,在广告预算的范围内进行。也就是说,广告创意作为广告运动的一个环节,是随着广告运动流程的逐步实施而进行的。

第一节 广告创意的本质

一、广告创意的概述

(一) 广告创意的涵义

创意这一概念,在英文中叫 Creation。按中文字面的意义理解,所谓"创意","创"就是创造,"意"就是意象、意念、意境,"创意"就是创造新的意象、新的意境。

历来的广告名家,对此论述颇多,观点不一。

詹姆斯·韦伯·扬曾指出:"广告创意是一种组合商品、消费者以及人性的种种事项。真正的广告创作,眼光应放在人性方面。从商品、消费者以及人性的组合去发展思路。"[1]

森特·格威克说:"创意就是指你发现了人们习以为常的事物中的新含义。"[2]

H·弗兰克认为:"创意人员的责任是收集所有能帮助解决问题的材料,像产品事实、产品定位、媒体状况、各种市场调查数据、广告费用等等,把这些材料分类、整理、归纳出需要传达的信息,最后转化为一种极富戏剧性的形式。"[3]

美国最权威的《广告时代》对创意下了如下结论:"广告创意是一种控制工作,广告创意是为别人陪嫁,而非自己出嫁,优秀的广告创意人员深知此道,他们

---

[1] 转引自袁米丽著:《现代广告学教程》第181页,中南工业大学出版社2001年出版。
[2][3] 转引自张崇婉著:《广告创意与语言艺术》第15页,光明日报出版社1997年出版。

在熟识商品、市场销售计划等多种信息的基础上,发展并赢得广告运动,这就是广告创意的真正内涵。"①

如上种种,对于广告创意这一概念的解说,可谓众说纷纭。

但从这些描述中,我们不难看出,在广告创意的概念中,被集中强调的是两点:一是"新",创意就是要突破常规,用新颖的方式传达意念;二是"组合",广告创意不是凭空想象,它来自于对商品、市场、人性的组合,是广告人收集所有能帮助解决问题的资料,在熟识商品、市场销售计划等多种信息的基础上,运用想象、加工、组合和创造的手段,使商品潜在的优点升华为消费者能感受到的具体的、新的形象。

任何割裂流程,不以调研及目标等为前提的所谓单纯创意,都是极其危险和有害的。创意再精彩,但和目标南辕北辙,其结果是可想而知的。

(二) 广告创意与艺术创作的差异

广告创意不是纯艺术创作。由于广告与纯艺术有着根本的区别,所以,广告活动中的创意与艺术创作也有很大差异,见表 5.1。

表 5.1 广告与纯艺术的区别②

广　　告	纯　　艺　　术
以传达信息为根本功能	以欣赏为根本功能
运用想象但必须证实想象真实	艺术以想象创造一个奥妙,它是假的
创意受广告产品制约、策划制约	构思不受制约
追求广告效果为目的	以作者个人感情抒发为目的
瞬间传达、受时空制约	不受时空制约
讲究产品个性与风格	讲究艺术家个人个性与艺术风格
诉求必须清晰、准确、防止误导	追求含蓄、朦胧、模棱两可、多角度理解、回味无穷
以市场为基础,消费者为中心	以个人感受为基础、艺术形式为中心
集中各方心力,以集体劳动完成	以个人创作方式进行
广告活动全方位,全媒介一体化	单一形态艺术品

从表 5.1,我们不难看出,广告有自己的创意形态、创作方式,有自己的目的与要求,而不能纯粹按照艺术创作的形态方式进行广告创意。

二、广告创意的依据

从现实的情况来看,无论是发展新概念还是形成新构想,几乎所有的创意活动都是从相关信息的输入开始,然后才有可能开始演绎推理和想象组合。在这

---

① 转引自张崇婉著:《广告创意与语言艺术》第 15 页,光明日报出版社 1997 年出版。
② 袁米丽著:《现代广告学教程》第 11 页,中南工业大学出版社 2001 年出版。

些与未来解决创意问题密切相关的信息中发现新的看法、新的价值、新的灵感火花。所有的广告创意活动都源起于信息的输入。

广告文案撰稿人所需要的信息,有专业市场调查的内容,也有二手资料,还有先前的知识和经验。信息的输入越丰富、越具体、越鲜明,对实际创意的帮助就越大。

具体而言,创意活动所需要的信息大致有以下六点。

（一）企业与产品发展的历程

包括如下内容。

一是公司创业历程（涉及产品开发、成长、衰退或更新换代等）。

二是当前的商品领域与范围（包括按等级划分的商品数目、设备以及营业部门等的数目及场所）。

三是分析特定商品在"过去几年"的营业额。

四是从宣传活动的实施能力这一点出发,分析广告主过去几年的财务经营状况,弄清以前企业利润的变化、利润率等。

五是企业的市场活动方针、策略、组织实施,广告与其他市场活动有什么样的关联作用。

六是影响广告活动的因素。

七是对过去广告的简单分析,以对过去广告目标、广告口号、广告文案及脚本制作的评价等为核心,进行详尽分析。

（二）广告主销售通路的图示及说明

明确销售商品的渠道及企业与销售商的关系。

（三）法律事宜

对与广告活动有关的法令、法规加以分析,以避免违法、犯规。

（四）商品要素

(1) 商品的重要特性、独特销售主题。

(2) 商品满足消费者欲求的关键之所在。

(3) 增大商品效用的开发途径问题,改造商品的各种可能性。

(4) 商品的用途、使用方式等。

(5) 商品销售的季节性变动。

(6) 制约或妨碍商品销售的诸要素。例如,消费者的消费习惯,消费者从前的消费经验,其他类似商品或替代物。

（五）消费者要素

包括如下内容。

一是消费者的类型及层次细分。

二是消费者的区域性制约因素。

三是消费者接受广告活动影响的可能性。

四是消费者地区定向销售开发的条件。

五是潜在购买者与使用者的动机。

六是商品的使用及占有率,品牌的市场占有率情况。

七是消费者和使用者对本品牌的了解程度、指名购买程度。

八是消费者对特定商品品牌的印象。

(六) 广告主的竞争对象的主要特点、优势

主要是指其刊播广告的内容与方式,其广告整体策略,等等。

除了上述信息的输入成为广告创意的依据之外,创意还必须遵循特定广告运作的总体目标,在预算允许的范围内,以广告产品策略、广告市场策略、广告表现策略、广告媒介策略及推出策略为依据,自觉地约束广告创意活动,使之朝着策略性创意的方向发展。

三、广告创意的实质

广告创意的目的在于使商品能吸引消费者的注意力,并使消费者采取购买行动。因此,广告创意并不是投机取巧的小花招。它是一条通向消费者、打动消费者的捷径。真正决定消费者购买与否的是广告创意中的内容,而不是它的形式。

"承诺,大大的承诺,是广告的灵魂。"英国约翰逊博士这句 200 多年前的名言,揭示出了广告创意的实质。他自己也用实践论证了这一观点。在卖铁锚酒厂设施时,他承诺道:"我们不是来卖煮酒锅、酒坛子的,是来卖能获得连做梦都梦不到那么多财富的潜力的。"创意真正的实质就是承诺,愈是真诚、绝妙的承诺,就愈能得到最好的回应。

那么,在广告创意中,究竟应该向消费者承诺些什么呢?

"承诺",应以特定商品的特点为依托,针对消费者的心理及需求来进行。每一个承诺都应揭示商品特性与消费者利益的关联性,都要告诉消费者产品能给他们带来什么好处,解决什么问题,而这恰恰是消费者最关心和最需了解的产品品质。

伯恩巴克曾说过:"广告创意最重要的成功因素是商品本身。"这句话充分说明了广告承诺必须以商品特性为依托,针对消费者的心理及需求来进行创意的道理。

"BMW 750I"车型的广告,在其文案中,突出体现了 BMW 的商品特点和优势:

一是将所有的操纵系统集中在方向盘周围,最重要的按钮在指尖触及的范围内。

二是驾驶座周围的空间很大,可以根据各人的爱好随意调整。

三是车内有空调,分两个系统分别安排在加强座前及后座,温度可以独立调节,互不干扰。

四是车内的空气循环自动控制功能,可将车外的花粉、尘土摒弃车外。

五是消减共振装置。BMW 的车内音响系统能胜任播放最细腻繁杂的古典音乐。

这则广告就是以上述众多便利驾驶者开车享受的商品本身的特点为依托,对寻找开车本位主义、寻找驾驶乐趣的消费者,承诺"感受驾驶本身的乐趣"。从而吸引了众多的年轻经理、部门主管以及各行各业的专业人士。

四、广告创意的特征

(一)以广告主题为核心

广告创意要以广告主题为核心。因为广告创意既不同于广告策划,又有别于广告制作。它是广告主题和广告制作的中介。广告创意要将广告主题那种抽象的意图,构思成具体的、生动的艺术形象,让受众体验到广告主题的意图,并且能够欣赏和接受它。广告主题与创意的关系是互相联系、互相依存的,是缺一不可的。广告有了明确的主题后,如果缺少表现主题的创意,就不可能引人入胜、令人注目,就不可能进入消费者的心智,难以取得良好的宣传和促销效果;如果创意虽然新奇独特,但与主题不相协调,主题思想不能得到充分体现,甚至于干扰主题思想,那就必然转移人们的注意力,甚至产生歧义,削弱广告的效果。因此,广告创意要以广告主题为核心,充分表现广告主题,而不应该随意偏离或转移广告主题。

(二)以新颖独特为生命

广告创意要以新颖独特为生命。广告创意是对广告主题的表现所进行的艺术构思,它是一项创造性的思维活动。独特性是广告创意最鲜明的特征,是广告创意最根本的一项素质和基本要求。与众不同的广告创意所带来的新奇魅力,总是能够引起公众的广泛注意,触发人们的强烈兴趣,并留下深刻的印象和记忆;具有独创精神的广告创意,能赋予广告前所未有的非凡震撼力,具有很强的心理突破效果。当然独创性并非一味地追求"哗众取宠"的效果。广告大师罗瑟·里夫斯有句名言:"新花样不是创意。新花样是广告界最具危险性的字眼。若让这个词先入为主,广告人就会追求诸如鬼火之类虚幻的东西。"成功的广告创意在于它的想象力和独创性,是有鼓吹的力量,能使人幻想,有说服力和感染力,敢于独辟蹊径,不同凡响。总之,独创性是广告创意的生命,否则,广告创意就没有任何价值。

(三) 以形象生动为依托

要通过艺术手段的特殊处理,将广告主题淋漓尽致地表现出来。但要使消费者注意、理解和接受广告传播的思想和观念,树立企业和产品在消费者心目中鲜明、亲切、可信的形象,广告创意就要以形象、情趣、生动为依托,采用醒目惊人、幽默夸张、引人联想等艺术表现形式,将消费者带入到一个妙趣横生、让人浮想联翩的艺术境界中去。广告创意来源于现实,所以,广告创意的艺术处理必须严格限制在不损害真实性的范围之内。为了达到形象生动的效果,还需要广告创意制作者发挥想象力,集中提炼出主题思想以及中心广告语与中心广告词,并通过表象、意象、意念和联想等形式获取灵感,将形象化的妙语、诗词、音乐和富有感染力的图画、摄影融会贯通,有机结合,制成完美和形象生动的广告作品。

第二节 广告创意的规律

一、广告创意的产生过程

(一) 广告创意包含着艰难的心智历程

一个伟大的创意就其表现形式来看,常常是相当简单的,然而,在相当简单的表现形式背后,却有着一段艰难的心智历程。

"昨夜西风凋碧树。独上高楼,望尽天涯路。"

"衣带渐宽终不悔,为伊消得人憔悴。"

"众里寻她千百度。蓦然回首,那人却在,灯火阑珊处。"

王国维《人间词话》中的这些借喻,深刻地揭示出了创意的情感体验过程。

(二) 华莱士的创意过程"四阶段"论

英国心理学家约瑟夫·华莱士认为创意过程要经历四个阶段:准备、沉思、启迪、求证。

准备阶段指创意者做好一切准备工作,用较为自由的方式去思考和发现问题,不断地收集信息资料,并加以探索,听取各种意见建议,让思绪开始漫游。

沉思阶段是指想象和思索。在准备期中所收集的信息资料不是被动地堆积在头脑之中，而是在问题意识的引导下按一种潜意识的方式在头脑中加工组织。这时在脑海中，各种思维材料，包括形象、片语、记忆片断、抽象概念、声音等进行排列组合。从而组合出杰出的构思。

启迪阶段。通过上述阶段酝酿成熟后豁然开朗，看到了问题解决的这一时刻。有时是一种突然产生的灵感、顿悟，或者是一种处于"预感"和"解决"之间的感觉；有时则是一种持续不断的努力结果。

求证阶段。对上一阶段得到的初具轮廓的新想法进行检验和证明。运用逻辑的力量，以检验其合理性与严密性，利用观察、实验等证明其事实上的可能性，并加以修正。

（三）奥斯本的创意过程"六阶段"说

奥斯本博士在其"头脑风暴法"中将创意过程分为六大阶段。

定向阶段：拟定问题方向，明确问题意识。

准备阶段：收集各类相关资料，进行解题准备。

分析阶段：对资料进行分类，并用观念来进行各种组合。

沉思阶段："松弛"，放松思绪，寻求启迪。

统筹阶段：把各部分结合到一起。

评估阶段：判断、评价、论证所得到的思想成果。

（四）韦伯·扬对广告创意过程的经典性描述

著名广告大师詹姆斯·韦伯·扬在他的《产生创意的方法》一书中，也对广告创意的形成，提出了自己的观点，并成为对广告创意过程的经典性描述。

第一，收集资料。

正如蜜蜂酿蜜，必须尽可能多地采集花粉一样，创意绝不是凭空想象、闭门造车，必须去为每一个创意收集它所需要的依据和内容。按照韦伯·扬的说法，"广告中的创意，常是有着生活与事件'一般知识'的人士，对来自产品的'特定知识'加以重新组合。"

必须收集的资料包括一般资料和特定资料两类。一般资料应该是生活中一切令人感兴趣的事情。韦伯·扬认为优秀广告创意应该："第一，普天之下，没有什么题目是他不感兴趣的。例如，从埃及人的葬礼习俗到现代艺术，生活的每一层面都使他向往。第二，他广泛浏览各学科中所有的信息。对此而论，广告人与乳牛一样，不吃嫩叶就不能产乳！"特定资料是指那些与当前产品或服务直接相关的资料。创意者必须对这些资料有深入、具体的了解，惟此才有可能发现产品或服务与消费者之间的特殊关联性，而这往往直接导致创意的产生。他说："起初，找不出一种许多人没有说过的特性来说。但作了一项肥皂与皮肤及头发的相关研究后，结果得到对这个题目相当厚的一本书。而在此书中，得到广告文案创意连续达五年之久。在此五年中，这些创意使肥皂销售增长十倍之多。"他用自身的实践证实了收集特定资料的意义。

第二，咀嚼资料。

"现在你要做的是把已收集到的资料，就好像用你的心智的触角到处加以触试。你先把一件事实反复用不同的方式看，再用不同的看法见解来观察，以探索其意义。你再把两件事实放在一起，看它们如何配合。"韦伯·扬指出，要带着问题意识，对所收集的资料反复咀嚼，用不同的方式去研究分析所收集到的资料，探索其意义和内在联系。他形容在这一阶段，创意人员常常"神不守舍，心不在焉"。在此阶段尽管还无法看清组合中的事实，但对资料的了解已经使其成为头脑中的一种概念，已经获得了应有的意义。

第三，消化资料。

在收集资料并加以咀嚼以后，接下来就进入到了消化阶段，"听其自然——但让胃液刺激其流动"。此一阶段，创意人员几乎不作努力，顺其自然，把问题放开，让其在潜意识下暗暗流动，让其在心智的潜流中孵化。惟此，才有可能让新的组合、新的意义真正呈现。

第四，创意诞生。

"突然间会出现创意。它会在你最没期望它出现的时机出现，当你刮胡子的时候、或者沐浴时、或者最常出现于清晨半醒半睡的状态中，也许它会在夜半时刻把你唤醒。"韦伯·扬先生对创意的产生瞬间作了如上的精彩描述。灵光突现，创意诞生，但这只是表象的描述。真正能形成杰出创意的灵感，完全来自于前期的辛勤努力。

第五，完善创意并付诸实施。

现实世界的检验将会对刚刚诞生的创意不断进行丰富和完善。一般而言，创意灵感从内容与形式上都不可能尽善尽美，还需要耐心细致地加工处理，使其更适合现实的需要。对于创作人员来说，"批评与自我批评"是不可缺少的一个环节。

韦伯·扬先生所描述的上述创意过程，是对创意产生过程的经典性描述，得到众多广告业界人士的理论与实践的支持。

（五）创意是一个阶段性的过程

从上面所列述的各种观点中，我们不难发现，几乎所有人都认为创意是一个阶段性的过程。我们可以把它称为"创意过程阶段论"。

表 5.2

詹姆斯·韦伯·扬	约瑟夫·华莱士	奥斯本	弗利格雷
收集资料	准备期	定向期	准备期
咀嚼资料	沉思期	准备期	意愿高扬
消化资料	启迪期	分析期	问题点的选择
创意诞生	求证期	沉思期	酝酿期
完善并实施		结合期	创意激发
		评估期	评判
			重新组合再检讨

从表5.2中,我们更可清晰地看到,尽管各人论述稍有差异,但阶段性创意过程的观念是基本一致的,而且都强调创意来自于准备期大量的资料收集。

二、广告创意的原则

(一) 可信性原则

在广告活动中,企业应实事求是地传播企业和商品的有关信息,而且还要作出一定的利益承诺。但要注意的是,广告中的利益承诺一定要诚实可靠,并且是能够实现的。因此,广告创意要以非常明确的、能够实现的、令人折服的利益承诺作为前提和基础。只有这样,广告才能唤起消费者对企业及产品的高度信任感,才具有相当强的号召力和说服力。

(二) 可受性原则

广告创意需要追求新颖性和独特性,但是这种新颖性和独特性不能超越消费者的理解力,必须能被他们接受。广告创意不应晦涩难懂,一定要清楚明白,使目标受众看了广告之后,能够领会广告的目的与意图,理解广告作品所要传达的内容。

(三) 关注性原则

广告作品要能引起受众的注意,进而激发其好奇心,促使他们产生购买的欲望,以达到促销的目的。广告是否被关注,从广告能否实现效果的角度来看,是第一位的。所谓"AIDMA"模型,其头一个字母"A"(Attention)就是"广告要引起消费者的注意"。

(四) 印象性原则

广告创意不但要引起受众的关注,能被他们所理解,而且要给受众留下美好的印象,打上过目不忘的烙印,以使消费者能够清晰回忆广告中的有关内容,并产生浓厚的兴趣,从而促成消费者的购买行为。

(五) 简洁性原则

要加深消费者对广告商品的印象,广告的主题应当做到单纯、集中,而不是多义和复杂。这要求广告创意突出单一的、有个性的信息,作为重点向消费者宣传。只有广告的内容单纯、集中、简洁明了,才能使消费者印象深刻,能够长久地记忆。

(六) 促销性原则

这一原则,是广告创意的出发点,更是广告的根本目的所在。广告创意就是通过提出具有创见性的主意和构思,吸引消费者注意和了解商品信息,使其对商品产生强烈的购买欲望,进而完成购买行为。

(七) 获益性原则

广告创意,应遵循利益承诺原则,要在广告中对消费者作出明确的利益承诺。要选择消费者感到最需要的和最具刺激性、煽动力和诱惑力的承诺,以激发其欲望,促使消费行为的形成。

第三节 广告创意的方法

一、创意与逻辑思维和直觉思维

广告创意思维是一种创造新意象、新意念、新意境的思维形式。创意思维不同于一般的逻辑思维和直觉思维。逻辑思维是一种严密的科学性思维,通常是按照事物的各个组成部分,通过观察分析、判断、推理,步步深入,找出事物的内在联系,得出符合客观规律的思维结果。其特点是逻辑性强,所产生的结果准确性高,但费时费力,遇到复杂问题的时候尤其如此。直觉思维与此相反,往往是不作细致分析,依靠大脑中对对象所产生的感觉,充分利用人脑的意识和潜意识活动能力,发挥想象、幻想、灵感的作用,抓住对象的轮廓进行思维,具有生动性、具体性、直接性的特征,能迅速直接地抓住事物的要害,但出现误差的可能性比较大。

创意思维则将两者紧密结合起来,先深入研究对象的具体细节,形成关于对象的理性认识,再运用意识与无意识的活动能力,充分发挥直觉、想象的作用,对已有的理性认识作进一步的分解组合,求得新的发现。最后再运用逻辑思维的能力对发现的新形象、新内容加以验证和扩展。在创意思维中各种思维能力是相互联系、共同作用的。它发挥了人脑的整合动作能力和潜意识活动能力,完整地把握对象的内在联系,不拘泥于现存的内容与细节,同时又不脱离对象的具体内容和直观特性,进行直觉的深化与延伸,因而具有整体性、综合性和高度抽象性。

二、垂直思考法与水平思考法

(一)垂直思考法与水平思考法的涵义

垂直思考法又称纵向思考法,是按照一定的思维路线,在一个固定的范围内,向上或向下进行纵向思考,是用现有的知识、经验、观念,从问题的正面角度垂直切入,以进行分析研究的一种思考方法。

水平思考法又称横向思考法。在水平思考时,思维不是垂直线性的,而是横向的,向着多个方向发展,是一种"不连续"思考。这种思考方法尽量摆脱既存观念,从另一个新的角度对某一对象进行重新思考。

(二)从个案看两种创意技法的差异

下面,我们运用两个创意个案,来说明垂直思考法与水平思考法这两种创意技法的差异。

第一则是美国陆军部的"征兵广告":

> 如果是打传统的常规战争的话,不用担心你当了兵就会死。当了兵有两种可能:一个是受伤,一个是没有受伤。没有受伤不用担心,受伤了的话也有两种可能:一个是轻伤,一个是重伤。轻伤没有什么可担心的,重伤也有两种可能:一个是能治好,一个是治不好。能治好就不用担心了,治不好也有两种可能:一个是不会死,一个是会死。不会死的话,不用担心,死了嘛……也好,因为他已经死了,还有什么好担心的呢。

第二则是俄罗斯《消息报》的"征订广告"。

> 亲爱的读者:从9月1日开始收订《消息报》。遗憾的是明年的订户将不得不增加负担,今年订费为22卢布56戈比。订费是涨了。在纸张涨价,销售劳务费提高的新形势下,我们的报纸将生存下去,我们别无出路。而你们有办法,你们完全有权拒绝订阅《消息报》,将22卢布56戈比的订费用在急需的地方。《消息报》一年的订费可用来:在莫斯科的市场上购买924克猪肉,或在列宁格勒购买102克牛肉,或在车里亚宾斯克购买1500克蜂蜜,或在各地购买一包美国香烟,或购买一瓶好的白兰地酒。这样的"或者"还可以写上许多。但任何一种"或者"只能一次享用。而您选择《消息报》——将全年享用。事情就是这样,亲爱的读者。

前面"征兵广告"的案例,将"战争"与"死亡"的关系,沿着一条直线,从前方、后方—受伤、不受伤—轻伤、重伤—治好、治不好—不会死、会死,来控制人们对战争、死亡的联想,层次递进、环环紧扣,逐步将"死亡"的概率大大削减。正如丹·E·舒尔茨在其《广告运动策略新论》一书中所描述的那样,垂直思考就像是建炮塔,以一块石头稳定地置于前一块石头之上,或者像挖洞,把原有的洞再挖深下去成一个再深的洞。思维按一定的思路纵向进行下去。

后面的"征订广告"则是如丹·E·舒尔茨在同一本书中对水平思考法所描述的那样,是跳出原有洞穴,再去另外挖一个或更多的洞。22卢布56戈比的订费,还可用于购买"924克猪肉"、"102克牛肉"、"1500克蜂蜜"、"一包美国香烟"、"一瓶好的白兰地酒"、"或者……"。

英国著名心理学家戴勃诺曾对这两种方法进行了细致的比较,得出了两者在十个方面的不同内容:

第一,垂直思考是选择性的;而水平思考是生生不息的。

第二,垂直思考只在有了一个方向时才移动;而水平思考的移动则是为了产生一个新的方向。

第三,垂直思考是逻辑性的;而水平思考是激发性的。

第四,垂直思考必须步步正确,才能形成正确结论;而水平思考则不必如此。

第五,垂直思考必须按部就班;而水平思考则可以不断跳跃。

第六,垂直思考要用否定,以封闭或减少思维途径;而水平思考则无否定可言。

第七,垂直思考要集中并排除不相关者;而水平思考则欢迎更多的新东西介入。

第八,在垂直思考中,类别、分类和名称都是固定的;而水平思考则不必。

第九,垂直思考因循最可能的途径;而水平思考则力求最不可能的途径。

第十,垂直思考是无限的过程,而水平思考则是或然性的过程。

应该说水平思考法是广告人进行创意思维的主要方法,但水平思考法并不完全排斥垂直思考法,一旦通过水平思考法获得了某种满意的新构思,要使之深入、具体,还是要运用垂直思考法,以求对问题作更加深入的剖析与表达。所以两者经常是结合使用的。

(三)解析垂直思考法

1. 正向垂直思考法

正向垂直思考法就是从问题的正面切入,从正向纵深延伸思维的方法。这种方法通常表现为传统的、逻辑的常规思路。在具体的广告创意中常常表现为从产品的好处等正面着手进行创意。绝大部分的广告创意都运用了这一常规手法。"它能粘合一切,除了一颗破碎的心。"通用公司的这则液体水泥广告尽管运用的是正向思考法,但适度的夸张,仍然使广告在常规手法下显得不寻常,颇具魅力。再如牛仔裤广告"有如第二层皮肤",佳能自动相机广告"瞬间的记录",都是运用正向思考所获得的成果。

2. 逆向垂直思考法

逆向垂直思考法就是逆着常规的思路,以逐层递进的方式寻求问题解决办法的一种创意方法。运用此法时,常常不针对方法,而针对目标,"倒过来"思考问题,从事情的反面来考虑,从而收到意想不到的效果。

(四)解析水平思考法

在具体的创意活动中最主要的表现为侧向思考法。

侧向思考法,是指既不与一般思维方向相同,也不是正好相反,而是横向从旁侧开拓出新思路的一种思维方法。这种方法利用其他领域的观念、知识、方法或现象等来寻求启示,从而产生创意。法国的一则席梦思广告以其反常规的侧向创意,创造了销售奇迹。它不像通常席梦思广告那样,强调席梦思的质地如何精良、如何舒适,也不去营造浪漫情调,而是在广告画面中展示了一条瞪着眼睛的毛毛虫。旁白说:"也许,这只喜欢温暖的毛毛虫,今晚就要跟你共眠。"从而传达出该种席梦思采用了不让毛毛虫存活的特殊材料,选用该品牌健康又安全的信息。

菲律宾国家旅游公司的广告,采用的是逆向水平创意法。该广告不谈到菲律宾旅游的各种诱人的好处,反而大谈到菲律宾旅游所面临的十大危险。这"十大危险"有:

> 一是小心买太多的东西,因为这里物价便宜;二是小心吃得过饱,因为一切食物质美价廉;三是小心被晒黑,因为这里阳光很好;四是小心潜在海底太久,要记住上来换气,因为海底美景使人流连忘返;五是小心胶卷不够用,因为名胜古迹数之不清;六是小心上下山,因为这里山光云影常使人顾不了脚下;七是小心爱上友善、好客的菲律宾人;八是小心坠入爱河,因为菲律宾姑娘热情而美丽;九是小心被亚洲最好的酒店和餐厅宠坏了胃口;十是小心对菲律宾着了迷而忘了回家。

这十个正话反说的"危险",淋漓尽致地展现了菲律宾旅游胜地的极大吸引力。

三、发散性思考法与集中性思考法

(一)发散性思考法与集中性思考法的涵义

发散性思考法又称扩散性思考法,就是沿着各种不同的方向进行思考,重组眼前的信息和记忆中的信息,以产生新的认识的创意思维方法。

集中性思考法又称内敛性思考法,就是利用已有的信息,深入研究分析,以达到某一正确结论的创意思维方法。

(二) *发散性思考法与集中性思考法之间的辩证关系*

在现实的创意中,存在着只用发散性思考的创意思维。但在大多数情况下,发散性思考与集中性思考是相互结合的,必须先在集中的基础上发散,在发散之后,又进行集中。这样,才能逐步形成合理的创意,两者相辅相成。两者之间的辩证关系表现为:

第一,发散性思考是集中性思考的基础。

为了寻求独特的创意,任自己的思绪遨游,让思想自由发散,这就是"精骛八极"式的发散型思考。在发散性思考的过程中,广告文案撰稿人可以在短时间内同时获得许多妙思,获得不少有进一步思考价值的思维成果。这就为集中性思考奠定了坚实的基础。可以说,如果没有发散性思考,也就无法进行集中性思考。

第二,集中性思考是发散性思考的归宿。

发散性思考所得到的结果,并不都有意义和价值。因而,必须在发散性思考的基础上去粗取精、去伪存真,进行集中性思考,将筛选出的有价值的创意加以引申、完善,从而获得满意的答案。因此,可以说集中性思考是发散性思考的目的和归宿。

第三,发散度高,集中性好,创意水平才会高。

研究表明,大部分创意的形成需要集中和发散两种思维。也就是说,创意的形成,常常是思维沿着一些不同的通路发散,这是问题的一个方面。另一方面,又必须同时运用知识和逻辑,将阶段性的思维成果集中到最具价值的解决方案上。运用集中性思考,综合发散的结果,敏锐地抓住其中的最佳线索,使发散的结果升华、发展,最后形成最佳的创意方案。

(三) *发散性思考法*

1. 类比创意法

所谓类比创意法,就是根据一定的标准,把与创意对象有相似性联系的几个相关事物加以对照分析,从而寻找其内在联系的思维方法。根据类比的不同形式,可把此法细分为直接类比法、间接类比法和因果类比法。

直接类比法,就是将有直接相关属性的事物与创意对象相比照。如法国"雪铁龙"的一则汽车电视广告,画面中展现"雪铁龙"轿车和一架喷气式歼灭机"幻影1000"在万吨级"克列孟梭号"航空母舰上进行速度比赛。轿车开足马力,追逐着在航空母舰上空飞行的飞机,轿车忽然腾空而起,居然越过飞机一大截,接着一头载入大海之中,几秒钟后,表面上的输者,都以胜利者凯旋的姿态出现在画面上,一艘核潜艇载着这辆汽车,在进行曲的音乐声中破浪腾起,露出水面。创意运用汽车与飞机的"速度"相关属性加以直接类比,生动而直观。

间接类比法,就是将看似没有直接相关属性的事物与创意对象进行类比而产生创意。"巧克力"与"丝绸"之间看来没有什么联系,但在"德芙巧克力"的广告中却产生了绝妙的联结。电视画面上,女模特儿一边品尝"德芙巧克力",一边回味道:"有很多牛奶,滑得像丝一样。"因而,"德芙巧克力"便有了"丝般感受"。人的感觉器官之间常常会发生贯通,即所谓的通感。把一些表面无关的事物加以联通,形成新的意念、新的意象,形成间接类比,因而,有了法国 WORTH 香水的"像初恋的滋味"和沃根糖果的"你含有月光般的韵味"这样的广告创意。

因果类比法,就是指创意对象及类比对象的各个属性之间,可能存在着同一种因果关系,因而,可以根据一个对象的因果关系,推导出另一对象的因果关系。为什么全世界到处都有"阳光、海岸、沙滩",而人们偏偏非要去"夏威夷"不可?因为,尽管阳光、海滩到处都有,但夏威夷人的笑脸,你上哪儿去找?"夏威夷——微笑的群岛。"

2. 置换创意法

置换创意法又称等值变换法,就是在现有对象的基础上进行分解、组合,将其变换,寻找出现有对象与未来事物之间相关的等值对应关系,找出新的共同点,创造出新的意象。此法的核心是将现存创意对象在新的条件下重新变换结构以求创意。

1970 年代,美国全美广播公司"今天今晚"的节目中推出过这样一则离奇广告:

广告开始时,画面上出现了一双优美动人的穿着长统丝袜的腿,柔美的女性画外音:"下面这则广告将向美国妇女证明美特牌丝袜将使任何的腿变得美丽非常。"随着画外音,镜头慢慢顺腿上移,依次出现在观众眼前的是绿灰色短裤、棒球衫,当模特儿全部面目暴露,人们大吃一惊,原来穿丝袜的竟是著名的男性棒球运动员乔·纳米斯。此时,这位穿女丝袜的男模笑眯眯地对吃惊的观众说:"我当然不穿长统女丝袜了,但如果美特女丝袜能使我的腿变得如此美妙,我想它一定能使你的腿也变得更加漂亮。"

让男人穿上女长统袜,如此置换可谓绝妙,然而更有甚者,竟让男人怀上了孕。

一个争取男性合作以推行生育节制的英国公益广告,画面上是一个身怀六甲的堂堂伟丈夫以手抚肚,广告词是:"如果是阁下怀孕的话,你是否会更谨慎一点?"幽默诙谐,同时又鞭辟入里,发人深省。

再如"穿上'安静小狗'便鞋,人行道会变得柔软"这样一则广告。不说鞋本身的柔软属性,而置换成人行道柔软。"从12月23日起,大西洋将缩小20%",以色列航空公司的这则广告,不说飞机速度的提高和航线改变后距离缩短,而说人们会感觉到大西洋仿佛缩小了20%。语出惊人,皆因等值变换之功。

3. 智力激励法

智力激励法又叫头脑风暴法。运用这种方法可以在较短时间内,开发人的创造潜力,产生创意设想。其最大特点是采用集体的智慧,因而又称集体会商思考法。这种方法大都采用特殊的会议形式,组织一批专家及创意人员对广告主题进行会商,与会人员相互启发、相互激励,从而引发创造性设想的连锁反应,形成众多创意,并从中选优。

智力激励会议的具体组织方式是:每次与会人数不超过10人,时间在20分钟到60分钟之间,事先要使每个参加者明确议题,然后围绕议题自由发表各自的想法和意见。为使与会者都能充分表达和发挥自己的设想,还作出如下规定:

一是不批评,反驳留待会后;

二是提倡自由思考,想法越新奇越好;

三是会上不作判断性结论,会后再行评价、整理;

四是会上提出的构思量越多越好;

五是可以改进他人的构思,通过启发、联想、补充以产生新的构思。

这种由美国BBDO广告公司副总裁、心理学家奥斯本博士发明的集体创意技法,广泛地运用在广告创意的实践之中。

4. 联想创意法

联想创意法是一种运用联想的心理机制产生创意的方法。所谓联想,就是由一个事物想起另一个事物的心理现象,就是使不同事物在概念上相接近,并从中引导出正确方案的思维过程。在具体运用上,联想创意法可分为:接近联想、相似联想、对比联想、自由联想、控制联想等五种。

接近联想。这种联想是对在空间或时间上接近的事物的联想。在创意中首先对与创意对象在时空上相接近的事物进行联想,引发灵感。日本明治糖果公司为了推销其蛋糕,曾制作了一种别开生面的广告:该公司在每天早晨配送鲜牛奶,在奶瓶上挂一张漂亮的小卡片,卡片正面印有精美的蛋糕照片,背面则是蛋糕的订单,顾客如需要就在后面填好,该公司第二天早上回收空奶瓶时一并收回。这种广告方法使其轻而易举地争取了六百多万盒的蛋糕订单。功劳应归"接近联想"。正是由公司的两项相近的业务所产生的联想,"送奶瓶、收奶瓶","送蛋糕订单、收蛋糕订单"两者结合了起来,而导致了这一广告创意的成功。又如,台湾三味矿泉水广告,从矿泉水的一系列特点联想到佛教用语"四大皆空",

以此作为标题,并用无色、无味、无菌、无尘加以诠释,显得巧妙而又自然。

相似联想。又称类似联想,是对相似事物的联想。"为了使地毯没有洞,也为了使你的肺部没有洞——请不要吸烟"。在此,地毯和肺本无关联,但吸烟所产生的后果中"洞"这一相似性因素成了联想的纽带,联结起地毯洞和肺洞两个形象,用可见的地毯洞衬托看不见的肺部的洞,使肺部洞的形象更加鲜明,吸烟的可怕后果跃然眼前。

对比联想。是指对性质、特点相对的事物的联想。在广告创意中通常表现为比较型广告,通过直接或隐含的方式,揭示竞争对手的短处,展示自身的长处。1984年万迪快餐连锁店为反击"汉堡包王"比较型广告的攻击,所作的一则比较型广告堪称佳作。"汉堡包王"在广告中嘲笑自己的对手的汉堡包在味道、个头和制作上都不如自己。万迪认为该广告有不实之词,必须维护自身权益,因而奋起反击。在名为"松软的小圆面包"的30秒电视片中,三位老妇人在快餐店店堂里议论桌上的小圆面包,语气诙谐有趣。当两位老太都说小圆面包大而松软时,第三位接二连三地追问:"牛肉在哪里?"表情大感不解。当特写展示万迪夹有厚厚的牛肉的大汉堡时,解说影射了他们的竞争对手给顾客的牛肉太少,演第三位老太太的克拉拉·佩勒表演相当成功。"牛肉在哪里?"很快成了美国人的口头禅。

自由联想。是指在创意过程中不受任何限制的联想。这种联想创意法,常常会产生出许多出奇的设想,收到意想不到的创意效果。美国著名的广告设计师玛丽·威尔斯曾为一家生产加长香烟的公司设计过一则运用自由联想的"多余说明"的广告范例:"因为香烟加长1.5公分,可能会发生很多趣事,例如被夹在电梯门缝里,或者烧破您眼前的报纸,甚至将谈话对象的胡子烧焦……"香烟加长至1.5厘米还会发生一些什么样的事情呢?请您一起来想一想答案。

控制联想。与自由联想相对,它是对事物有限制的联想。控制联想在广告创意中常常表现为以创意主旨引导和控制人们对于广告作品意义的联想。应该说在"垂直思考法"中所举的美国陆军部"征兵广告"的案例就是一则控制联想思考法的典型范例。文案中紧紧围绕"战争—死亡"这一线索,通过逐层分解,控制并消减人们对"死亡"的联想。再如,美国的桑伦香烟推销者曾成功地设计了一个广告节目。该节目以吸引人的音乐节律播送广告语"你能从家乡带走桑伦,你不能带走桑伦的家乡"。这样的广告重复播送多次之后,在第一句话之后,突然停止了。听众在此控制引导下,产生联想,均会有声无声地自己来完成这个广告的后半句——"你不能带走桑伦的家乡"。

5. 幻想构思法

幻想构思法就是运用人们头脑中所具有的假想或幻想的成分来进行创意思

维的一种方法。这是一种未来式创意,是一种用来摆脱人们被习惯性思考束缚的好方法。

可口可乐在美国首播的一则超现实的电视广告片,可称为运用此法的佳作。广告片表现了一次核战争后,幸免于难的美国核潜艇"自由女神号"的全体官兵,成了最后的一部分人类。潜艇穿过密布战争遗痕的海洋,返航美国。突然战斗警报拉响,水兵们迅速地各就各位。旧金山已遥遥相望,刚才收到的神秘电台讯号变得越来越清晰,但断断续续,让人难以捉摸。潜艇浮上水面,排列在甲板上的水兵向一个毁灭的城市默默致哀。组建的突击队在指挥官的指挥下登陆,悄悄地向一座超市的废墟接近……当神秘讯号又出现时,伏在断墙残垣后的突击队员勇敢地冲进了破楼。一阵枪弹射击后,他们惊愕地发现,既没有敌人,也没有任何战争设施,有的只是一架放在窗边上的发报机和一个窗帘下端挂住的饮料罐。每当海风吹过,窗帘飘动,饮料罐被带着撞向发报机,从而在键钮上无意识地敲打出断续和毫无规则、也就无法破译的信号。一场虚惊过去了,面对眼前场景,官兵们啼笑皆非,相对无语。此时,镜头越来越接近饮料罐。当它占满整个画面时,人们看到的这个惹是生非的罐子是"可口可乐"。最后,推出了广告语:"当整个人类毁灭时,可口可乐仍然存在"。这一广告语极具幻想色彩,而又极具合理成分,因而撼人心魄。

(四)集中性思考法

1. 缺点列举创意法

缺点列举法就是通过发掘事物的缺陷,把它列举出来,针对具体问题,寻找改革方案的创意方法。在广告创意中具体表现为列举看似缺点的东西,其实是反衬优点的方式来进行创意。"每天使用,20年后唯一该更换的部件是它的铰链。"(美国席普打火机广告)"该大衣唯一的缺点是——将使你不得不忍痛扔掉以前购买的内衣。""这种手表走得不太准确,24小时会慢24秒,诸君购买时要深思。"(日本手表广告)"这件运动衣在日本是用最优等的染料,用最优秀的技术染成的,但我们仍觉遗憾的是茶色的染色还没有达到完全不褪色的程度"。(日本美津浓牌运动服)上述种种都是此法的绝佳运用。

2. 希望点列举创意法

希望点列举法是从人们的"希望"出发,从人们的意愿上去发想,是一种积极、主动型的创意方法。塞尼伯里特化妆品公司粉饼广告词是这样的:"轻轻打开盒盖,里面飞出的是美貌"。以"美貌"揭示出化妆者的愿望。

3. 检核表创意法

检核表法是根据需要解决的创意问题,列出相关问题点,然后逐一来检核讨论,从中获取解决创意思路的方法。这种方法由于几乎适用于任何类型的创意活动,因而享有"创意技法之母"的美称。不同种类的检核表很多,其中最著名的是奥斯本的检核表法。他建议从以下九个方面来对创意对象进行检核。

一是转化。创意对象能不能转化成另一种形式或内容?

二是引进。有没有别的意象可以被引入这一创意问题之中?

三是改变。改变当前创意对象的形状、颜色、声响、味道等等。

四是放大。创意问题是否可以在一定范围内延展?对创意对象作"伸一伸"、"扩一扩"的处理。

五是缩小。创意问题是否可以减少或缩小,缩小以后是否更能切中要害?

六是替代。创意对象是否可有别的东西来代替?

七是重组。创意对象的构成要素结构是否可以重新组合?

八是颠倒。创意问题内容是否可以从相反思路上加以思考?反过来会怎样?正反互换怎样?

九是组合。创意对象能否和其他东西加以组合?

以上种种质疑设问,将有利于破除思维框框,使思维更富有伸缩性、灵活性和新颖性,是对新观念产生的重要提示方法。此法在现实的创意实践中,特别是创意对象一时很难找到诉求基点时得到了经常的运用。

4. 综摄创意法

综摄创意法是通过已知的东西作媒介,将毫无关联的、不相同的知识要素结合起来,摄取现有事物的长处而创造新东西的方法。

综摄创意法有两项基本的原则:一是异质同化原则;一是同质异化原则。所谓异质同化就是要求在创意过程中,首先掌握现有的对象,借用现有的知识来进行分析研究,从中获得启发,形成新的构想。所谓同质异化就是要求在创意过程中,对现有对象,运用新的知识或从新的角度来观察、分析和处理,从而形成新的创造性设想。

第四节　广告创意经典案例评析

案　　例:重塑加州形象

客　　户:California Department of Commerce

事务所:Keye/Donna/Pearlstein

随着产业结构中心向第三产业转移的世界性潮流和市场经济的纵深发展,所有商品和服务都将更多地依赖于广告的或公关的发展而发展。

在无烟产业中,旅游业是发展最快、最活跃的一项。因为旅游业动用最少的就业人员,不需要很多医院和监狱,不产生工业污染恶化环境。不用说它还是一项立竿见影的现金买卖,加上世界性旅游观光热的升温,所以现在越来越多的国家和地区开始重视和发掘旅游资源。旅游收入就像石油收入一样成为各国各地区梦寐以求的东西。

旅游资源极其丰富的美国加利福尼亚州总是视其旅游业为天然便利,不做广告,生意一样兴隆。1984年,四年一度的国际盛会——夏季奥运会在加利福尼亚州的洛杉矶城举行。加州商业部的人都乐观地估计:1984年将是火红的旅游年。然而事实证明他们全都错了。加州商业部这才意识到问题的严重性——加州的旅游优势已今非昔比。随着世界各地旅游业的迅速发展,人们有很多可选择的地方。更何况,日益增多的其他娱乐项目也在不断地挤压旅游市场。

于是加州商业部委托 KDP 设计事务所进行广告策划。

假如一个产品从未做过广告因而无人知晓,你就不得不从零开始找到吸引观众注意的好办法。如果你的故事趣味盎然又是全新信息,人们会停下来听你说;反过来,假如这个产品已经很出名,好的一面是人们对此耳熟能详;坏的一面是难以再吸引人们注意,因为你一提这产品,人们就会说他们已经知道,无须啰嗦了。总之这两种情况各有利弊。最糟糕的恐怕是第三种情况:一个不曾做过广告却已名闻遐迩的产品。

加利福尼亚一名来自一本 16 世纪西班牙小说,讲的是一个叫做加利福尼亚的虚构地方。1510 年西班牙人打到北美西海岸时,他们就把那儿称为加利福尼亚。70 年电影 50 年电视讲了多少关于加州的故事?西部传奇、牛仔轶闻、淘金热、世界影都好莱坞等等。的确,就美国而言,像加利福尼亚州这么出名的"产品"肯定不多。

有"黄金之州"美誉的加州人文地理资源丰富,气候宜人,不愧为旅游天堂。不幸的是加州的形象已经被概念化的浓缩为"一套可以替换的象征形态:游泳池、沙滩、金门大桥、好莱坞"。

这次策划要成功有效,就得克服两个难点:一是这套本来描述加州的象征形态由于其不同寻常的号召力早就被美国其他不少州的旅游广告抢先"借用"了。假如你再用人们心目中的这种加州形象做广告,结果会与新泽西州的广告大同小异;二是像大多数象征形态一样,他们极端简化了真实形态,空洞的概念完全不足以反映现实的丰富多样。加利福尼亚是一个广袤的地方,相当于俄亥俄州、伊利诺伊州、印第安纳州合起来再加一大半宾夕法尼亚州。从北至南呈长条形,大跨越的纬度包括了很多气候带。地形地貌多变堪称美国之冠——从海拔三四千米的高原到海平面以下的盆地,从平原到沙漠一应俱全,更不用说闻名遐迩的长长的海岸线了。正如人们常说的那样,"它是一个你在同一天里,可以到高山滑雪,在大洋中潜水,沐浴沙漠阳光,在一家高级都市大酒店就餐的地方"。

多样性——地理的、气候的、人种的、文化的。指出加州的多样性,强调它的多样性。让所有人,包括加州人在内,重新认识加州,这就是策划的突破口:将这"产品"重新命名,单数的地名变成了复数形式,把它叫做"那些加利福尼亚州"。

有几个加利福尼亚州?即使最不好奇的人也自然地会问。12个!波尔·凯耶将加州分为12个区。加州旅游广告不同于一般旅游广告,加州不再是一个整块,而是12个各有特色的旅游区的集合。凯耶说:"我们尝试用这个广告策划来突破老框框。就像介绍芬兰或斯里兰卡一样介绍加州。"因为在加州的一半旅游者本身就是加州人,他们并不比其他州的人更了解加州。

虽然整个广告策划是以电视广告和户外广告开始的,但1套12份双页印刷插页广告却是策划成功的主要因素。凯耶为12个"加州"分别撰写广告文案花了差不多两年时间。每份对折双页印刷广告的基本组成是《加州百科全书》的部分内容,一部分旅游随笔再加上一部分诗歌。风景、交通工具、人物、动物、植物、器皿、食物的精美摄影和插图点缀其间,错落有致;散文诗式的广告文案新颖别致,常常以连续方式集中刊登在畅销旅游书刊上,增强传达的强度。

这次广告策划因为有航空公司、旅馆联手和旅行社的协作推广而更见效果。在西雅图的加利福尼亚,广告由阿拉斯加航空公司刊播。有时 KDP 做两周,航空公司接着再做两周。这样,有限的广告预算大部分用在了刀口上——研究、创意和制作。

关 键 词

广告创意、USP、AIDMA 模型、直觉思维、垂直思考法、发散性思考法。

思 考 与 练 习

1. 简述广告创意与艺术创作的差异。
2. 简述广告创意的依据。
3. 举例说明广告创意的本质。
4. 广告创意应遵循哪些原则?
5. 请选择某一种品牌产品,运用"水平思考法"进行创意。

6. 举例说明"置换创意法"。
7. 以下是台湾中华汽车电视广告文案。请在认真阅读以后,思考该广告的创意特点,分析其成功之处。

广告文案之一:

印象中
爸爸的车子很多
大概七八十部吧
我爸爸没什么钱
他常说
买不起真车
只好买假的
我这辈子只能玩这种车喽
经过多年努力
我告诉老爸
从今天起
我们玩真的
爸爸看到车后
还是一样东摸摸、西摸摸
他居然对我说——
我这辈子只能玩假的
你却买真的
爸
你养我这么多年不是假的
我一直想给你最真的
(广告口号)中华汽车 真情上路

广告文案之二:

如果你问我
这世界上最重要的一部车是什么?
那绝不是你在路上能看到的
30年前

我 5 岁
那一夜
我发高烧
村里没有医院
爸爸背着我
走过山
越过水
从村里走到医院
爸爸的汗水
湿遍了整个肩膀
我觉得
这世界上最重要的一部车是
——爸爸的肩膀
今天
我买了一部车
我第一个想说的是
阿爸，我载你来走走
好吗？
（广告口号）中华汽车 永远向爸爸的肩膀看齐

第六章　广告文案的范式

广告文案受到传播媒介、广告目的等诸种因素的影响,文本形式千差万别,写作上似乎是无规律可遵循。然而,实际上,广告文案还是有一定的范式。

第一节　完整型广告文案

一、完整型广告文案总述

完整型的广告文案,应当包括标题、正文、广告口号以及附加部分(即附文)。标题是广告文案中的精髓,是尤其引人注目的部分。正文是广告的主体部分,用以揭示广告的主要内容,或者对标题进行具体阐释。广告口号常常在正文的末尾,可以把它看作正文的一部分。它是表达企业理念或产品特征的宣传短句。广告口号是长期反复使用的。它是对某个企业、某种产品或服务特性的最凝练的概括。广告主每在一个媒介上投放一次广告,就要设计一次新的广告文案,从标题到正文到附文都要改。但广告口号是很长一段时间内都不变的。标题只是对某一则文案的统领性文字,口号则是对同一个企业、产品或服务某段时间内所有广告活动的统领性文字,包括对文案和文案中标题的统领。附文用来交代具体联系事宜(如联系人、通讯地址、电话号码、邮政编码等)。完整型的广告有利于受众了解商品或服务的方方面面。

二、标题:广告文案的点睛之笔

(一) 标题的涵义

在各种文体的写作中,标题往往都是整篇文章的点睛之笔。在广告文案中,它是统领整个广告、传达最重要的广告信息的简短文字。

澳大利亚"最富创意"的"广告官"董事长兼创意总监 Lionel Hunt 曾经说:"如果标题和图片不够引人注目,那内文写什么都没有用。"他自己为"背书与保险公司"所做的医疗保险广告获得了澳洲消费性产品最杰出文案银奖,但他却敢打包票,大部分给这广告那么多好评的评审都没有读超过几行的内文。而只是凭标题、图片和版面,假设这广告可能相当不错。因为,这则广告的内文大部分都是直接从客户的产品手册中抄过来的,只有标题是文案撰稿人的灵光闪现——"当年过五十,没有专职医生的你该怎样为自己的生命保险?"①

著名的广告大师大卫·奥格威也认为:"标题是大多数平面广告最重要的部分。它是决定读者是不是读正文的关键所在。读标题的人平均为读正文的人的5倍。换句话说,标题代表着为一则广告所花费用的80%。……在我们行业中最大的错误莫过于推出一则没有标题的广告。"②奥格威自己的很多成功之作现在看起来仍然妙趣横生。比如:这辆新型的劳斯莱斯在时速60英里时,最大的闹声来自电子钟。

广告标题是表现广告主旨的短文或短句,是一则广告的核心,又是区分不同广告的标志。它位于广告文案的醒目位置,通常选用比其他部分大的字体。标题好比指导火车运行的信号旗,其作用是捕捉受众的注意,使受众知道他通过使用这一商品将得到哪些心理上、生理上、经济上、安全上等方面的满足;使受众知道他通过使用这一商品将避免或减少哪些风险、失误以及不便。

(二) 标题的作用

1. 提示作用

即提示广告正文的重要内容。市场经济的快速发展必然带来人们工作节奏和生活节奏的加快,受众很难对那些与己无关的广告产生兴趣。所以广告标题的作用之一就是为读者提供信息精华,即使读者在无意间看到标题,也能马上就判断出广告内容是否与他有关。如乐百氏健康快车报纸广告文案的标题为:

让您的孩子肠胃健康,吸收更好!
——乐百氏健康快车,全速登场。

该标题提示了广告正文的两个主要信息:(1)乐百氏健康快车新上市;(2)该产品的最主要的功能——健肠胃。受众读了这样的标题,即使不阅读正文,也能很快抓住广告的主要信息。广告的标题,以高度概括的词句表现广告的中心内容,表明广告的宗旨,使人们见标题而知文意。

2. 诱导作用

即用标题来抓住读者的注意力,激发读者的阅读兴趣,吊起他们阅读正文的胃口。广告的标题,不但使关心某种商品的消费者从速阅读正文,而且还能使无

---

① 李世丁、袁乐清著:《沟通秘境:广告文案之道》第68页,广东经济出版社2001年出版。
② 见《一个广告人的自白》第94页,中国友谊出版公司1991年出版。

具体目的的人引起注意,并进而产生兴趣。

比如,1992年某银行招贴的广告标题是:"从5角到1 000元"。它很新奇,很引人注目。受众看到这一广告标题以后,都想了解为什么5角钱可以变成1 000元。原来这则广告的目的是要说服人们参加储蓄,每天存入5角钱,5年以后,连本带息可取回1 000元。还有美国联合航空公司的广告标题:"乘美国联合航空公司班机到处都是好天气。"这则标题也颇吸引人。人们不禁要问,美国联合航空公司是如何选择好天气的? 于是迫不及待地阅读下文。

据心理学家研究,人们对某一对象的注意,最能维持注意状态的平均时间是5秒钟,而在头一两秒钟中注意力最为集中。另据调查,一般人看广告,先看标题的人,比先读正文的人多5倍。由此可见,标题如不醒目,就不能引人注意,更谈不上使读者维持注意和有兴趣阅读正文了。所以有人说:"题好一半文",提法虽有点夸张,但可见标题的重要。

3. 促进作用

即用标题煽起读者强烈的购买欲望,促成读者购买商品的行为。例如"祈乐苑枫丹白露庭"广告文案的标题为:

投入自在空间

该标题对于厌烦大都市的喧嚣与嘈杂的买房者来说表现出一定的推动作用。人们看广告,除了留意广告的插图外,一般是浏览广告的标题。反复次数多了,广告标题就起到口号作用,给人留下深刻的印象。

(三) 标题的种类

1. 标题的大致可分性

从形式和内容划分,广告标题可分为直接标题、间接标题和复合标题。

(1) 直接标题

直接标题即直接体现广告的中心思想或一语点明广告主题的标题。采用直接标题有什么好处呢? 一般来说,广告主心目中的潜在消费者可能每天都很繁忙,而且阅读广告的时间也很有限,或者阅读广告心不在焉。为了让消费者看一眼就能明白广告主的意图,最好能在标题中一语道破广告能为消费者带来什么好处。

(2) 间接标题

间接标题即不直接揭示广告主题,而是以间接的方式宣传产品的特点和功能的标题。这类广告标题一般用词讲究,具有艺术性,达到使人过目不忘的地步。间接性标题在广告诉求方面,往往不直说,而是或兜圈子,或留空档,或迂回曲折,或意在言外,给人以想象的空间和回味的余地。

(3) 复合标题

在广告文案中,也可将直接标题和间接标题组合成复合标题,也就是说复合标题既包含直接标题的内容,也包含间接标题的内容。一般来说,直接标题用来表现比较实在的内容,而间接标题则用来表现某种韵味,从而形成虚实相生的格局。

2. 标题的多变性

广告标题是富于变化的。它的多变直观地体现在结构上。它可以是几个字,一组词,还可以是由好几个句子组成的文字。从总体上说,标题的结构可以分为简式和复式两种。

简式结构的标题,只含有一个主标题。当然这个主标题的形式也是多种多样的。

单词式。比如,瑞士航空公司在中国打出的广告的标题就只有一个词"Special",意为"特殊的"。奥迪汽车在新加坡刊出的系列广告标题是:"有人照顾"、"能屈能伸"、"值回票价"等等。这样的标题字数少,一般用来描述商品或服务的最主要的特征。

词组组合式。由两个或者两个以上的词组,来完成标题的使命。像美国某银行的广告标题:"我的生活 我的账户"。

句子式。以一个句子来作为广告标题,这一形式最为常见。句子可能是单句也可能是复合句。沃尔沃 S60 汽车的广告标题是:"不怕你跟着我,只怕你跟丢了。"微软智慧型鼠标的广告标题是:"按捺不住,就快滚。"喜力啤酒的广告标题是:"酒虽然空了,心却是满的。"以上都是句式的广告标题。还有的广告标题比较长,适合于表达复杂的广告信息。比如联邦快递的广告标题"隔天送达亚洲 15 个城市,速度可比风火轮",东芝笔记本电脑的广告标题"化概念为现实的杰作,惟有亲身驾驭,才能体会非凡乐趣",就是如此。

多行式。多行式的标题,是由引题、主题、副题等几个部分共同组成的。引题顾名思义是要引出主标题,为其提供背景或悬念。而副题则是对主标题内容的补充,或者是旨在进一步扩大主标题的效果。万科房地产的广告标题就是一个三题俱全的例子。

(引题)万科城市花园告诉您
(主题)不要把所有的鸡蛋都放在同一个篮子里
(副题)购买富有增值潜力的物业,您明智而深远的选择

当然不是所有的多行式标题都是三题俱全,根据具体需要可由引题和主

或主题和副题构成。

提醒题。这是在有特别需要提醒的内容时才会跟随主标题出现的标题。比如说"大奖等你拿"、"买手机送随身听"等内容就容易出现在提醒题里。

广告标题的多变,也往往体现在广告的内容和风格上。

表示产品性能。"坚刚璀璨,光彩永恒"——瑞士雷达表永不磨损型的广告标题。

表示商品效果。"千尘万埃无处藏,清洁家居我称强"——日本三洋公司吸尘器广告标题。

表示商品用途。"高朋满座之后,狮宝就是主角"——香港狮宝牌洗洁剂广告标题。

表示商品好处。"赶走热辣辣的暑气,享受凉津津的滋味"——日本三洋公司电风扇广告标题。

(四) 好标题的标准

1. 一个经典个案

能够把广告文案中最需要表达的内容提炼出来,统领整个文案的叙述,帮助广告主实现销售或其他目标,一个好标题就诞生了。

请看"可口可乐"公司不同时期的广告标题:

1886(新上市):提神美味的新饮料
1889:味美爽口,醒脑提神
1890:可口可乐——令你精神爽朗,回味无穷
1923:令人精神爽朗的时刻,遍及每一个角落
　　　天气变得凉爽,四季都会想它
1925:一天喝 6 000 000 瓶
1929:要想提神请留步
1936:喝新鲜饮料,干新鲜事儿
1944:可口可乐,全球性的符号
20 世纪 60 年代:享受可口可乐/只有可口可乐,才是真正可乐
20 世纪 70 年代:喝一口可口可乐,你就会展露笑容
20 世纪 80 年代:微笑的可口可乐
20 世纪 90 年代:如此感觉无与伦比
2002 年日韩世界杯期间:足球和可口可乐就是我的最爱

(2) 经典个案的启迪

举可口可乐的广告标题作为例子,并不是说它的写作无懈可击,但它确实能说明一个好的广告标题所应该具备的素质。

首先是要紧密结合广告主旨,与正文内容相符。这样目标受众根本不必再去阅读正文,就可以了解这则广告文案究竟要说些什么。从1886年到1923年,可口可乐在市场上的知名度还不高,它迫切希望提高自己的知名度。这就必须让别人了解产品的功能和特性。因此,所有的广告标题都在说同一个意思:可口可乐是提神又好喝的新饮料。在巩固市场的时候,广告标题就既要强调可口可乐好喝提神的功能,又要告诉消费者它已经是一种备受欢迎的饮料。到了20世纪30年代,可口可乐已经是大众品牌,它的广告就不需要再去进行产品功能的诉求,而成了包含时尚观念的传播。因此,这时可口可乐的广告标题举起了时尚的大旗。在特定的产品促销期,广告标题也要"与时俱进",符合市场变化的要求。2002年FIFA世界杯期间,全世界都在谈论足球。如何把可口可乐与足球挂起钩来?可口可乐公司选择了著名的足球明星作为广告代言人,让他们说出广告的标题,便显得既自然又具有亲和力。

其次,诉求单纯,重点突出。广告标题最忌讳的就是什么都想说,说得含糊其辞,最后的结果却是令人不明所以。广告标题的诉求应当是单纯的,把最需要呈现给受众的内容加以突出。比如:要想提神请留步。整句话的含义就是要告诉受众,可口可乐是一种提神的饮料。其他的要素一概都不在标题中出现。再比如:可口可乐,全球性的符号。表达意思也是相当单纯的:可口可乐已经世界知名。标题的诉求点是可口可乐的品牌形象,并且用"全球性的符号"这个真实可感的形象来代替空洞的诸如"我们就是全球第一"这样的说教。

第三,表现新颖,创意出众。既然读标题的人是读正文的人的5倍,那么,要想做出一个好标题就一定要"领异标新二月花",否则就会导致整个广告淹没在现代社会的信息海洋里,无法引起受众的兴趣。无论是内容上或是形式上,标题的制作都应该是富于创造性的,是整个创意的集中表现。比如"一天喝6 000 000瓶",6后面的6个零在形式上就给人留下了一种眼花缭乱、数字庞大的感受。把销量生动地表示成为一天喝掉的可乐,更以大胆的创意给了人们足够的联想空间——可口可乐卖得特别好,它非常受人欢迎,它肯定是一种很好喝的饮料。

第四,简洁明了,醒目好记。不是说广告标题越短越好,但是冗长啰嗦的标题确实容易令受众产生厌烦的情绪。比如:提神美味的新饮料。把产品的特点用四个词表达得十分清晰:这是一种饮料,新出现的,功能是提神,味道很好。这个标题从创意上讲,没有什么过人之处,但它着语很少,表达清晰,能够起到吸引受众目光的作用。

三、正文：广告文案的主体

(一) 广告正文的涵义

广告正文是对广告标题的解释，或是对所宣传的产品(服务)的详述。广告的主题也是由广告正文来表现的。广告标题已经吸引了消费者的注意力或激发了他们的兴趣，而能否说服消费者坚定信心，并促成他们采取行动就取决于广告正文的力量了。正文是广告的主体，这一部分要求说出必须说的话。正确制作广告正文的做法，是按照标题所承诺的事项仔细而认真地写好第一句话。最低限度是自己首先要有信心，相信受众在看到这第一句话之后会愿意往下看第二句，如此写下去直到把标题中的承诺全部写完，这就是广告文案应有的长度。另外一个重要问题是讲究遣词造句，力求使文字简短易懂。

(二) 正文的构成

广告正文一般都用三段式。

1. 引言

引子位于正文的开端，主要任务是引出广告正文的中心段。引子部分可以不涉及正文的主要内容，也可以涉及正文的主要内容(但并不需要展开)。它在标题和正文之间起承上启下的作用。在文字上要求既能衔接标题，又能为后文的展开进行必要的铺垫。

请看铃木汽车广告：

(标题)铃木能解除您的困乏与烦恼

(引言)生活总是由您自己来主宰，或兴奋激越，或平淡无奇。自由与困扰之界线简单如汽车的两轮。驾上铃木，您就可以冲破烦恼。

该广告的引言简明清楚，起到了连接标题和正文的作用，因而能持续吸引消费者。

广告引言的方式可多种多样，除了开门见山，直奔主题式以外，也可略作提示，初步涉及广告的主要内容；也可交代广告的目的或动机；还可从释疑入手。总之，开头方式并非千篇一律，可灵活多样，只要能起到承上启下的作用即可。

2. 中心段(主体)

中心段是广告的重心之所在。在这一部分，必须要言不烦地表现广告主题，陈述产品或服务所具备的无可取代的特点。这是整个广告文案的主要部分。其任务是根据广告主的意图，来阐述本商品或服务的特征与过人之处，以关键性的、有说服力的事实给以说明。这一部分根据需要，可以只有一整段，亦可以分成几个段落。中心段要能唤起消费者的欲望。中心段的写法也是多种多样的，可纵写即按时间顺序来写，有头有尾，始末清楚；也可横写即按事物的逻辑联系，分若干问题或几个侧面来写，有点有面，层次分明。总之，不管怎样写，都要做到观点与材料相一致，切忌杂乱无章，空泛议论。

3. 结尾

一般是为敦促消费者迅速付诸购买行动而写的文字。请看下面一则简洁清晰但颇具号召力的结尾：

要想知道如何成为一名 Avon 公司的销售代理，请拨电话：……

结尾可以直接提出建议，欢迎选购或采取其他相应举动，如上例；也可以委婉、含蓄地提出建议。一则为"护儿眠"所作的广告，结尾语是这样写的——

试试看：用威尔护儿眠固定宝宝的被褥，宝宝不生病，妈妈好睡眠。

这段文字在催促人们赶快行动的时候，仍然没有忘记宣传产品的好处。

（三）正文的主要类型

1. 事实式

这是一种以事实来说明诉求内容的表现形式。在写作上比较正规、实在。在介绍商品或服务时，多从质量参数、价格水平、花色品种、规格尺寸、自然属性等方面客观地加以表述，在文字表达上没有多余的修饰与描绘。这种形式的正文多用于生产资料和技术服务的广告文案。

请看万和消毒碗柜广告文案正文：

这是消毒？
（画面是用开水烫碗）
这才是消毒！
（画面为万和消毒碗柜）
传统的消毒方法只能杀灭小部分病菌，生命力强的病菌依然逍遥自在。万和消毒碗柜，采用 125 ℃ 红外线高温消毒，彻底杀死病菌。
万和消毒碗柜：
● 远红外线高温消毒，杀菌彻底
● 具有食物解冻、保温、加热功能

- 多层放物架,有效容量大
- 外观新潮,结构紧凑合理
- 臭氧消毒、保洁
- 保修一年,常年服务

这则广告以几个很有说服力的事实,简明扼要、直截了当地指出万和消毒碗柜的优势所在,使消费者一看便产生兴趣。

2. 描写式

用文学语言对商品或服务的特点和消费者将可获得的利益进行绘声绘色的描写。这类广告如果描绘得亲切感人,会给人们一个鲜明的形象和深刻的印象。

例如佳丽空气清香贴的广告文案正文:

佳丽将自然清新花香带到家中。

佳丽空气清香贴,散发纯净淡雅的花香,将自然清新的花香带到家中,给家人舒适的享受。

佳丽空气清香贴,持续清香长达 30 天,并可根据个人喜好调整香气浓度,更配有实惠的补充香气,可适时替换,令花香更加持久,长保清新。

清新淡雅的花香,由自然所创,为佳丽珍藏。

自然所创,由佳丽珍藏。

这篇文案的第一段,用具体形象的语言描绘了产品所散发的纯净淡雅的花香;第二段说明了产品的功效("清香长达 30 天"、"根据个人喜好调整香气浓度"等);第三段既有描写,又有说明。

3. 叙述式

叙述型的正文以叙述与产品或企业有关的事情的前后经过,来宣传产品或企业形象。这类正文要使内容像小说故事情节那样,有矛盾的冲突和最后的解决,这样才能引人入胜。倘若平铺直叙,则难以吸引消费者。正文不宜过长。它往往是以某人遇到困难而感到苦恼开始,以找到解决办法而圆满结束。

请看左岸咖啡馆的广告:

我喜欢雨天

雨天没有人

整个巴黎都是我的

这是五月的下雨天
　　我在左岸咖啡馆
　　不知不觉地
　　又一次阅读
　　才发现文字的美
　　湿润的何止是目光
　　还有心情

　　这则广告以诗体的文字，叙写了主人公雨天在巴黎左岸咖啡馆喝咖啡的故事，简短但是富有情趣，写出了细腻的、湿润的心情，符合左岸咖啡馆目标消费者群体对浪漫生活的追求心理。
　　也有的叙述式广告文案，用散文的笔法讲述故事，娓娓道来，写得有鼻子有眼，让人欲罢不能。图文并茂的儿童百服宁广告（找人篇），效果颇好。而文案在广告诉求过程中无疑发挥了重要作用。
　　请看文案：

　　　　　　　　她在找一个人（上）
　　那天在火车上，我孩子发高烧，他爸爸又不在，我一个女人家，真急得不知怎么办才好。
　　多亏了列车长帮我广播了一下，车上没找到医生，还好有一位女同志，给了我一瓶儿童用的百服宁，及时帮孩子退了烧，我光看着孩子乐，就忘了问那位好心女同志的名字和地址，药也忘了还她，你瞧这药，中美合资的产品，没药味，跟水果似的，能退烧止痛，并且对肠胃的刺激又小，在我最需要的时候，百服宁保护了我的孩子。
　　人家帮了这么大的忙，我和孩子他爸都非常感谢她，真希望能再见到她，给她道个谢！
　　　　　　　　　　　　　　　　　　　　　　　　　　　王霞
　　　　　　　　找到她了！（下）
　　王霞，听说你在找我，其实给你一瓶药，帮你的孩子退烧，只是一件小事。
　　那天在火车上，我一听到广播里说你孩子发高烧又找不到医生，正好包里有一瓶医生给我孩子退烧的药——儿童用的百服宁，可以退烧止痛，对肠胃的刺激小，而且又有水果口味，孩子也乐意吃，所以就来给你救急了。那瓶药你就留着用吧，我家里还有，我孩子也常发高烧，家里总备几瓶,在最需要的时候,百服宁可以保护我的孩子,都是做妈妈的,你的心情我很了解。希望你以后带孩子出门,别忘了带施贵宝生产的儿童用百服宁!

张虹

　　广告文案分成上下两部分,被处理成找人的王霞与被找的张虹之间文字的交流和心灵的对话。交流和对话围绕一瓶名叫儿童用百服宁的药展开。正是这一瓶药,帮助王霞的孩子在旅途中退了烧。听完故事以后,在不经意之中,人们对百服宁留下了深刻印象。整个广告作品,图与文相得益彰。在这里,不妨看一看作品中的图片,如图 6-1。

图 6-1　百服宁广告

4. 论证式

论证型的正文重在"以理服人",即依据一定的论据,采用一定的论证方式,来告诉消费者为什么要使用某某产品,说服消费者购买。

请看国氏全营养素报纸广告文案正文:

> 要减肥,当然期望有效又安全。
>
> 寻本溯源,减肥更有效,更安全,更科学的减肥,为了健康,为了美,无论什么目的,都希望既有效又安全,这也许是肥胖人减肥时所关注的首要话题。其实,减肥的有效与否,应该从肥胖根源说起。与平常人相比,肥胖人的脂肪代谢不平衡,使他们无法像平常人一样通过一日三餐吸收人体所需的全面营养,造成人体营养失衡;而其脂肪合成速度则是平常人的几倍甚至十几倍,导致人体极易发胖。因此,肥胖不是营养过剩,而是肥胖人所需的营养与平常人完全不一样!国氏寻本溯源,针对肥胖根本原因,独创了国氏科学减肥理论。国氏全营养素富含肥胖人所需的特殊营养要素,专门针对肥胖人所需,全面补充营养,从而全面调整脂肪代谢,降低脂肪合成速度,重建健康平衡肌体功能,确保减肥更有效,每天可减一斤体重;同时,国氏采用纯天然原料,且不含任何中西药物,经科学配比制成,自然更安全可靠。有了国氏,减肥更有效,更安全,更科学,令您更加放心地享有一份自然健康的美好姿态。

5. 消息式

采用类似新闻文体中消息的写法,对新近发生的有关商品或企业情况的事实作简要报道,以减少广告的商业色彩,突出新闻价值,增强传播效果。这种体裁的广告往往具有很强的说服力,更易为消费者所注意。如:

春兰空调率先通过 ISO9001 国际标准认证

《消费时报》第十次产品质量市场评价揭晓:春兰空调再登榜首。1994年8月,春兰空调率先通过由国际标准化组织颁布的 ISO9001 国际标准论证。

ISO9001 系列标准由国际标准化组织颁布,目前已被50多个国家和地区所采用,被誉为企业进入国际市场的"通行证"。ISO9001 型系列标准分为四个标准:ISO9001 标准—ISO9004 标准。其中,ISO9001 系列标准规定了从产品设计到售后服务的质量保证体系要求,是最为全面的标准。1995年新春伊始,又传佳音:全国48家商场联袂推举公认,《消费时报》第十次产品质量市场评价揭晓:春兰系列空调再次荣获空调产品榜首。春兰人感谢广大消费者的信任与厚爱,在新的一年中,将再接再厉,为用户提供更加精良的服务。

6. 通讯式

所谓通讯式广告,就是采用纪实的手法,综合运用叙述、描写、议论、说明等表达方式,对产品、企业或与产品、企业有关联的人物、事件进行真实、详尽、生动、形象的报道,以提高产品或企业的知名度,达到扩大影响和促进销售的目的。

7. 另类式

广告正文的体式多种多样、难以囊括。加之广告文案写作提倡创新,提倡创意新颖独到,因此正文的体式应当不拘一格。举凡是能吸引目标受众注意、能很好地表述诉求内容、有利于帮助广告主实现社会效益和经济效益的广告正文体式,就都可以采用。在这里,将不落俗套、出人意料的广告正文体式归为另类式。

例如,贝克啤酒的一则广告,文案采用了公文中的"令"这样一种在广告中很少采用的体式,而且显得那样地煞有介事:

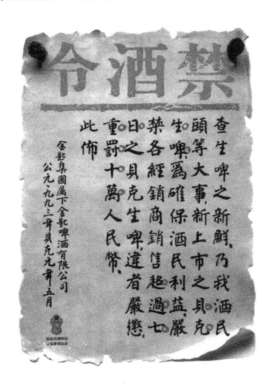

这种表现方式给人以耳目一新之感。文案不仅突出了新鲜这一诉求点,而且巧妙地树立了贝克啤酒重视产品质量的企业形象。广告用语寓谐于庄,简洁而又醒目,在众多的广告中形成了独特的看点,从而吸引了消费者的眼光。

四、附文:对广告内容有所补充

(一)附文的涵义

附文,又叫随文,是广告文案中的附属部分,是对广告内容必要的交待或进一步的补充说明,用于列出企业的地址、联系方式、促销活动的地点等实实在在的信息。附文的具体内容包括:品牌全称,企业的全称、地址、邮政编码、电话号码、传真号码、网址及联系人,经销商及其地址、电话号码、负责安装、维修的服务部门的电话号码、联系人,服务承诺等等。

(二)附文的作用

虽然有人将附文称为广告文案的附属语言或文字,但是附文并不是广告文案中可有可无的部分,而是一则完整的,传达信息准确、到位的广告文案不可分割的有机组成部分。它在广告文案中起着不可忽视的作用。

1. 对广告文案标题和正文进行必要的补充

标题、正文虽然包括了一则广告所要传达的最主要的信息,但是它们无法穷尽所要传达的所有信息,尤其是联系方式等具体细节很难融入这几个部分中自然地传达,因此附文就对它们起着补充说明的作用。

2. 使有关企业、产品或服务的信息更突出

如果取消一则广告文案的附文,而将附文所要传达的信息全部融入其他部分,不但使其他部分信息繁杂、缺乏重点,而且会使有关企业、产品或服务的基本信息被其他更吸引受众的信息所淹没,从而影响广告信息最终的传播效果和广告的诉求效果。

(三)附文的类型

1. 按内容进行分类

(1) 全面型

指传达可以通过附文传达的所有信息的附文。这种类型的附文一般较长,受众阅读需要花费较多的时间,但有助于广告信息完整、全面地传递,一般用于通过印刷媒介传播的篇幅较大的广告文案中。

(2) 重点型

指选择与特定广告内容关系最为密切的信息进行传递的附文。如广告的中心内容是优惠促销,那么附文中仅说明促销办法。这种类型的附文一般较为短

小,有利于突出重点信息,而且节省广告版面,因此在版面较小的印刷广告文案中时常可见。

(3) 省略型

这种类型的附文一般只包括企业名称的简称、企业标志或品牌名称,在电视广告中最为常见。

2. 按风格分类

(1) 直接型

指不加任何修饰,直接传达信息的附文。如上海万科房地产有限公司报纸广告的附文:"发展商　上海万科房地产有限公司/售楼地址　上海××路××号/周六、周日售楼处照常接待/售楼电话××××××××"。其特点是简洁明了,缺憾是表述不够生动。

(2) 间接型

指使用较为婉转的语言传达信息的附文。如大卫·奥格威为"舒味思"广告文案所写的附文:"附言:如果你喜爱这篇文字而没有喝过'舒味思',请以明信片通知,我们即作适当的安排。函寄:纽约××街××号,'舒味思'收"。其特点是亲切、自然,并且具有一定的趣味性,容易吸引受众。

第二节　不完整型广告文案

大量的广告文案,并不是标题、正文和附加部分都齐备的。这就是不完整型广告文案。不完整型广告文案比比皆是。本节将对此加以专门讨论。

一、不完整型广告文案总述

实际存在的广告和广告文案,有很多都是结构上不完整的。不完整型广告文案,可以缺少文案中的某一个部分(例如附文),也可以缺少其中的两个部分(缺正文和附文)。在结构残缺方面走向极端的不完整型广告文案,主要有四种类型:仅有广告标题,仅有广告口号,仅有产品品牌,仅有企业名称。在这里,我们对后两种情况不作讨论,只讨论前两种情况。而前两种广告,往往又可以合称为广告语。

二、仅有口号的广告

(一) 广告口号的涵义

广告口号又叫广告标语,在企业及产品的广告宣传中有着特殊的地位和作用。广告口号是广告主所提供的产品、服务的优良品质和良好形象的体现,或是对广告主所倡导的理念的言简意赅的概括。广告口号不是出现了一两次就弃之不用的广告语,而要在围绕同一产品或服务所作的广告中反复出现。在完整型的广告中,口号往往被放置在正文的末尾。例如,在美国奥尔巴克百货公司所作的服装广告中,正文后赫然写着这样的口号:"做千百万的生意,赚几分钱的利润"。也有为数不少的广告,推出的只是一句口号。例如,

  斯沃琪:腕上风景线(斯沃琪手表广告)
  人头马一开,好事自然来(人头马 XO 广告)
  七喜饮料:非可乐(七喜饮料广告)
  农夫山泉有点甜(农夫山泉矿泉水广告)
  风华风华,笔中精华(中华圆珠笔广告)

  以上广告口号,在简洁明快的语言中,已经包含了商品品牌,可以算作一类。另一类广告口号是不含品牌的。例如,"给电脑一颗奔腾的心"(英特尔奔腾广告),"我的光彩来自你的风采"(沙宣洗发水广告),"自在,则无所不在"(鹿牌威士忌广告),"一诺千金"(运通金卡广告),"使不可能变为可能"(佳能打印机广告),等等。

(二) 广告口号的特点

  广告口号具有相对稳定的特点。广告主都希冀在较长时间内,通过反复宣传其广告口号,使之家喻户晓,深入人心。产品知名度的扩大,有时也可以是由著名的广告口号促成的。比如,"当太阳升起的时候,我们的爱天长地久","领先一步,申花电器"——谁能说,在神州大地上创造过辉煌的太阳神口服液和申花电器,在它们扩大知名度的过程中,就没有各自的广告口号所起的作用呢?
  广告口号具有易记易传的特点。广告口号简短明快,朗朗上口,便于人们记忆。如加佳洗衣粉的广告口号为:"加佳进家家,家家爱加佳。"人们对于这样的广告口号,只要一接触就能记住,就能传颂。"味道好极了",它作为广告口号,在易记易传方面更是值得称道。
  广告口号具有诉求单一的特点。它是不允许说废话的,总是那么重点突出,那么言简意赅。

(三) 广告口号的类型

  选取不同的角度,可以将广告口号作不同的划分。着眼于内容和形式的统一,我们可以把广告口号大致划分为三类:

1. 侧重于对受众进行鼓动的广告口号

用精练的、直白的鼓动性语言制作成广告口号,激励消费者去购买某种商品或接受某种服务。如:

困了、累了,喝红牛(红牛饮料广告)

童装要穿"童的梦"(上海童的梦制衣公司广告)

2. 侧重于与受众进行沟通的广告口号

有些广告口号旨在与受众进行心灵沟通,致力于获得受众的心理认同。如:

我不认识你,但我谢谢你(义务献血公益广告)

用丽诺洗碗机娇惯你心爱的家庭,这可是你的义务啊(丽诺洗碗机广告)

3. 侧重于突出产品闪光点的广告口号

也有一些广告口号,以一句话或一个短语,突出产品的闪光点(主要特点、主要好处等),往往"弹无虚发",让人刻骨铭心。如:

滴滴香浓,意犹未尽。(麦斯威尔咖啡广告)

它所突出的是麦斯威尔咖啡滴滴香浓的特点。其中,前半部分写的是直接感受,后半部分写的是喝完所留下的余韵。这是直接突出产品闪光点的广告口号个案。而有些广告口号,则用间接的方法突出了产品的闪光点。如:

按捺不住,就快滚(微软鼠标广告)

这一广告口号,巧妙地突出了微软鼠标灵活好使的主要优点。又如:

学琴的孩子不会变坏(雅马哈钢琴广告)

4. 侧重于倡导某种新观念的广告口号

有些广告口号,并不着眼于产品的推销和服务的推行,而是在一个比较高的立足点上倡导相关的新观念。如果目标受众接受了这样的观念,就可能接受特定的产品和服务。这看起来是舍近求远甚至不着边际,然而实际上体现了"攻心为上"的策略。

1997年倍耐力轮胎发起了一场泛欧洲的广告运动,由法国著名短跑运动员、奥运会女子400米冠军佩雷克担任女主角,表演了"飞人"逃脱怪兽追杀的惊险动作。此举意在推广倍耐力轮胎的新理念:力量无非来自于控制。作为广告口号,"力量无非来自于控制"得到了广泛传播。

这方面具有经典意义的例子还有:

不在乎天长地久,只在乎曾经拥有(铁达时手表广告)

科技以人为本(诺基亚手机广告)

(四)广告口号的作用

目前在国内,广告主出巨资征求优秀广告口号的例子,时有所闻。他们青睐广告口号的原因很简单:希望通过一种朗朗上口的简单文字,让消费者记住自己。文案撰稿人为了帮助广告主达到这样的目标,就必须仔细研究消费者的心理、产品的特性、市场的状况,研究社会文化的大背景,努力创作出优秀的广告口号。

广告口号有如下作用。

1. 加深印象

即通过广告口号的反复宣传加深受众对企业、品牌、产品或服务的印象。例如,中国建设银行龙卡的广告口号"龙的传人用龙卡",经反复宣传,已经深入人心。只要是中国人就会想到自己是龙的传人,也就会对龙卡情有独钟。广告口号令消费者对某一个产品、服务或企业的记忆不断加深,帮助广告主在市场上扩大知名度。受众不可能记住广告文案的全部内容,但却可能对广告口号兴致盎然、历久难忘。"蒂花之秀,青春好朋友","一顺到底才叫爽"——2001年中国洗化用品企业多如牛毛,蒂花之秀和顺爽公司还真是要感谢这两句广告口号,让它们能够在众多的品牌中脱颖而出。

2. 长远促销

好的广告口号由于揭示了产品个性和消费者需求的内在关系,能达到长远促销的目标。例如 M & M 牛奶巧克力广告语"只溶于口,不溶于手",自20世纪60年代由瑞夫斯提出后,一直沿用至今。

3. 树立形象

广告口号还可用来传播企业(广告主)的精神、观念和宗旨,为树立企业的良好形象而发挥重要作用。例如 MM 公司的广告口号"四海一家的解决之道",表现了企业为实现世界大同而作出的努力。奥妮集团提出的广告口号"长城永不倒,国货当自强",表达了企业振兴民族工业的爱国心、爱国情。这些广告口号对于树立企业良好的公众形象起着重要的作用。同一句话贯穿于特定的广告活动始终,就能不断地向消费者传达某一个企业理念,介绍产品特性,使品牌形象清晰可见。"原来生活可以更美的",美的集团因为这一口号在消费者的心目中成了和大家一起创造美好舒适生活的伙伴。"只管去做",耐克鞋在年轻人眼中就是个性张扬的代名词。

4. 倡导观念

广告口号有能力改变受众的消费观念,甚至引导新的流行文化。有些产品的推广,就是在有意识地培养受众的消费意识。"女人更年要静心",更年期购买保健品成了必须的选择。"水晶之恋,爱你一生不变",买果冻不再是小朋友的专利,谁说大姑娘、小伙子不能吃果冻呢?还有的广告口号要求得到人们的心理共鸣,总是在观念意识上做文章,如此就很容易掀起新的流行文化的盖头来。"猫在钢琴上昏倒了"(中国台湾地区的 Y 广告公司),这样一句让人摸不着头脑的话就成了不少人的口头禅。减肥不也是在众多的广告口号中成为全民运动的吗?"好身材要保持"(大印象减肥茶)、"美好生活从曲美开始"(太极集团)、"脂肪运动专家"(安必信),谁能够在这样的氛围中还硬要保持对肥胖的钟爱呢?

三、仅有标题的广告

(一)广告标题与广告口号的区别

广告标题和广告口号都是引人注目的词句。在一则完整的广告文案中,广告标题和广告口号的区别是显而易见的:一是在使用的时限上有区别。广告标题随文而异,而广告口号则相对稳定、长期使用。二是在制作的目的上有区别。广告标题的目的是引导目标受众阅读广告正文;而广告口号的目的,则是建立和倡导广告主想要倡导的观念,用以指导消费者的消费行为,或塑造企业或产品的良好形象。三是在构成的形式上有区别。广告标题的形式复杂多变,长短不一,长标题可以由数行构成,而广告口号一般都只是一句话或者一个短语。

如同有的新闻只有标题一样(即标题新闻),有的广告也只有标题。中日合资上海大和衡器有限公司的一则广告是这样的:画面上一老翁缓缓前行,步履缓慢而坚定。他的手里举着一弹簧秤。画面上方仅有两行字:"公道不公道,只有我知道。"这可以看作是画的标题,当然也就是广告标题。标题是画面的点睛之笔,而画面又构成了对标题的补充。

在广告文案中仅有标题与在广告文案中仅有口号,两者似乎不太容易区分。然而,实际上两者还是可以辨识的。广告口号是可以离开广告作品中的画面而单独存在的。例如,上海申花电器产品的广告"领先一步——申花电器",笼统地说,它是广告语,而细细分析起来,它应属于广告口号,而不是广告标题。它可以作为表意完整的语言在人们中间传扬。而如果文案中仅有标题,这标题就必须依赖于与之相配的画面。前面我们引用过的"公道不公道,只有我知道",离开了特定的画面,此话就会让人感到不知所云。

(二)仅有标题的文案的写作原则

在仅有标题的文案写作过程中,除了体现一般广告标题的写作原则以外,还应当十分注意体现标题与画面相配的原则。

第三节 系列广告文案

在实际生活中,系列广告的使用频率很高。对于这一类广告,我们有从理论上予以关注的必要。

一、系列广告的涵义

系列广告是指在内容上相互关联、风格上保持一致的一组广告。系列广告一般是在统一的广告策略的指导下,经过统一策划而制作完成并且连续刊播的广告群。系列广告作品在画面、文案上有所变化,其数量一般在三则以上。这类广告不是同一广告的简单重复,而是一系列设计形式相同但内容有所变化、各有侧重的广告的有机组合。各则广告既相对独立,又相互联系,有着分工明确、有效综合、配套成龙的特点。通过各种媒介传播的广告作品中,都有为数不少的系列广告,在报刊广告、电视广告和广播广告中,系列广告尤其常见。

二、系列广告的特征

(一)内容的相关性

系列广告文案的内容大都是关于同一产品或服务的,有统一的定位。虽然也有一些系列广告文案是关于同一类产品的不同型号、不同款式的,但其内容总是有许多相同、相近或相关之处。系列广告内容上的相关性又是与其内容上的前后勾连、相互补充、环环相扣的有序性联系在一起的。系列广告所有作品传达的广告信息都有一定的关联,或是以一个主题为中心,在不同的侧面展开;或是对相同的广告信息以不同的表现方法不断深化。也就是说,系列广告的设计、制作和发布,应按一定的逻辑顺序进行,或先总后分,或由浅入深,或从粗到细,或始隐终显,总之应体现一种内在的必然联系,使消费者能够理解并乐于接受。

（二）风格的一致性

系列广告还表现出风格的一致性。其所有作品都保持一种统一的风格,呈现出一种鲜明的个性特点。不管是同一产品的系列广告,还是同一类产品的不同型号产品的系列广告,都要求在表现风格上做到和谐一致,体现出较强的整体感,使人一看就知道是一组系列广告。系列广告最忌单兵作战,各自为政,缺乏整体性和凝聚力。广告文案的风格包括语体风格和除此以外的其他表现风格。语体风格包括书面语体风格和口语语体风格。广告文案的风格是多姿多彩的：或华丽或平实,或含蓄或明快,或庄重或幽默,或繁丰或简洁,或豪放或婉约。对于一组系列广告文案来说,保持风格上的一致性,才能容易为受众所识别。

（三）结构的相似性

系列广告文案的结构是相近、相似甚至相同的。在一组系列广告文案中,如果其中的第一则是采用标题＋正文＋广告语＋随文这样的格式成文的,那么,紧随其后的文案的文本结构,就应当与此大致相同。系列广告在结构上表现出一定的相似性,这是人们区分系列广告还是单篇广告的重要标志。这种结构上的相似性具体表现在以下几个方面：一是文案标题句式的一致性,通常采用句式相同或相近的标题。二是文案正文结构的一致性,通常在篇幅、结构、行文方式上相同或相近。三是画面表现的一致性,往往选用在构图、色调等方面有某些共同特点的画面。

（四）系列广告文案表现的变异性

系列广告的主题、风格虽然相同,但它们并不是同一则广告作品。除了广告信息方面的变化,系列广告作品之间最大的差异是广告表现的变化,包括画面的变化、标题的变化、文案正文的变化等等。这种表现的变异性是与消费者对广告的接受心理密切相关的。消费者一般只接受与他们以前得到的消息或经验有所比较的信息,任何新异事物都易成为其注意的目标,而刻板的、千篇一律的习惯性刺激却很难引起人们的注意。要使消费者不至于对系列广告产生不适应感和厌烦感,要让系列广告吸引受众连续看下去,就必须避免雷同化,突出差异点,保持新鲜感,增强可读性。当然,系列广告的"异"是同中有异。这种"异",最集中地体现在文字技巧和艺术表现手段的变化上。

三、系列广告的主要类型

对系列广告的分类,人们有不同认识。有人按照系列广告的直观表现,将它分为：相同造型重复出现的系列广告、相同标题重复出现的系列广告、连环画式的系列广告、相同模特重复出现的系列广告。这种分类注重于系列广告表现方法方面的某些特征,但是并没有涉及各种类型的系列广告之间的更本质的区别。因此,我们以系列广告传达的广告信息为分类标准,将它分为以下三类。

(一)信息一致型

即系列广告的所有作品都传达完全相同的信息,但采用不同的表现方法来表现,从而使受众对广告信息产生深刻的印象。如下面4则海尔冰箱的广告正文都是一样的:

  银色变频:数字变频技术,日耗电量0.48度;三温四控技术,精确控温±0.2 ℃;无级变速,实现开机软启动,关机软停机;人工智能技术,全自动控制冰箱运行;数码显示,自动记忆。

但4则广告的正副标题分别为:

第一则:

  默默的月亮

  (海尔银色变频冰箱,感光如月——运用数字变频技术,日耗电量仅0.48度)

第二则:

  冷冷的月亮

  (海尔银色变频冰箱,如月之冷——独有的深冷速冻设计,迅速锁定食物新鲜)

第三则:

  百变的月亮

  (海尔银色变频冰箱,百变如月——实现数字化变频,整机寿命高达15年)

第四则:

  静静的月亮

（海尔银色变频冰箱，如月之静——采用进口变频压缩机，噪音降低5—6分贝）

每一个副标题都对正标题作出了回应和解释，且都强调了海尔冰箱的与月亮的某一个侧面相对应的特点。广告诉求内容的表现，既重点突出，又妙不可言。就这样，消费者的注意力被吸引到了海尔冰箱产品的四大优势上。

（二）信息并列型

部分系列广告将同一主信息分割成表现主信息不同侧面的分信息，通过系列的形式加以表现，从而使受众对广告信息的各个部分有全面的了解。这种类型的系列广告，常常由一则传达完整的广告信息的广告作品统领几则传达各侧面信息的广告作品。如《北京晚报》"北京人篇"中的如下几篇：

第一篇：

报纸不是那样读的

早上9点上班，下午6点下班

然后加班到凌晨

一切是那么自然

工作的时钟已将我程序化

我一直认为紧张的生活才会不断前进

所以微笑也变得很有效率

我更明白保持头脑新鲜才能不落后

所以每天坚持像读文件一样读报

直到有一天

一位同事递给我一杯咖啡说：

报纸不是那样读的

那报纸还能怎么读呢？

或许是阅读与效率无关

"程序"间断的时候

我听到了光线穿透玻璃窗的声音

穿透空气的声音

穿透文字的声音

穿透心的声音

光芒中

每一个文字散发着新鲜的油墨味道

只有手边刚刚煮好的咖啡才能与之媲美
我发现我还会感动
（广告口号）晚报不晚报

第二篇：
　　　　　　来一份昨天的晚报
一场深秋的雨
从昨天午后一直下到今天
雨过天晴
我第一个愿望就是跑到街上
尽情享受清新的空气
看一看北京的天空中
有没有久违的彩虹
细细的风吹着暖暖的阳光
我走向那个熟悉的报摊
阿姨刚刚摆好摊位，对我笑笑，问：
"来一份儿刚到的？"
"来一份儿昨天的晚报！"我说
阿姨愣了一下
然后在报纸底下翻了翻
拿出一叠皱皱的北京晚报，说：
"昨天下雨，没来吧。"
我点点头
我喜欢收集老电影
却从没有买到过昨天的晚报
（广告口号）晚报不晚报

第三篇：
　　　　　　时间不能改变一切
曾经我如此笃信
时间会让一切褪色
看时间能让书生意气的小伙子

变成中庸的小职员
也能让漂亮的女大学生
变成忙里忙外的主妇
激情没有了
梦想幻灭了
希望生活在平平淡淡的生活之中
时间给了我平静的心
但我注定要用它来寻找感动
我看到时间在我的脸上慢慢划过
也看到生活让她变得更像女人
时间给了门前的小树更多枝叶
也让一个呱呱待哺的小东西学会了叫妈妈
就是这样
一个瞬间的开始
就可以给一切一个永远继续下去的理由
我沉浸在时间之中
为了它所改变的一切
也为它所不能改变的一切……
一支小手拉拉我的衣角
我发现车已经来了……
(广告口号)晚报不晚报

这组系列广告以普通北京人的口吻,从写他们生活体验和感受切入,或直接、或间接地落到为《北京晚报》所作的诉求上。几则广告或者与诉求点贴得很近,或者与诉求点离得很远,但都写得新颖别致,引人注目。虽然诉求内容各有侧重,但广告口号"晚报不晚报"(虽然是晚报,但对新闻并不晚报)是始终不变的。这既是报纸对读者所作的郑重承诺,也是对其主要特色的言简意赅的概括。

(三) 信息递进型

一部分系列广告,传达彼此关联又层层递进的信息,使受众对广告信息的理解不断深入。山东新华制药股份有限公司二磷酸果糖的系列广告就是如此。

以下是山东新华制药股份有限公司,刊于1997年5月6~15日的《中国医药报》、1997年6月的《医药经济报》第51至54期上的系列平面广告:

广告一：

中国人，要打中国"牌"！

——中国制药工业巨子山东新华诚邀全国商业精英全面推广中国二磷酸果糖第一品牌。

当西方的阿基米德在一次洗澡中悟出了"浮力定律"之后，中国的天才少年曹冲也完成了"石头称大象"壮举……

时间进入了20世纪90年代，当中国的新药市场拥挤着西方跨国公司的面孔时，人们在焦急地期待着中国制药工业巨人的身影……

新华二磷酸果糖，终于听到了巨人的脚步声……

广告二：

神圣的中国牌！

——中国制药工业巨子山东新华诚邀全国商业精英全面推广中国二磷酸果糖第一品牌。

3月15日，由于质量和服务的问题，一个著名进口品牌的所有电子产品，被海口最大的商场"乐普生"商厦全部撤下……

3·15晚会，四个进口品牌彩电被国家技术监督局、电子部检查不合格被曝光……

无情的事实，刺痛了数亿中国上帝的心……

人们在反思，反思自己对进口品牌的盲从；

人们也在期待，期待着民族品牌的崛起……

山东新华，中国制药工业巨子，深感自己肩上的重任……

新华二磷酸果糖，开始奏响一部巨人的乐章……

广告三：

新华牌，中国牌！

——中国制药工业巨子山东新华诚邀全国商业精英全面推广中国二磷酸果糖第一品牌。

据报道，某外国汽车公司给予它德国的购户不仅有保修4年的优惠，而且还为购户代交了2年车税和1年保险费……

但同样这家公司的汽车卖到中国，不仅保修期减至1年，而且甚至连一份中文说明书也没有随车配给……

人们期待民族工业强大的时间已经很久了，

人们期待民族品牌崛起的时间也很久了，人们心里早就憋着一口气，希望我们自己强大起来的品牌，尽早把这种歧视从家门口赶出去⋯⋯

新华二磷酸果糖，一个巨人行动的开始！

广告四：

新华牌，工商双赢的中国牌！

——中国制药工业巨子山东新华诚邀全国商业精英全面推广中国二磷酸果糖第一品牌。

中国名牌药品，要由中国商业精英代理，中国名牌利益，要由中国商业精英分享。

一个价值9.31亿人民币的制药名牌，二磷酸果糖出人意料地报出中国市场较低的价位，足见山东新华这个制药工业巨子全面创建新华二磷酸果糖中国第一品牌的决心。

强者慕英雄，

伯牙遇子期⋯⋯

同根的兄弟，为了同一个目标走到一起，为了实现中国牌的辉煌！⋯⋯

在上述系列广告中，回荡着一个主旋律：要打中国牌。第一则广告，将曹冲的"石头称大象"与阿基米德的"浮力定律"相并列，意在激发人们的民族自信心。第二则广告，列述进口的外国著名品牌电子产品被撤柜、被曝光。第三则广告，告诉人们：山东新华二磷酸果糖在人们对民族品牌的期待中崛起。第四则广告，发出"中国名牌药品，要由中国商业精英代理，中国名牌利益，要由中国商业精英分享"的呼唤，可谓水到渠成。从内容上看，整个系列广告扣住"打中国牌"这一主题而演绎、而推进，表达的意思逐层加深。从形式上看，每则广告的第一句话是不变的（"中国制药工业巨子山东新华诚邀全国商业精英全面推广中国二磷酸果糖第一品牌"）。显然，全国商业精英是该系列广告的诉求对象。抓住"打中国牌"的主题，有利于从情感上打动他们；而抓住"名牌利益分享"，则有利于从经济利益上打动他们。双管而齐下，则效果叠加。

四、系列广告文案的表现形式

（一）标题不变正文变化型

即在系列广告文案中用相同的标题配合变化的正文。如苹果电脑公司报纸系列广告的文案,所有的标题都是"因为它得心应手,您当然随心所欲",而正文则分别介绍苹果软件在商业应用、配合不同操作软件等方面的过人之处。再如"汾阳杏花酒"系列广告:

其一:

杏花汾酒远驰名,洌润甘芳品格清。
庄起太白来一醉,好诗千首唤人醒。

其二:

将军跑马触神泉,美酒喷香勇士喧。
一饮三呼摧敌阵,凯歌高唱满汾川。

其三:

贪杯莫诬醉八仙,浪迹红尘颠倒颠。
科学摄生适量饮,为民服务可延年。

其四:

巧把琼浆装玉瓶,五洲四海播清芬。
争誉不只家邦美,万国联欢也托君。

这四则广告用独特的诗歌体将汾阳杏花酒的历史、品质、影响及厂家对消费者莫贪杯的忠告和盘托出。

(二)标题变化正文不变型

即在系列广告文案中用不同的标题配合相同的正文。如来自瑞士的瑞泰人寿保险公司在中国台湾地区报纸刊登的系列招聘广告,四则广告正文完全相同,但是分别冠以"寻人"、"征人"、"找人"、"要人"的标题,虽然正文相同,但是多变的标题仍然有助于加深受众的印象。

(三)标题变化正文变化型

即在系列广告文案中,每一则广告文案的标题和正文都有所变化。如丽江花园在羊年春节期间发布的广告:

美　服

因为衣服的缘故，所以要过年。服装是身体的心情史，于是快乐开始公开发售。时间放了春、夏、秋的长假，衣服们只好躲在衣柜里冬眠。严冬被过分包裹之后，春节开始收复失地。好衣服决定联合起来，渲染新年。所有灰色的，黑色的忧郁，被迫退位，热情之红正轰轰烈烈地选举羊年。为美服准备的年轻盛宴，决定在丽江花园准时绽放。

甘　食

因为美食的缘故，所以要过年。对于丰收心存感激的人们，渴望食欲就像即将收割的麦子一样成熟。美食家在复兴生活的味道，百姓们已经开始改造春节，因为上苍保佑吃饱喝足的人们。用盛宴表达的富足，让幸福的感觉溢于言表。藏有极品食谱的美食家笑了，有消息表明：在丽江花园，新一代的生活者对好粮食充满欲望。

安　居

因为居所的缘故，所以要过年。身体是灵魂的居停所，房子是身体的栖居地。传统欲望抵抗不了物质的诱惑。长×宽×高×的三维空间，是中国人永恒的情结。不可以选择的起源，却可以选择居所，对好房子的崇拜和信仰改变居住者的格调与气质。看得到风景的格调与气质。看得到风景的住宅，折射出精神的依托，在最后的乐土没有找到之前。丽江花园正在筹建最诗意的幸福家园。

乐　俗

因为民俗的缘故，所以要过年。从冬至到立春，中国最好的新年民俗渐被拍卖成稀有产品。会织毛衣的女孩越来越少了，照片成了童年和风筝的最后回忆。传统的中国在重振旗鼓，饺子、包子、菜合子发誓在春节起义，鞭炮、唐装、压岁钱正在全国进行巡演。羊年的春节注定成为乐俗者的复活节，听说住在丽江花园的人们已经提前着手热购春联。

在这一组系列广告中，创意基点放在春节期间人们对服装、美食、居所、民俗所具有的美好愿望上，广告巧妙地将丽江花园嵌入人们的生活中，让人感到丽江花园就是理想的一部分。其中的每一则广告都能独立成篇，又相互协调配合，共同绘制出春节浓浓的民俗氛围。

（四）标题不变正文不变型

在有些系列广告中，标题和正文都没有变化，但是版面的编排发生了变化，与文案配合的画面也发生了变化，这种表现方法一般出现在以画面为中心的系列广告中。

五、系列广告文案的写作要求

系列广告文案具有与单篇广告文案不同的特点，故而在写作上也有不同的要求，具体表现在：

（一）注意语言的相互呼应和风格的一致性

前面讲到系列广告的语言风格必须保持一致性，这是为了加强系列广告的有机联系，发挥系列广告文案的整体效应。在行文中要注意遣词造句乃至篇章结构的呼应。例如广东邮电企业形象的系列广告文案，在用词上都十分注重在统一中求变化，在变化中求统一，正文第一句分别为：

（1）多年来，我们遵循"人民邮电为人民"的精神，以充分满足社会各界和公众沟通需求为己任，不断拓展电信业务。

（2）多年来，我们秉承"服务社会，服务万家"的信念，以充分满足社会各界对电信业务的需求为己任，不断开拓新业务，使电信业务更为丰富多彩。

（3）多年来，我们力践"以发展求生存"的思想，锐意进取，不断超越。

不难看出"遵循……精神"、"秉承……信念"、"力践……思想"是相呼应、相映衬的，虽然侧重点不同，但有着同样的力度和涵盖力。

（二）注意广告信息的完整性

写作系列广告文案之前，应根据广告信息的内在联系对它们进行分类，并且分类应尽量穷尽，不要遗漏任何一个重要的、可能和其他信息构成明显的并列或递进关系的信息。在写作系列广告文案时，应尽量一个单篇传递一类信息。如果有三个并列或递进的广告信息需要传递，那么系列广告就应包括三个相对独立的单篇作品，必要时还可以以一个具有概括性的单篇总括和提示其他单篇的内容。同时，对系列中的各单篇广告应"一视同仁"。写作系列广告时应给每一个单篇以同等的重视,并且在每一个单篇上花费大致相同的精力和笔墨,以保证系列广告整体的平衡。

(三)选择适合产品或企业自身特点的表现方式

系列广告文案的展开要充分考虑产品或企业的特点,对新上市的产品可采用悬念吸引的方式展开;对功能多或优点多的产品可采用整体分解或化解难题等方法展开,将产品的功能、优点及解决难题的方案娓娓道来;对于适用对象较广的产品,可采用角色更换的展开方式。但是,另一方面,我们还必须注意系列广告展开方式的多元性与开放性。除了上述介绍的方式以外,在系列广告文案写作的过程中,还必须善于创造新的方式。因为惟有创新,才能更有活力,才能更吸引受众的注意。

关 键 词

完整型广告文案、广告标题、广告口号、系列广告。

思 考 与 练 习

1. 试比较广告标题与广告口号间的联系与区别。
2. 请尝试为百事可乐不同时期的推销活动撰制广告。
3. 好的广告标题应当具备哪些条件?
4. 广告口号有哪些特点?
5. 系列广告有哪些特征?
6. 以下是《北京晚报》抓住举世瞩目的大事,为报纸所作的广告。这些广告保持了总体风格上的一致性,同时又显得个性鲜明、趣味十足。阅读以下文案,为你所选择的一份有特色的报纸撰写一组系列广告文案。

附《北京晚报》系列广告文案:

入世篇:

    中国入世了,孩子出世了
  从几天前
  就默默念着
  这一天会是什么样子
  全家人都紧张兮兮的

只有我睡得最平静
她的到来
与其说惊喜
不如说自然
就像现在
我和我怀里的小东西
在一个被阳光逗笑的下午……
(广告口号)晚报不晚报

APEC篇：
　　　APEC会议开了,锅也开了
他喜欢什么汤
美式的、俄式的、日式的、泰式的
还是美味的家常式的
反正一切由我决定
现在,他的朋友们已经来了
但汤好像还是要多煮一会儿
谁让新闻的味道比汤来得早？
(广告口号)晚报不晚报

申奥篇*：
　　　　不是不报,消息未到
关注让普通的一天变得不平凡
北京时间2001年7月13日22时30分
注定成为让所有中国人瞩目的时刻
我们真心希望提前将最新鲜的好消息报告给您
但时间让我们与您一同等待那一时刻的到来
预祝北京申奥成功！

　　*此平面稿发表于2001年7月13日当天的《北京晚报》上,由于《北京晚报》是当日下午2点发行,而由于时差的原因,国际奥委会的消息要在北京时间当天晚上22点才能公布。因此,这个稿子用含蓄但是大胆的方式,提前预见了北京申奥成功。

7. 以下是获《现代广告》2001年"创意无限"大奖赛金奖和全场大奖的网易

系列广告。试对该系列广告加以评析,说说从中获得的启迪。

广告一:

要是长城只有一个人建造?

任何时候,唯有共同参与,才能创造出万里长城的奇迹。网络时代每个人都可能创造奇迹。因为互联网把所有人联在一起。当所有人同参与、共分享时,13亿人的力量谁可估量?网易致力于推动中国互联网的发展,率先开发出全中文搜索引擎,免费电子邮件系统,网上虚拟社区等先进技术,建造中国互联网的平台。然而若没有数百万人的共同参与,我们又如何创造日均页面浏览量2 400万,登记用户590万,聊天室34 000人同时共用的骄人业绩?感谢大家的参与,期盼更多人参与进来与我们一起共建中国互联网美好的未来。

网聚人的力量。

广告二:

要是面对挑战都是孤军奋战?

任何挑战,唯有更多同伴支持,才能临危不惧,赢得胜利。网络时代你绝不会孤军奋战,因为互联网把所有人联在一起。当所有人同参与、共分享时,13亿人的力量谁可估?网易致力于推动中国互联网的发展,率先开发出全中文搜索引擎,免费电子邮件系统,网上虚拟社区等先进技术,建造中国互联网的平台。然而若没有数百万人的共同参与,我们又如何创造日均页面浏览量2 400万,登记用户590万,聊天室34 000人同时共用的骄人业绩?感谢大家的参与,期盼更多人参与进来,与我们一起共建中国互联网美好的未来。

网聚人的力量。

广告三:

要是节日只有一人庆祝?

任何庆祝,只有更多人参与,才能拥有更多的快乐。网络时代每个人的欢乐都能变成大家的快乐。因为互联网把所有的人联在一起。当所有人同参与、共分享时,13亿人的力量谁可估?网易致力于推动中国互联网的发展,率先开发出全中文搜索引擎,免费电子邮件系统,网上虚拟社区等先进技术,建造中国互联网的平台。

然而若没有数百万人的共同参与,我们又如何创造日均页面浏览量2 400万,登记用户590万,聊天室34 000人同时共用的骄人业绩?感谢大家的参与,期盼更多人参与进来,与我们一起共建中国互联网美好的未来。

网聚人的力量。

第七章　广告文案的分步写作

不是所有的文案,标题、主体、口号和附文一项都不少。但是,人们却只有在熟练掌握了每一个部分的基本写作技能之后,才可能显得游刃有余。

第一节　广告标题的制作

一、广告标题制作的成功经验

（一）奥格威的标题写作十大原则

怎样创造出一个紧密结合广告主旨,诉求单纯、创意出众、简洁明了的好标题呢?这其实是个很大的命题。如果从头说起,就需要人们从知识和经验的储备工作开始。但如果仅从技术的角度来说,制作好的广告标题也是有章可循的。

大卫·奥格威在他的著作《一个广告人的自白》中曾这样给标题写作提过建议:

一、标题好比商品价码标签,用它来向你的潜在买主打招呼。若你卖的是彩色电视机,那么在标题里就要用上彩色电视机的字样。这样就可以抓住希望买彩电的人的目光。若是你想要做母亲的人读你的广告,那在你的标题里要用母亲这个字眼。……

二、每个标题都应带出产品给潜在买主自身利益的承诺。……

三、始终注意在标题中加入新的讯息,因为消费者总是在寻找新产品或者老产品的新用法,或者老产品的新改进。……

四、……会产生良好效果的字眼是:如何、突然、当今、宣布、引进、就在此地、最新到货、重大发展、改进、惊人、轰动一时、了不起、划时代、令人叹为观止、奇迹、魔力、奉献、快捷、简易、需求、挑战、奉劝、实情、比较、廉价、从速、最后机会。……

五、读广告标题的人是读广告正文的人的5倍。因此至少应该告诉这些浏览者,广告宣传的是什么品牌。标题中总是应该写进品牌名称的原因就在这里。

六、在标题中写进你的销售承诺,这样的标题就要长一些。……10个字或者10个字以上的带有新讯息的标题比短的更能推销商品。……

七、标题若能引起读者的好奇心,他们很可能就会去读你的广告的正文。因此在标题结尾前你应该写点诱人继续往下读的东西进去。

八、有些撰稿人常写一些故意卖弄的标题:双关语、引经据典或者别的晦涩的词句,这是罪过。……你的标题必须以电报式文体讲清你要讲的东西,文字要简洁、直截了当,不要和读者捉迷藏。

九、调查表明在标题中写否定词是很危险的。……

十、避免使用有字无实的瞎标题。就是那种读者不读后面的正文就不明其意的标题。而大多数人在遇到这种标题时是不会去读后面的正文的。①

结合奥格威的广告标题写作原则和业界的经验,我们可以提出如下观点。

一是投目标受众所好,并切实地使之受益。人们阅读广告时,总是期待着有所获益,因此这种能带给受众切实利益的广告通常是最为有效的。请看下列标题:

每次我们竞赛,你总赢。

这是雅马哈电子琴的广告标题。它表明在电子琴行业的激烈竞争中,消费者总是毫无疑问的受益者。

不用破费太多即可使你的发型永久。

这是某发廊的广告标题,它向消费者显示了自己质优价廉的服务。

了不得,如今你的美金,在意大利比在欧洲百分之八十的观光国家中,能够买更多的东西。

这是意大利航空公司广告标题,它向顾客告知去意大利旅游的好处。

二是尽量把新内容引入标题。能为人们提供最新信息的标题是最容易引起人们注意的标题。人们往往比较注意新事物的出现,观察是否有新产品问世,旧

---

① 大卫·奥格威著:《一个广告人的自白》第94—98页,中国友谊出版公司1991年出版。

产品有无新用途或新改进,是否有新的观念涌现等。包含新闻字眼的标题很能引发人们的兴趣。如"结实的杜邦塑料能在冲击破碎情况下使破碎玻璃片仍粘合在一起";"'吉普'打火机每天使用,20年后唯一该更换的部件无非是它的铰链";"真的!你无需正式学习,经过30分钟的练习就能用它弹出美妙的音乐了"(风琴广告)——这些标题,虽然并未出现"新"字,但只要能使受众感到有利可图,那就能使受众感兴趣。这类广告标题一般用在介绍新产品、技术革新以及服务改进方面的广告中。

三是标题中尽可能写上商标名称。由于读广告标题的人远远多于读广告正文的人,因此,对于一些竞争激烈的消费品,其广告标题上应尽可能写上商标名称,使那些只看一眼的受众知道你所宣传的商品具有的特殊标志。如:

光临风韵之境——万宝路世界

Datsun牌汽车一天节省一加仑汽油

四是使用能够引起人们好奇心的词语。广告标题的目的是为了引导受众阅读下文,将某些有着强烈吸引力的词语运用于标题,将更增添魅力。如:

我爱上一个名叫Cathy的女孩,但我却杀了她。

这是一则劝告人们不要酒后驾车的广告。读者一看到这个标题,就会被深深震动,好奇心会驱使他继续阅读广告正文,以便弄清为什么会出现这种悲剧。

为何Gas公司能以快三倍的速度向你提供一箱又一箱热水?

Gas是美国一家生产煤气灶的公司,它采用提问方式,激发受众的兴趣。

五是长度适中。美国纽约零售业研究院与百货商店合作,对广告标题进行调研,结果发现:字数10个或10个以上的标题,只要有新内容、新信息,常常比短标题推销的商品多。6~12个字的标题广告效果最佳。大卫·奥格威认为广告撰稿人不应害怕长标题,他一个得意的标题便包括了26个字,这就是他为著名的新罗斯—罗伊斯汽车所作的广告标题:

在时速60英里时,新罗斯—罗伊斯汽车的噪音发自车上的电子钟。

六是避免使用笼统或泛泛的词语。广告标题应是生动、具体、形象的,而不应使用笼统词语和陈词滥调。试比较下面两个广告标题:

其一:它带给我一流的头发。

其二:它使人的头发质地柔软、熠熠生辉,恰似绿草地一般清新芬芳。

上面两个广告标题同是为洗发液拟制的,同是强调洗发液的高质量,前者只是泛泛而谈,难以给人留下印象,后者却栩栩如生,使人不禁为之神往。

七是忌用晦涩难懂的词。在现今的信息社会中,受众每天面对无数广告。据统计,美国平均每人每天接触广告15条。如果特定广告登在报纸上,标题常需跟其他几百条广告的标题相争,以赢得读者的注意力。研究表明,人们在浏览这些密密麻麻的标题时,速度很快,根本不会停下来推敲弦外之音。因此,必须用明白无误的语言写标题,以便把要说的话告诉读者,千万别玩捉迷藏的游戏。如下述两则广告标题,其效果是不同的。一则是:"一举数得";另一则是:"每月只付一百元,就能拥有一台彩色电视机"。前者含糊,令人费解;后者明确具体,引人注目。

八是避免使用否定词。标题中使用否定词很危险,读者往往喜欢正面的陈述。因此在广告标题中最好说明事物是什么,而不说非什么。如:

我的盐中没有砷

这一广告标题的原意是告诉读者这种产品不含危害人体的砷,可是读者却留下了"盐中有砷"的印象,从而不敢问津。

九是将"卖点"体现在标题中。这是每一个广告文案撰稿人在落笔之前必须考虑的问题。具体地说,是这样几个问题:(1)给顾客怎样的利益承诺?什么才是顾客、受众最感兴趣的有关他们自己切身利益的信息?(2)突出什么样的企业形象?是价格、质量?还是售后服务或者企业文化?(3)有什么新信息?比如新产品究竟新在何处,促销活动如何进行?(4)什么是最有趣味的?对所掌握的资料进行分门别类的处理,然后挑选出最需要在标题中表达的话。为了突出标题中的"卖点",必须将标题安排在醒目显要的位置上。

十是时时提醒自己注意几个问题:第一,文字的表达简洁清楚吗?有没有以词害意?第二,有没有套用别人的老话,是否缺少创造性?第三,有没有使用人性化的语言？有趣味吗？当然古人练字的功夫在标题制作中也要派上用场。每一个词甚至每一个标点都需要进行精心的推敲，力求找到最完美的表达方式，使之成为不可替代的标题语言。第四，坚持广告标题的准确性。这是一项基本要求。标题对所涉及的事实的叙述和评价应是准确的。标题对正文内容的概括也应是准确的。写标题一定要题文相符，如果一时找不到适合的词句作标题，写不出不要硬写。

二、制作广告标题的常用方法

（一）利用人们对新闻的注意及阅读新闻的习惯

这类标题类似报纸新闻标题。利用人们对新闻的注意及阅读新闻的习惯，以新闻报道的方式对产品或服务进行介绍。这类标题提供的事实，应该是新鲜的、大家感兴趣、想了解的，这才能引起消费者的注意。比如，"新的百科全书即将出版"、"西安肉联厂隆重推出——啤酒火腿，德国红肠"，它们都属于新闻型标题。

（二）承诺能给消费者带来的利益

这类标题首先提出消费者最想得到、最为关心的利益，并作出负责任的承诺。这种利益除能满足消费者物质上或心理上的要求外，还包括省时、安全、方便等方面的好处。如"治病不开刀，光到见疗效。"这是宣传使用激光治病的广告标题，其意为，如果能按照广告所提供的服务项目就诊，可以免除开刀的痛苦。这类标题中所允诺的利益越大，越能引起消费者的兴趣，但应注意所允诺的利益要能兑现。

（三）诚恳地为消费者出点子、提建议

在广告标题中诚恳地为消费者出点子、提建议，会收到事半功倍的效果，使受众由于信任而自觉地消除对广告的排斥心理。这类标题主动地劝说或强烈地暗示读者去做或去思考某些事情。如"果珍"广告建议："冬天要喝热果珍"。就此一句，形成了喝热果味饮料的时尚，把单季市场的产品扩展成全年性旺销产品。建议型标题宜用平缓、礼貌、恭敬的言词来敦促人们采取行动，一般句中多采用"请"、"欢迎"等字眼，不宜用惊叹号。

（四）慎用与同类商品或服务的比较

通过与同类商品或服务的比较，来显示自己的优越性，使消费者对本产品或服务的独到之处有深刻的认识。这类标题不能指名道姓，以采用泛比为宜，避免伤害其他同类商品。要防止用不正当的手段打击别人抬高自己，对消费者造成误导，这样做容易令人反感，也是不符合职业道德的。

（五）使用夸耀的词句来赞誉企业所取得的成就或商品的优点

这类标题在于使用夸耀的词句来赞誉企业所取得的成就或商品的优点，使人产生良好的印象。一般来说，这类标题主要用在消费者信得过的名牌产品上，有坚实可靠的事实基础，并能增强购买信心与荣誉感。如"金华火腿，绝艺融古今"。又如："饮用法国人头马，使您出人头地"。这类标题在使用语言上要掌握分寸。知名度不高的产品一般不宜采用此种形式。

（六）用比喻增强形象性

运用贴切、生动的比喻来进行表达，标题将变得活泼俏皮，令人读后回味无穷，持久难忘。如"此音只应天上有，人间哪得几回闻"，以天上人间的遐想来比喻宝石花牌收录机的美妙音色。此外，有些比喻还富于思想性和哲理意味，如"流利似飞臂"（美国派克笔广告），"法国第一夫人与您同行"（雪铁龙轿车广告），"小莫小于水滴，细莫细于沙粒"（银行储蓄广告）。这些比喻让人加深对某种思想和观点的认识。

（七）在广告标题中布下悬念

在广告标题中布下悬念，将会使人产生惊奇感，为满足好奇心一定想刨根问底。以疑问的形式提出问题，以引起消费者的注意，产生共鸣与思考，并把广告的主信息用答案的形式说出，或只问不答、引导消费者从正文中去寻找答案，这样会给目标受众留下较深的印象。如"您的面容不想再白嫩些吗？"（化妆品广告），"您想得冠军吗？"（跑鞋广告），"您的孩子瘦小，怎么办？"（药品广告）。这类标题在提问题时要抓住要害，所提问题应是消费者十分关心、很想了解的。

（八）运用联想手法诱发消费者现实的或潜在的心理需求

联想是一种有着丰富内涵的心理活动。广告中运用联想手法可以诱发消费者现实的或潜在的心理需求。某保险公司的广告，用了一则富有想象力的标题："当晚霞消逝的时候……"这句话意味深长，它提醒人们不管人生要经过多少春秋，都会像消逝的晚霞一样，有自己的终点；因此每个人都要对自己的生活作出长远的打算，如购买人寿、财产、安全保险等。

（九）借助情感的力量打动人心

广告创作需要借助情感的力量。18世纪法国启蒙思想家狄德罗指出："没有感情这个品质，任何笔调都不可能打动人心。"

邦迪创可贴广告，在这方面颇有特色，也很成功。画面上，是朝鲜和韩国最高领导人相互举杯的镜头，标题则是：邦迪坚信没有愈合不了的伤口。这则广告巧借国际社会的重要新闻事件进行诉求。"伤口"一词，既有虚意又有实意，内涵相当丰富，不仅表现出人类期望和平的普遍情感，而且借此树立了邦迪创可贴良好的企业形象,同时也体现出产品优良的品质。可说是一箭三雕。这类广告通过强化情感因素来达到与受众心理沟通的目的。运用规劝、叮嘱、希望、忠告等语气写成的标题,当然是充满情感的。这类广告有时带有命令的口气,意在催促消费者采取相应的购买行动。采用这类标题应考虑消费者的接受心理,在语气上尽量说得婉转和客气些,避免引起人们的反感。"勿忘购买 D 香皂","聪明人速服用 A 牌口服液"等,都属催促过头的标题,容易引起消费者的抗拒心理。

(十)用优美的诗句引起受众对商品的美好联想

优美的诗句,总能引起受众对商品的美好联想,有效地消除人们对广告套话的厌烦心理。诗歌的特点是语言优美,感情浓郁,意境深远,富有节奏。广告标题中适当借用和改用古今诗歌原句,或者采用诗歌式的语言做标题,可以起到醒目传神、引导消费的作用。例如:

举杯邀明月,对饮成三人——白酒广告标题

欲穷千里目,更上一层楼——售楼广告标题

悬崖百丈冰,独有花枝俏——电冰箱广告标题

(十一)巧妙借名以突出自己

借用古今中外著名的人、事、地、物的名气和影响,赋予新意,这样做常常能使消费者信服,或得到一种心理上的满足。江苏宜兴均陶名闻遐迩。远在宋代,宜兴均陶就以造型端庄、釉色浑厚著称于世。到了现代,宜兴均陶更加精美,其产品有数千种,大之数尺,小之盈寸,古朴典雅之陶台陶凳素享盛名。其广告标题是:"宋朝技艺世代相传,宜兴均陶一家独秀。"

(十二)在标题中包含一点寓意

这是一种含蓄的表达广告主旨和主题的标题方式。寓意与比喻不同,比喻多借助具体、鲜明的形象来表达题意,寓意多借助人本身的知识、修养、情操等,对广告标题给以合理的想象和发挥,具有新意,颇能引人深思和体味。一些寓意式广告标题能给我们以启发:

给太太一份"安全感"——电饭锅广告

"闲"妻良母——洗衣机广告

第二节　广告文案正文的写作

正文就是广告文案的主体部分。在一般情况下，大部分的广告信息都是由正文来传达的。如果说广告标题是吸引受众眼光的招牌，那么正文就是满足受众信息需求的老酒。

一、正文的职责

广告文案的标题完成了"拉眼球"的工作，正文就需要把这些"眼球"固定住，最好要能由此转化为真正的购买力。

（一）提供有价值的广告信息

1. 对产品、服务或企业的具体说明

这种说明，一般都是为了让消费者全面地了解产品、服务或企业的特性，令他们对此产生信任感。比如空调的制作运用了最先进的纳米技术，牙膏的作用通过了全国牙防组的认证等等。

2. 对受众利益点的重点介绍

这是说服消费者掏钱包的关键所在。比如香皂能够持续不断地杀死人体表面的细菌，补钙可以让孩子身体强壮等等。

3. 提供获得商品或服务的方法

比如企业的联系方式，加盟店的地址，购买方式，等等。消费者都是力图方便的，如果你能给他提供最方便的渠道，他就会倾向于购买你的产品或接受你所提供的服务。有时，这部分内容也会在附文中出现。

4. 提供特定的促销信息

比如折扣究竟有多大，奖品是什么，促销活动的地点、参与方式等等。这些都必须明确地告诉受众。

（二）广告文案正文应具备的素质

正文可长可短，可以情动人可以理服人，可说故事可举例子，可活泼前卫可严谨老成，但要想取得好的效果，它们都应该具备以下素质。

1. 说服力强

广告文案的写作，商业目的极其明确。大卫·奥格威等广告大师都曾说过，做广告是为了销售而不是为了获奖。如果说，标题主要用来激发消费者购买情绪的话，那么，正文就必须用具有强大说服力的文字来引导消费者采取购买行动。

2. 诉求准确有力

正文的写作和标题一样都要和整个广告策略与创意相吻合,因此正文的诉求必须讲究准确有力,最好集中精力说清楚一个问题。不能天女散花般,该说的说,不该说的也说。如果那样的话,消费者会感到费劲,最后会把一篇看似什么都说了,其实什么都没说的正文忘得一干二净。

3. 条理清晰

在整个广告文案中,正文承载的信息是最多的。它必须有能力把这些信息按照一定的逻辑关系列出,呈现在消费者的面前。

4. 通俗易懂

消费者看广告是因为他要寻找有用的信息,而不是要去进行文字研究。所以,无论你能写出多么深奥含蓄的文字,也不要把文案变成受众敬而远之的艰深的"作品"。

让我们来看沃尔沃 S60 汽车的广告正文:

> 血脉贲张的目光,从我坚挺的后背,绚丽的尾灯,滑向流畅的曲线车身,极具肌肉感的双肩,优雅的 V 型发动机盖……美丽能蛊惑人心,可单单美丽又能算得了什么?!全新 250 匹的剽悍动力,灵活的 5 档自动变速系统,以 245 公里的极速呼啸而起,绝尘而去。追随我,当然可以,只是惊叹和艳羡早被远远地抛在脑后。

在中国,私家汽车是卖给白领的。而这一阶层所拥有的共同心理特征是追求成功、自信,希望自己是行业中的领跑者。这则广告正文就抓住了这样的一个诉求点:快,速度快,令别人难以企及。从心理上迎合了消费者。它的写作,从美丽入手引到速度,有悬念,但不啰嗦,文字较为华丽,但能引起特定消费群体的共鸣,富有强烈的情感色彩,诉求准确集中。从写作角度,是一则完成得不错的正文。

二、正文写作的基本原则

正文写作没有严格的限制。从内容上看,可以是把产品、服务或企业信息全面介绍给消费者的"大而全",也可以是只涉及某一产品特性的"重点出击",甚至可以成为一次促销活动的文字说明。

从形式上说,正文可长可短,可以只是一句话,也可以是洋洋千言的长篇大论。

李奥·贝纳、大卫·奥格威、威廉·波恩巴克等人在谈到文案正文写作的时候,都有着自己的精彩见解,而国内多年从事广告撰文工作的人也曾针对正文写作发表过意见。他们的很多观点都是相类似的。现总结如下。

一是永远记得，写正文是为了帮助广告主进行销售和宣传，而不是炫耀个人的创造能力。

二是直截了当地说话，不要含蓄迂回或者旁敲侧击。

三是不用最高级的形容词，比如最好的，最有效的，等等。不用陈词滥调。

四是不要尝试成为文学家。

五是在通常情况下，幽默通俗的语言比严肃庄重的字眼更讨消费者喜欢。

六是尊重真实，不要唱高调，不要对产品进行令人生厌的过分的夸耀。

七是多向读者提供有用的服务和咨询。这比单纯介绍产品的特点更能招徕顾客。

八是避免出现"好像"、"例如"等类字眼。

三、正文写作的步骤

（一）确定正文写作的内容和风格

根据整个广告策略和创意的要求，标题的指向，确定正文写作的内容和风格。要明确几个问题：是针对一般收入的阶层，还是针对大公司的老板？诉求重点，是放在产品价格还是产品性能上，还是放在企业形象上？说一个故事，还是讲一则新闻？采用理性诉求，还是感性诉求？写长文案还是短文案？文字是讲究华丽，还是讲究幽默？考虑清楚之后，就要把自己能够确定的信息进行整理，把需要表达的素材和风格倾向决定下来。

（二）进行谋篇布局

在谋篇布局的时候，又有一系列问题需要考虑：是采用开门见山的方式，还是抖一点小包袱？是只用一段文字，还是需要用好几段文字？每一个段落的诉求重点是什么？段落之间是递进关系、转折关系，还是并列关系？是由主到次，还是由次到主？

（三）精心锻造词句

所有的想法最后都要落实到一个个词语和一个个句子上。要选择最能表达自己意图的词句，需要长时间的磨练和考虑。文字稍有瑕疵就会影响到整个文案的传播效果。

请看雕刻时光咖啡馆平面广告文案：

雕刻时光　心情故事

9:30　杯子是满的　心是空的

10:00　咖啡是新的　故事是旧的
10:30　咖啡越喝越少　味道却越来越浓
11:00　还不会磨咖啡豆　先学会研磨心情
13:37　坐在靠窗的位置　手指不自觉地在玻璃上划着他的名字
13:52　他就在对面　抿了一口蓝山　一脸冷静的表情
14:30　我低着头　静静地搅着杯中的咖啡
15:30　这样的午后　我一个

即使是在这样一则被称作后现代广告的文案中,也还是可以看到作者在谋篇布局和遣词造句方面的精心考虑:以特定人物的情感诉求为主,严格按时间顺序进行叙述,道具咖啡、咖啡杯都发挥了不可低估的作用。杯子的满、心灵的空被赋予了特别的含义;咖啡趋少、味道愈浓,与特定人物复杂的心理内涵相联系,也借以凸现出咖啡口味的纯正。而这一文本,在文字表达上也颇见功夫:句子表意多用对举方式,内涵浅近而又深远;"雕刻时光"、"研磨心情"等,都采用了超越常规的组词方式、话语方式。

中国的长城葡萄酒,广告文案是这样写的:

3 毫米的旅程,一颗好葡萄要走 10 年

3 毫米,
瓶壁外面到里面的距离,
一颗葡萄到一瓶好酒之间的距离。
不是每颗葡萄,
都有资格踏上这 3 毫米的旅程。
它必是葡园中的贵族;
占据区区几平方公里的沙砾土地;
坡地的方位像为它精心计量过,
刚好能迎上远道而来的季风。
它小时候,没遇到一场霜冻和冷雨;
旺盛的青春期,碰上了十几年最好的太阳;
临近成熟,没有雨水冲淡它酝酿已久的糖分;
甚至山雀也从未打它的主意。
摘了 35 年葡萄的老工人,
耐心地等到糖分和酸度完全平衡的一刻才把它摘下;

酒庄里最德高望重的酿酒师，
每个环节都要亲手控制，小心翼翼。
而现在，一切光环都被隔绝在外。
黑暗、潮湿的地窖里，
葡萄要完成最后3毫米的推进。
天堂并非遥不可及，再走10年而已。

在上述文案中，讲的是葡萄酒的品质不同于一般。其妙处在：将葡萄被加工成葡萄酒，形象地说成是跨越3毫米的旅程(酒瓶瓶壁的厚度)。但是，要跨越这3毫米十分不易：要经过精心选择，是葡萄中的贵族方能被选上；在糖分和酸度完全平衡的那一刻，才会有摘了35年葡萄的老工人把它摘下；酒庄里最德高望重的酿酒师用10年时间来酿造它；跨越3毫米的空间距离需花费10年光阴。——总之，广告从各个方面凸现出了长城葡萄酒品质之精良，让人感到妙不可言。

下面这一广告的正文只有18个字，同时没有标题没有广告语也没有附文。

完全不用担心头屑，自然感觉很亲近。海飞丝。

这一广告刊登在杂志上，女演员黑亮头发的画面占用了整页的篇幅。海飞丝洗发水的去屑功能，是宝洁公司从推出这一产品起就不断强化的概念。因此，在这里，不用再去啰嗦地介绍海飞丝的成分和用法。只须承诺一个利益点：没有头屑，和朋友们在一起的时候更放松、更亲近。而且，海飞丝的广告一直都是电视、报纸、杂志、户外等媒体同时发布的，其中电视广告更是用详尽的画面和台词，将广告创意表达得十分明确：女演员和第一次见面的朋友也能很亲近，因为她没有头屑。受众接触海飞丝广告的机会很多，他们就能够理解，女演员是在什么样的情况下，说出这样一句"完全不用担心头屑，自然感觉很亲近"来的。因此这一则正文的写作就显得十分轻松。

四、正文写作应注意的问题

正像大卫·奥格威曾经强调的，正文的写作特别要做到亲切、平易、平等、朴实——他反复使用这样一个比喻说："你坐下来写广告正文的时候不妨假设你是在晚宴上和坐在你右手边的那位妇女交谈。她问你：'我考虑买一部新车，您推荐哪种牌子？'你呢，就好像在回答这个问题那样写你的广告文案。"大卫·奥格威说他写作文案正文的经验是：

一是不要旁敲侧击,要直截了当。

二是不要用最高级形容词、一般化字眼和陈词滥调。要有所特指,而且实事求是。要热忱、友善并且使人难以忘怀。别惹人厌烦。讲事实,但是要把事实讲得引人入胜。要有话则长,无话则短。"每则广告都应该是一件推销你的产品的完整的作品"。"长文广告总是比短文广告更具推销力量"。

三是你应该常在你的文案中用用户经验谈。同时"如果证词写得很诚实,也不会引起怀疑",则知名人士的现身佐证将很能吸引读者。有时你甚至可以把整个文案以用户经验谈的形式做成。

四是向读者提供有用的咨询或者服务。以这种办法写成的文案可以比单纯讲产品本身的文案多招75%的读者。

五是不欣赏文学派的广告。"高雅的文字对广告是明显的不利因素。精雕细刻的笔法也如此"。

六是避免唱高调。"任何产品的无价要素是这种产品生产者的诚实和正直"。自吹自擂、自炫自夸都应避免,但是完美的操行却应光大发扬。

七是除非有特别的原因要在广告里使用严肃、庄重的字,通常应该使用顾客在日常交谈中用的通俗语言写文案。总之应该使广告文案本身让人们一看便知,一听即晓,直接打动人心。

八是不要贪图那种获奖文案。不要让广告把人们的注意力引向自身。

九是优秀的撰稿人从不会从文字娱乐读者的角度去写广告文案。"衡量他们成就的标准是看他们使多少新产品在市场上腾飞。"[①]

也许可以把大卫·奥格威如上所述的这些很具体的意见抽象、概括成为几个简单的原则,即:(1)诚实;(2)实在;(3)充分;(4)明确;(5)自然;(6)亲切;(7)引人入胜,或曰有吸引力。

第三节 广告口号的写作

一、广告口号的写作程序

(一)确定最重要的信息内容

广告口号写作,第一步就是要确定在广告口号中"说什么",也就是要确定最为重要的信息内容。什么样的信息才是最重要的呢?这里有两个条件:第一,必

[①] 请参见大卫·奥格威著:《一个广告人的自白》第98—104页,中国友谊出版公司1991年出版。

须代表特定产品(服务)个性特征或企业的个性特征;第二,是目标消费者最为关心的内容。

以欧安亚电工广告口号的创作为例。长城国际广告(广州)有限公司的策划人员和创作人员经过一段时间的市场调查与分析,发现消费者购买电工产品首要考虑的因素是"安全"。又根据产品的个性特征(大面积银片接触,安全开关次数超过现时国际标准2倍以上;双弹簧跷板式开关,不易产生电弧),确定以"安全"作为广告口号诉求内容。这一步骤在广告口号制作中是十分关键的。

(二) 寻找最能与消费者沟通的表达方式

确定了广告语所要表达的内容(说什么)之后,接下来的工作便是解决"怎么说"的问题,即寻找最能与消费者沟通的表达方式。试比较下面两个广告口号:

(1) 物美价廉。
(2) 好而不贵,真的实惠。

这两句话的意思差不多,但句(1)是从广告主的角度来标榜产品的,而句(2)是从消费者使用产品的心理感受来写的,因而更容易与消费者沟通。

广告口号的表达技巧是多种多样的。对于撰稿人来说,要根据产品或企业的具体情况,找出最易与目标消费者沟通的表达方式。

返璞归真法。即摒弃华丽的辞藻,用朴实无华的语言来与消费者沟通。如:

永远不会泛黄。(国外某油漆广告)

也许你不相信广告,但你应该相信自己。(碧纯蒸馏水广告)

偶然看见我,从此离不开。(京海法式面包房广告)

幽默引人法。用诙谐幽默的语言,让消费者在欢笑中接受广告所传递的信息。如:

何必受冷气的气。(汽车取暖设备广告)

除了钞票,承印一切。(国外某印刷厂广告)

唤起共鸣法。即用情感诉求的方式，唤起目标受众的内心体验，使之产生共鸣，如：

一缕浓香，一缕温情。（南方黑芝麻糊广告）

漫漫人生，同舟共济。（同济药业形象广告）

烘云托月法。不是直接说明产品（服务）或企业的优点，而是从侧面来衬托。如：

福日牌电视机维修部的工作最清闲。

这是以维修工作的清闲来衬托电视质量的可靠。
正话反说法。这是利用消费者的逆反心理来创作广告口号。如：

杉杉西服，不要太潇洒。

"女人爱漂亮，男人爱潇洒"，可谓人之常情。此广告口号却故意反其道而行之。但要注意，这种手法不能用过了头，不然反而会弄巧成拙。
赞赏顾客法。就是通过赞扬消费者的方法来让消费者获得一种心理满足。如：

优秀的你选优秀的车。

（三）提炼最精粹、最到位的语言

注重于对广告语的锤炼，注重于遣词造句方面的修饰和润色。在广告口号的创作过程中，有时会灵感一现，想出一句绝妙的广告口号；有时绞尽脑汁，也难以写出十分满意的广告口号。那么，如何来判断一个广告口号在语言表达上是否精粹、到位呢？这里可以运用同义替换法来检测，即用与原广告口号意思相同、但用词和句式不同的句子来替换原广告口号，再比较一下哪一个效果更好。如果原广告口号的效果更好，就用原广告口号；如果替换后的更好，就用替换后的。这一步骤可以多次进行。例如在欧安亚电工广告口号的创作过程中，在确定了"安全"为诉求重点后，便开始寻找最能与消费者沟通的表达方式和最精粹、最到位的语句。创作人员提出了几个方案，如"安全到位欧安亚"、"安全有保障，生活更辉煌"等等,但最后还是觉得不如"安全电工欧安亚"简单明确、直截了当。而这对于确定一个新产品在消费者心目中的位置是尤为重要的。

广告语的最高技巧是一种无技巧的境界,即不露痕迹地运用技巧,类似"让我们做得更好"、"四海一家的解决之道"、"电信沟通,心意互通"一类广告口号,表面看来没有什么语言技巧,但我们的确无法用同义句替代它们。这种超然的境界,应是文案创作者所追求的目标。又如:

"钻石恒久远,一颗永流传"

"味道好极了"

"一旦拥有,别无所求"

"今年二十,明年十八"

"今年过节不收礼,收礼只收脑白金"

"只管去做"("Just do it")

二、广告口号的写作技巧

(一)简短凝练

广告口号应简短有力,字数不宜太多。注意语调上的合辙押韵,读起来有节奏感或韵律感,这样对记忆大有帮助。

(二)易读易记

尽量做到口语化,采用群众喜闻乐见的形式,通俗易懂,通顺流畅,好念易记,朗朗上口。

(三)个性独特

尽量把商品或劳务的特点体现出来,以己之长攻人之短,并具有高度的概括性。如宝碱象牙香皂:"纯度99.44%。"可洁牌牙膏:"既洁牙齿又净呼吸"。避免使用"万金油"式的口号。

(四)号召力强

广告口号应随时发挥鼓动激励的作用,促使消费者尽快把兴趣和好奇变成行动。如"请喝可口可乐吧"、"我只用力士"、"IBM意味着最佳服务"等。

（五）嵌入品牌

如果能把公司、产品或服务的名称自然地嵌入广告口号中,在宣传中不断地出现,将会大大提高公司或产品的知名度及广告宣传的效果。如过去美丽牌香烟用"有美皆备,无丽不臻"为口号,把"美丽"两个字嵌进去。近年来,"施美"系列化妆品用了"浓妆淡施,各尽其美"这个口号,不但把"施美"两个字嵌了进去,而且符合系列化妆品既可浓妆、又可淡施的特点。正大集团在综艺节目中的口号:"爱是正大无私的奉献",更是巧夺天工,既体现了深刻的内涵,又镶嵌得毫无痕迹。

三、广告口号的写作步骤

（一）决定在口号里喊什么

广告口号的内容一般分为以下几个方面。

1. 企业形象

在制作这一类广告口号的时候,必须尽可能多地了解企业的信息,它的历史、规模、主要产品、企业文化等等。要在这么多的信息当中获得灵感。爱多的辉煌虽然已经是过眼烟云,但它的那句"我们一直在努力"却仍然留在人们的印象当中。一般认为,广告主如果是新企业,其广告口号宜强调活力、新鲜的一面,而历史悠久的企业则宜强调其多年形成的企业文化或美誉。

2. 产品特点

产品的特点当然不止一种,但广告口号所突出的是消费者喜好的,值得一说和不得不说的那个特点,以此促进产品的销售。"小巧一派,更得宠爱",摩托罗拉 T189 型号手机,从性能上来讲并无多少过人之处,但设计得比较小,有一些符合年轻人口味的游戏、短信等功能。广告主和文案撰稿人经过多次的讨论,才决定把"小巧"专门提出来,进行强调,并将小巧的手机人性化。这一广告口号也确实帮助 T189 成功地进入了市场,并取得了相当不错的销售业绩。

3. 某一观念

观念的提取绝不是天马行空、随手拈来的,这是代表广告主倡导的某种生活消费方式,所以它必须跟企业、产品或服务自身密切相关。要以观念打动消费者,还必须跟当下的社会文化心理相吻合。因此撰制一个喊得响的观念型口号难度系数是相当大的。"我选择,我喜欢",安踏鞋成了寻求独立自主的青少年的标志;"男人也需要关怀",丽珠得乐这一句广告口号曾经引发了对"男权"问题的大讨论,它自己也借此成了知名品牌。

（二）众里寻"句"千百度

广告口号只给人以不过 10 个字左右的发挥空间,而如果还要缀上品牌名称的话,能说的话就更少了。如何把众多的信息用最精确、最有创意的语言表达出来?这个问题经常会让文案撰稿人绞尽脑汁,甚至头痛不已。

在广告口号常见形式的问题上,完全可以打开思路。以下形式都可以采用。

双短句。比如"可爱清新,一见倾心"(摩托罗拉T191)、"关键时刻,怎能感冒"(海王药业)、"卓越出众,彰显尊容"(大众汽车)、"轻松上网,易如反掌"(网易)等等。这样的句式,给了语言两个表现的契机,可以在每组字词中分别突出一个重点,然后再在它们之间加入转折、承接、递进等逻辑关系。尽管目前这种形式运用较多,很多文案撰稿人不愿过分地依赖它,但毕竟它还是一种富于表现力的口号形式。它的整齐的句式具有韵律感。8字句或6字句,因为每一个词组只有三到四个字,所以短促有力。而10字、12字、14字句,就可以用短句来表现较为复杂的信息。如:"人头马一开,好事自然来"(人头马XO广告口号)、"车到山前必有路,有路必有丰田车"(丰田汽车广告口号)、"不在乎天长地久,只在乎曾经拥有"(铁达时表广告口号)等等。

偏正词组式。找到一个中心词,对它进行修饰,往往就能很好地表现企业或产品的特点和优势。比如"挡不住的感觉",表现了可口可乐的美味、清凉、令人精神振奋的特性。"新生代的选择",百事可乐则通过这样一个广告口号吸引了年轻人的注意力。"躺着喝的啤酒",一句话把XO啤酒所带来的悠闲生活,表现得淋漓尽致。

单句式。不用标点,只用一气呵成的句子。例如:"轻轻一抓就起来"(海虹起重机广告口号)、"运动就在家门口"(广州奥林匹克花园广告口号)、"苹果熟了"(金正DVD广告口号)。

在这一步骤中,每个人采取的创作方式都是不同的。有的人会把一些关键词写在纸上,然后联想一些与这个词有关的东西。想得越多越好,经常会把几张纸写得满满的,最终才找到和中心词匹配的词语和风格。有的人会找相关的创作人员进行讨论,运用头脑风暴来激荡出最合适的表达。有的人会转移视线去看同类商品的广告,发现别人未曾涉足的盲点,大举进行开发。还有的人会从身边的小说、动画片、新闻报道中淘出金子来。

(三)玉不琢不成器

偏正词组中的修饰成分是否得当?短句中的表述是否流畅?对称的结构是否完美?用词是否口语化?是否幽默?是否有趣?这些都是文案撰稿人要不停询问自己的问题。只有在打磨中,才会出现精品,而所谓的灵感也是在苦苦思索之后的思路大开。

第四节 广告附文的写作

一、附文写作的规则

从创意的角度讲,附文的写作不需要文案撰稿人花费太多心思。但是在写作过程中也还是有一些规则需要遵守。

一是要写明受众最想要知道的信息。比如戴尔电脑,永远都会把价格放在附文最醒目的位置上,把购买方式写清楚。受众如果在文案里找不到怎么购买的方式,就会产生惰性。他不会有太多的精力去寻找你的商品在哪里才会有。因此,为了促使他们即刻采取购买行动,就一定要把购买方式在附文中写清楚。

二是要条理清晰,表述干净利落。

三是不允许出现差错。联系人、通讯地址、邮政编码、电话号码、电报挂号、电子信箱都不能出现任何疏漏和差错。

二、附文的结构类型

(一) 从属结构

指附文中的信息按照主次关系和从属关系分列于不同的层次,每一层次都有一个提示性的语句,各个信息并列于这一语句之下。如在附文中注明"销售代理",而将所有的销售代理商分列在"销售代理"之下。

(二) 并列结构

指附文中所有的信息都并列于同一层次,彼此没有主次和从属之分。这种结构较为常见。

第五节 经典个案分析

一、对内容相同的两则广告文案的分析

1999年9月,美国杜邦宣布了21世纪企业全球新定位。杜邦从严格意义上的一家"化学公司"转变为更具综合性的"科学公司",业务方向从传统的以化工为主转向化工与生物工程交叉发展,并侧重于科技含量更高的生命科学领域。这是杜邦在近200年历史中的第三次自我重塑。此次定位提出了"创造科学奇迹"的企业口号,取代了沿用65年的"生产优质产品,开创美好生活"的理念。为

配合杜邦的新定位策略,9月份起杜邦中国集团在《中国经营报》上连续刊登半版广告。

这里选评的两则广告,一个是以北极熊为主图,一个以老年妇女为主图,半版的图仍沿用杜邦一贯的黑白图配彩的形式。通过表7.1对两则广告文案的对比,我们可以看到:

表 7.1

	北 极 熊 篇	老 年 妇 女 篇
标　　题	为地球做的事	为地球做的事
导　　语	在北极,人们也能过得很舒服	寻找可预防骨质疏松的食物成分
正　　文	抗寒力极强的衣料,让梦想成为现实。穿上它,即便是零摄氏度以下,人们也能随意地工作、玩耍、休憩(其实这应归功于自然界——我们采用了和北极熊的皮毛一样的纤维结构)。	我们已经从食物中寻找到看来很有希望的成分。 毕竟,人们犯不着为了某些原因而放弃骑车、慢跑或是跳舞、轮滑之类的乐事。
口　　号	创造科学奇迹	创造科学奇迹
联系方式	略	略

可以看出这是比较规范的广告文案,有明显的标题、正文、口号和通联方式。从整体上看,这既不是产品广告(因为并没有明显的产品名称和其他相关信息),也不同于一般的企业形象广告。(因为没有提及拳头产品如莱卡,商标和企业口号也不突出。)这两则文案的表现形式可归为新闻报道式,只是对外发布信息。前者提到的是杜邦的传统经营领域——纤维,后者则是杜邦的新领域——生命科学领域。无论是从文案提供的信息,还是从两则广告的发布顺序(前者比后者要早)来看,它们都是为配合杜邦的全球新定位而精心创作的。用杜邦中国集团公司总裁路九成的话说,就是向社会报告:"杜邦正加紧重整它在化学、塑料和纤维等传统经营领域的优势核心业务",同时"积极地向包括药物、食物成分、农业生物技术、信息科学在内的生命科学领域发展"。下面从各个要素进行分析。

(一) 标题

"为地球做的事"是个很成功的标题,非常适合做系列广告用。虽然用的是直接陈述,却恰当地表明了杜邦存在的价值和它的雄心,同时也能引起读者的兴趣,使他们想要看个究竟。从字体大小上看,它是整个文案中字体最大的,但我们觉得不足的是在字体的选择上,没有和正文区分开,若能换个字体,效果应该要好一些。

(二) 导语

这是该广告最值得一提的部分。它突破了大部分文案由标题直接切入正文的模式,而是借鉴了新闻写作的方式,采用了导语。导语的插入,起到了概括内容、引导读者视线、承上启下的作用。从内容看,一来告诉人们杜邦正在为地球做的是什么事,二来这些叙述所涉及的并不是平淡无奇的事物,或多或少含有"奇迹"的成分,与企业口号相互呼应。同时也能吸引读者往下看。正因为"奇",读者才会愿意继续看下去。这就抓住了人们普遍的好奇心理。

(三) 正文

两则文案的正文都分成两段。一段是发布关于研究成果和研究方向的信息,一段是介绍能给人们带来的好处,即关于利益点的诉求。这种段落的分法令人一目了然。作为信息最集中的部分,两则文案的正文都存在同样的缺陷:一是部分句子写得不顺畅,如"我们采用了和北极熊的皮毛一样的纤维结构","人们犯不着为了某些原因而放弃骑车、慢跑或是跳舞、轮滑之类的乐事",读来不顺。可改为:"我们采取的纤维结构,和北极熊的皮毛是一样的";二是与标题有些脱节。两则文案都在强调给人们利益,而没有提及与"地球"有关的信息,与标题的利益诉求不一致,缺少呼应。修改意见是:在两则文案正文部分各加一段,进一步将利益诉求放在"地球"上,这样也更能够博得人们的好感。

总的来说,这两则广告配合杜邦在产业结构调整后的新的定位,很恰当地发布了杜邦的研究成果和新的研究动向,在细部上可以再做些调整。尽管有些不足,但它们不失为较成功的广告文案。

二、对广告大师乔治·葛里宾一则广告的评析

美国著名广告大师乔治·葛里宾曾创作了这么一则广告:

我的朋友乔·霍姆斯,
他现在是一匹马了

乔常常说,他死后愿意变成一匹马。

有一天,乔果然死了。

5月初我看到一匹拉牛奶车的马,看起来很像乔。

我悄悄地凑上去对他耳语:

"你是乔吗?"

他说:"是的,但现在我很快乐!"

我问:"为什么呢?"

他说:"我现在穿着一件舒服的衣领,这是我有生以来的第一次。我衬衫的领子经常收缩,简直在谋杀我。事实上有一件把我窒息了。那就是我致死的原因!"

"天哪,乔,"我惊讶失声。

"你为什么不把衬衫的事早点告诉我?我就会告诉你关于'箭牌'衬衫 Arrow Shirt 的事。它们永远合身而不收缩,甚至织得最紧的深灰色棉布做的也不收缩。"

乔无力地说:"唉!深灰色棉布是最会收缩的了!"

我回答说:"可能是,但我知道'戈登标'的箭牌衬衫是不收缩的。我正穿着一件。它经过机械防缩处理。收缩率连1%都不到!此外,还有箭牌所独有的'迷淘夏'特适领!"

"'戈登标'每件只卖两美元!"我说得达到高潮。乔说:"真棒,我的老板正需要一件那种样子的衬衫。我来告诉他'戈登标'的事。也许他会多给我一夸脱燕麦。天哪,我真爱吃燕麦呀!"

这是一则情感型的广告文案。这种文案以人们的喜、怒、哀、乐等情绪和道德感、群体感、美感等情感为诉求内容;以异性的喜爱、大众的赞美、亲友的情谊、美丽的景色为诉求重点,来诱发消费者的感情,使之在情感或情绪的影响支配下,采取购买行为。

情感型广告文案主要包括描述体、抒情体、故事体、文艺体、谐趣体等。乔治·葛里宾创作的上述广告文案就是故事体与谐趣体的广告文案。这则广告极具趣味性,令人回味无穷,这是建立在其富有个性的、新颖的创意及别具一格的文字表现手法基础之上的。

作为一则故事性的谐趣体广告文案,它能否吸引消费者的关键首先在于创意。这则文案从开头"他现在是一匹马了"就引出一个悬念,引起读者探究原因的兴趣。接着,"有一天,乔果然死了",又一个更大的悬念,进一步激发读者阅读的兴趣。紧接着展开故事情节,通过对话方式与读者共同探讨乔的死因,直到得出结论:乔因衬衫领子变紧窒息而死(当然这是夸张之语),又给了读者一个意外。至此,整个创意的雏形已经显露出来了:乔的死—领子—衬衫。接下来由"我"的"惊讶失声"引出介绍箭牌衬衫。作者抓住了商品的诉求重点——衬衫领子的优点及独特之处,将诉求点集中于这一点上,结合新颖易懂的创意来表现,如此单纯的文案使消费者更容易理解。之后的情节主要围绕箭牌衬衫的特性展开介绍,理性成分占了更大的比重。但此时消费者已能体会到与自己息息相关的切身利益,以及作者始终如一地站在消费者这一边,明确地表现商品质量、特性。所以读者仍会有兴趣阅读后面的文字。这就是独特、新颖、易理解的创意所表现出来的对消费者的强大的吸引力。

好的创意固然重要,但它只是一块未成形的玉,只有经过精雕细刻,才能成为玉器。乔治·葛里宾的这则广告文案在文字表现上有许多精彩独到之处。首先,大量使用了短句,几乎没有长句。精悍而易懂的短句,有利于读者的理解,可见作者是经过一番精心压缩加工的。其次,短小的段落,合理的层次,使整个文案错落有致,大大增强了视觉冲击力。文案从开头"我的朋友乔·霍姆斯,他现在是一匹马了",到"乔果然死了",再到"事实上有一件终于把我窒息了,那就是我致死的原因",直到最后的"也许他会多给我一夸脱燕麦,天哪,我真爱吃燕麦呀!"整个文案的结构紧密相连,在中间道出死亡原因时,故事达到了高潮。结尾发出呼吁,吸引读者采取购买行为时达到了另一个高潮。这样的结构给读者以连续性的趣味,让他们切身感受到利益,增强了广告效果。

另外,作为一篇广告文案,其根本目的是要引发读者的购买行为,因此,在文案中作适当的强调很重要。这个特点在这篇文案中也比较突出。短短的几百个字,总共用了六个感叹号,突出了重点。文句简短有力,自然起到了强调的作用。如"收缩率连1%都不到",鲜明地体现了箭牌衬衫的高品质;"箭牌特有的'迷淘戛'特适领",体现了箭牌衬衫的独特风格;"'戈登标'每件只卖两美元",说明了箭牌衬衫价廉物美。

乔治·葛里宾的这则广告文案,不失为一篇故事性与谐趣性兼备的成功的广告文案。整个文案通俗而幽默,一直到最后一句诙谐地道出箭牌衬衫的优点及独特之处:经机械加工,领子不会收缩,不至于使人颈部感到不舒服——至于乔·霍姆斯因领子变紧而死,那是夸张之语,整个故事突破了现实的框框,充满了想象力和吸引力。

三、对广告标题的评析

慷慨的旧货换新
带来你的太太
只要几块钱
……我们将给你一位新的女人

为什么你硬是欺骗自己,认为你买不起最新的与最好的东西?在奥尔巴克百货公司,你不必为买美丽的东西而付高价。有无数种衣物供你选择——一切全新,一切使你兴奋。

现在就把你的太太带给我们,我们会把她换成可爱的新女人——仅只花几块钱而已。这将是你有生以来最轻松愉快的付款。

     奥尔巴克 纽约·纽渥克·洛杉矶
(口号)做千百万的生意·赚几分钱的利润

  这则由著名广告人威廉·伯恩巴克撰写的广告文案,从名气上讲,最著名的部分不是正文,也不是口号,而是标题。
  它具备了一个好标题所应该具备的素质:
  一是简单明了,用语通俗易懂。整句话中没有一个生僻的字眼,寥寥数语就把意思表达得十分明确。
  二是创意新奇,引导受众在强烈好奇心的驱使下继续关注正文。"只花几块钱,太太也能变成新女人",这样的情景似乎只有在大变活人的魔术里才会出现,令人不得不问个为什么。广告却把它作为真实的承诺摆在受众面前。且用词通俗易懂。
  三是承诺给受众的利益点明确清晰。"太太变成新女人"是一个利益点,"便宜"是另一个利益点。这对任何一个希望妻子漂亮动人的男士和爱美的女士来说,都是极富诱惑力的承诺。
  四是修辞恰当,幽默风趣。当受众继续看完正文,就会明白标题中的承诺只是一种夸张。所谓新女人,就是指穿上靓丽的衣服。只须几块钱,是指衣服的价格。但这种夸张幽默风趣,而且并未损害广告信息的真实性。
  五是副标题起到了在正标题和正文之间承上启下的作用。正标题透露的是实在的广告信息:慷慨的以旧换新。副标题就给出了一个具体的以旧换新的例子。另外它和正文中的"现在就把你的太太带给我们,我们会把它变成可爱的新女人"前后呼应,令整个文案浑然一体。
  尽管这则广告的标题相当出彩,但它的光彩一点也离不开广告文案其他组成部分的密切配合。奥尔巴克百货公司当时要进行广告宣传的原因是以低价促销,因此整个广告策略的着眼点是"价廉物美",强调的是"漂亮的衣服可以使人焕然一新,而且所花甚少"。这在正标题中就已经得到了充分的体现,副标题起到了烘托气氛的作用,而正文则是将具体的广告信息完整地表现出来。文案中的口号也与整个广告策略相吻合,强调的是百货公司薄利多销的经营理念。整个文案如行云流水,上下衔接自然,文风统一,既风趣又有煽动性。而如果离开了正标题和正文,仅仅把副标题放在百货公司门口,那就只会让人不明其意。

四、对三则广告文案正文的评析

(一) 对耐克(NIKE)公司企业形象广告文案正文的评析

我,不要一刻钟的名声,
我要一种生活。
我不愿成为摄像镜头中引人注目的焦点,
我要一种事业。
我不想抓住所有我能拥有的,
我想挑选出最好的。
我不想出售一个公司,
我想创建一个。
我不想和一个模特儿去约会,
OK,那么我确想和一位模特儿去约会。
控告我吗!
但是我剩余的目标是长期的,
那是一天天做出决定的结果,
我要保持稳定,
我持续不断地重新解释诺言。
沿着这条路一定会有
瞬间的辉煌。
总之,我就是我,
但这一刻,还有更伟大的
杰出的记录,
厅里的装饰。
我的名字在三明治上
一个家庭就是一个队。
我将不再遗憾地回顾,
我会始终信奉理想。
我希望被记住,
不是被回忆,
并且我希望与众不同,
只要行动起来。

耐克的广告一直以其强调的生活理念而著称。这一则杂志广告文案也不例外。与文案相匹配的,是耐克鞋选择的形象代言人卡尔顿·费斯克,一个在美国颇有影响力的体育明星。

文案的正文便以这位明星的自白形式出现,虽然长但并不乏味,相反还颇为引人入胜。

——诉求单一。这一例正文虽然很长,但主题非常明确:追求个性张扬,为实现理想而坚定不移。不要名声,不要聚光灯,要的是生活方式和事业,始终信奉理想,要行动起来。主人公的心志事实上就是文案的诉求点:耐克企业所倡导的文化和精神。

——口语化、文字跳跃与形象代言人的身份极为吻合。正文采取的全部是短句式,节奏铿锵短促。选词上口语化倾向明显,包括"OK"这样随意的口头禅都出现得恰到好处。这些都很符合一个追求个性的体育明星的话语风格。

——条理清晰。正文中呈现出多个逻辑关联严密的句群。开头的"要"与"不要"表明了主人公追求的理想究竟是什么。接下来是追求理想所需要付出的恒心和努力。最后强调自己的决心。句群之间表意各有重点,相互承接,逻辑性强。

——号召力强,文字煽情,极富表现力。"我希望与众不同","只要行动起来","起诉我吗","总之我就是我",这些语句态度极端,但就是这些语句才能够在年轻的渴望我行我素的消费者群体中产生强烈的共鸣。

(二)对富士胶卷广告文案正文的评析

> 北方有好景色
> 南方有好景色
> 西方有好景色
> 东方有好景色
> 绿就是绿,红就是红,蓝就是蓝
> 所有的色彩,都在富士彩色胶卷中大彻大悟

和耐克的长篇大论相比,富士胶卷的广告正文显得小巧玲珑。但在写作特点上,却相当一致。诉求点单一,强调的是富士胶卷对景物色彩的逼真再现。文字简单通俗,表现力强。

但它最大的个性在于对中国古代民谣手法的借鉴。文案的前四句似乎就脱胎于"鱼戏莲叶东,鱼戏莲叶西,鱼戏莲叶南,鱼戏莲叶北",利用反复的修辞手法,通俗有趣地表达了生活中处处有美景的愉悦心态。

(三) 对 DOW 公司企业形象广告文案正文的评析

亲爱的爸爸:我刚刚从 DOW 公司面试回来,
这次面试使我觉得我好像适合我的研究工作
我的工作是寻求新的提高食品质量的办法,
寻求帮助病人的方法,
我打算去应聘,爸爸我一定会尽量让您满意的。

爱你的戴维

用写信的方式来夸耀产品,DOW 公司的这一短文案可谓别出心裁。表面上,正文是在描述一个为了理想能够实现而感到兴奋的年轻人。但事实上却是在阐述 DOW 公司的经营理念。这一精巧构思和聪慧的表达方式,刺激了受众的情感,使得 DOW 公司树立了口碑良好的企业形象。

尽管正文是用来传递大部分广告信息的,但评价一则正文是否精彩的标准,不是长和短,而是看其能否准确体现广告策略的意图,能否通过独特的创意让信息易于为受众所接受。

五、对黑松汽水的系列产品广告口号的评析

系列广告之一:

爱情灵药

温柔心一颗

倾听二钱

敬重三分

谅解四味

不生气五两

以汽水送服之

不分次数,多多益善

(广告口号)用心让明天更新

系列广告之二:

工作灵药

热心一片

谦虚二钱

努力三分
学习四味
沟通五两
以汽水送服
遇困难加倍用之
（广告口号）用心让明天更新

系列广告之三：

生活灵药
水一杯
糖二三分
气泡随意
以欢喜心喝之
不拘时候，老少皆宜
（广告口号）用心让明天更新

"用心让明天更新"，这句口号与汽水的特点似乎一点也扯不上关系，但它却是使三则文案能够统一起来的灵魂。

——诉求单纯，将产品和人们的生活态度紧密结合。汽水的配方其实没有多少神秘可言，大多数的汽水口味都相当接近。如何让自己的产品在消费者心目中占有一席之地？黑松汽水就选择了"汽水与生活态度"这一切入点进行广告宣传。在实际生活中，汽水确实有三个功能：解渴、烘托气氛和放松心情。因此，黑松汽水这一选择并无造作之嫌。"用心让明天更新"，是无论人们在工作状态、爱情状态还是休闲状态中都应有的生活态度，而喝黑松汽水也是在三种状态中都可以选择的放松方式。两者的结合相当自然。

——句式简短，颇具煽情性。口号最忌着语啰嗦，不能给人留下印象。这一口号只有7个字，选词简单易懂。意思上则抓住了人们不断追求更好生活的普遍心理，用"更新"来引起受众的共鸣。

——正文和标题密切配合。中国传统的民间名医故事中经常有把生活态度写进药方的情节。黑松汽水的构思便是这样一种延续。标题说不同的环境下不同的药，正文就说如果把生活看作疗养的过程就需要有智慧豁达的生活态度。这与口号的含义完全吻合，三者配合默契，使系列广告文案统一在一种风格当中,易懂易记。

黑松汽水的广告口号,有效地把产品与企业所倡导的理念紧密结合,令多篇文案风格统一,真正起到了统领系列广告活动的作用。

六、对获奖佳作东芝洗衣机广告的评析

获得奖项:2001年4A广告奖最佳平面文案银奖。

(标题)他本来只想买洗衣机
不小心买了一家洗衣店
(正文)媲美专业洗衣店的洗衣品质
东芝洗脱烘三合一洗衣机
在东芝洗脱烘三合一洗衣机出现之前
大家以为世界上的洗衣机都差不多
没想到有的洗衣机不只洗衣服
还能让生活更自由。
例如:
只要把脏衣服丢进洗衣机后
就能安心看连续剧或逛街
因为省去晾衣的麻烦。
如果第二天就要穿的衣服脏了
半夜洗也不担心噪音影响邻居安宁。
即使梅雨季节,
即使家里没有晾衣空间,
还是能每天穿到干爽洁净的衣服。
早上多睡半个小时美容觉
因为洗完的衣服不会皱巴巴
不烫也很美观。
当然了!
人都好逸恶劳
自己不想做的事最好别人都帮你代劳
因为这样
原本只想买部洗衣机
却买了一部洗衣品质媲美洗衣店?

只要把脏衣服丢进去
　　就能独立自主洗脱烘三合一的东芝洗衣机。

　　这一文案将洗衣机的独特品质:洗、脱、烘三合一进行了重点推介,其他功能一概没有涉及,诉求集中有力。

　　——标题中设置悬念,引起受众的好奇心。"本来只想买洗衣机,结果却买了一家洗衣店",这样不符合生活逻辑的故事情节,最容易让人问到底。标题不仅很好地起到了吸引眼球的作用,而且能够把受众带进正文中再去寻个究竟。为正文复杂信息的传递做好了铺垫。

　　——标题正文相互配合,文案风格统一。正文在回答标题带给人们疑问的同时,将洗衣机能够承诺的利益点做了详细的介绍。

　　——正文叙事紧紧扣住了消费者的心理。正文没有从正面直接描述洗衣机洗衣清洁、脱水干净、烘干彻底的功能,而是不断地站在消费者的角度,把日常洗衣过程中经常会遇到的麻烦一一列出,在最大限度上求得了消费者的认同感。此时再把洗衣机的功能推出,可谓水到渠成,自然又不露痕迹。

关　键　词

好标题、正文写作的基本原则。

思　考　与　练　习

1. 请阅读一段材料:

　　细心的观众这两天注意到在北京台播放的诺基亚广告画面换了,随之更换的是诺基亚手机那句早已深入人心的广告口号——"科技以人为本"换成了"联系生活、实现可能"。诺基亚移动电话中国区市场总监刘树基说:"诺基亚新近推出的这一亚太区全新品牌战略,是'科技以人为本'理念的自然延伸,诺基亚要向人们倡导一个新的生活理念——无论何时何地,都能随心所欲选择不同的生活和工作方式,充分体验前所未有的个性化感受。"

　　　　　　　　　　——摘自 2001 年 7 月 30 日《北京晚报》

然而,事实上,诺基亚的广告后来又还原为"科技以人为本"。为什么这一广告口号的生命力要比"联系生活、实现可能"更为持久?请谈谈你的理解。

2. 根据画面和创意提示,你能为康柏电脑的售后服务系列广告配上合适的文案标题吗?

创意提示:

从现在起,每部康柏电脑背后……都有强劲售后服务支援。我们遍布全球的服务网点,向您承诺快速和细心。

画面一:

飞奔的雪豹

画面二:

母袋鼠温情地看着胸前的小袋鼠

画面三:

漫山遍野的兔洞

第八章 广告文案的语言(上)

广告是词语的生涯——大卫·奥格威如是说。文字是我们这行的利器,文字在意念表达中注入热情和灵魂——这是李奥·贝纳说过的话。精妙的构思,独特的创意,伟大的策略,哪一项最后不要通过语言来展现呢?即便我们可以利用最先进的科技,最熟练的手法,去创造最富创意的画面和音响;但倘若没有了语言,画面和音响也就失去了灵魂。

第一节 广告语言的文体特征和通常要求

一、广告文案语言的 KISS 公式

从本质上讲,广告是一种以劝服为目标的过程。它必须给受众一个为什么要接受这一产品、服务或企业的理由。但它的说理,不是严谨的逻辑推理。广告的文体特征也不能仅仅用杂文或是论文的文体特征来概括。事实上,为了论证消费者做出的决策是正确的,广告人可以选择的表达方式有很多。以媒介为分类标准,有电视广告文案、广播广告文案、报纸广告文案、网络广告文案等等;以情理为分类标准又有情感诉求文案、理性诉求文案和情理混合式诉求文案等等。可以说,每一个具体的广告类型都会形成各自的文体特征。我们只能从总体上来把握各类广告语言所具有的共性特点。

其一,以推销产品、服务或树立品牌形象为传播目标。

其二,以对消费者有价值的广告信息为内容。

其三,以大众传媒和其他各类媒体为载体。

从某种意义上说,这样的文体特征决定了广告所做的一切都必须适合受众的胃口。让他们理解、喜欢、记得。当你坐在键盘前,或是面对纸张的时候,请想一想,你的对面就是那些活生生的人,他可能是邻居家的大妈,或许是一个年轻、充满活力的小伙子,或许是说一不二的老板,或许是爱美的姑娘,你的语言就会不自觉地有了自己的广告性格。

海外广告人总结了文案语言的一个公式:KISS 公式,近年在中国内地也大

为流行。事实上,KISS 是 keep it sweet and simple 的缩写,也就是说无论中外,广告语言最好都能够做到"甜美"和"简洁"。

简洁明了。无论是在标题、正文、口号还是附文的写作中,我们都不断地在强调简洁。因为我们都不希望无用的语言浪费昂贵的广告刊播费用,因为受众都很忙,都要接收很多其他的信息,啰嗦的文案只会让人厌烦。简洁不等于单薄,不等于词不达意。任何时候,都要保证自己的语言完整地表达出广告策略和创意的要求。每一句话、每一个词,甚至每一个标点都是必不可少的,同时又是多一不可的。

甜美。文字不一定都是甜得发腻的,但文字煽动起来的情感,却应该是甜美的,因为你希望的是人们在甜美的认可中,接受产品。让我们来看一则看似严肃又不失大气磅礴的文案:"献给正在创造历史的时代领袖。"这是广州蓝色创意广告公司为上海证大发展集团所做的房地产广告。广告语言是在告诉这些楼盘未来的业主,你就是这个时代的精英阶层、领袖人物。在这样不动声色的恭维之下,想不甜美可能也难。相比而言,奥迪汽车的煽情则更直白:"极致的精密,对您而言意味着尊贵、华美与恒久。而我们则正让它成为一种成就完美的本能。"即便你不是那么尊贵、华美,也会不由自主地认为自己是那么尊贵、华美。

二、广告语言在 KISS 公式以外的特点

除却 KISS 公式,属于广告语言的性格还有很多:

(一) 到什么媒体说什么话

最普通的做法:报纸多用书面语,广播电视多用口语,网络媒体多用网上正在流行的俚语,户外大型广告多用口号式语言等等。来比较一下雅倩佳雪洁面产品在电视和杂志上的广告文案。

电视广告语言:

青春佳雪净白洗脸,彻底洗掉污垢和黑头。哇——好暂好白哦。快来洗脸吧。新鲜佳雪新鲜人。

杂志广告语言:

青春佳雪让肌肤清爽起来

满面油光,还有几颗起眼的痘痘,平时碍眼,在重要的社交场合,更会让你忐忑不安,严重摧毁你的自信。

佳雪全新推出的青春护理系列针对年轻肌肤经常出现的问题,采用绿茶精华和天然甘草提取物,能收细毛孔,有效控制皮肤油脂分泌,让油光彻底消失!同时还具抗氧化功能,预防和治疗青春痘呢!
　　新鲜佳雪新鲜人。

　　电视广告完全是一个小女孩在兴奋地和朋友们聊天。杂志广告则不惜耗费大量的篇幅来介绍产品的成分。"哇"、"哦"、"吧"这样强烈的语气词,在杂志广告上不见了踪影。而"碍眼"、"忐忑不安"、"同时还具抗氧化功能"这样读起来颇费事的单词和语句,也没有在电视观众的耳边唠叨不休。电视广告句子简短、信息集中,杂志广告句子偏长、信息复杂。媒介的力量,由此可见一斑。

　　(二)对什么人说什么话
　　受众的共同个性是喜爱简洁和甜美,但具体到每一个人对语言风格的爱好,可以说是千差万别的。就像前文所说的,大妈的喜好跟年轻人的喜好当然不同。而你也不可能总是只针对一种人写作。

　　　　　水杯与咖啡杯,距离五英寸
　　那位在咖啡馆门口,
　　就可以将帽子
　　稳稳地掷在衣帽架上的中年人
　　选定座位前,两度逡巡各个角落,
　　最后还是停在靠窗的位置,不过,
　　并没有立刻坐下,先是调整桌椅
　　然后将糖罐移到桌角,才缓缓入座。
　　和我上一回见到的相同:
　　他把水杯与咖啡杯挪过来,移过去,
　　试了几次,才满意地看着自己的安排,
　　普通人喝两杯咖啡的时间
　　他只喝了一口,每喝一口,
　　又重复同样的动作;
　　调整水杯与咖啡杯的距离
　　他的举动勾起服务生的好奇
　　于是问:"你在……做什么?"
　　他好像不知道该如何回答,

>不停地移动水杯与咖啡杯
>"我……"起了话头又陷入沉思,
>一阵长长的静默后"我在……"
>他指着自己,认真地说着:
>"我在喝一杯咖啡!"

这是中国台湾奥美广告公司为左岸咖啡馆做的广告。这优雅的语言可以吸引那些整天喜欢呆在街上下棋的老大爷们吗?老大爷们听得顺耳的还是"牙好,胃口就好,吃嘛嘛香"。文化背景决定了人们对语言的喜好倾向。因此对什么人说什么话,事实上是在对消费者的心理和文化背景做分析。

(三)发挥不同语种的魅力

唐诗变成了英文就失去了韵味,莎士比亚的大作在翻译为各种语言的过程中也会损失掉一些属于英格兰的风情。广告人在面对不同的地域,不同的语种文化时,不得不多加注意的一个问题就是对当地语言的尊敬。在中国,我们就必须要充分发挥汉语的魅力。

"车到山前必有路,有路必有丰田车。"这一广告口号就是利用了中国传统的俗语,拉近了日本品牌与中国人心理之间的距离。

>那晚不经意,看到茶中的明月的倒影,
>蓦然发觉,是中秋的明月。
>千里之外,昔日的时光,
>啜饮着茶中的明月,
>那一晚,我回到了家。

明月、茶、中秋都是古代中国诗词中典型的意象。但现在它们却是在为MCI电信公司笼络人心。诗情画意是中国人追求的生活品味,而广告语言恰恰满足了这个要求。

>十四是十四,四十是四十,十四不是四十,四十不是十四。没有牙齿,看你怎么念。

新加坡卫生部为了号召人们重视保护牙齿,可谓煞费苦心。许多人可能都不理解,十四、四十这两个数字跟口齿不清有什么关系。但华人,一看到这则广告恐怕都要会意地莞尔了。

(四) 与其他表现要素相配合

一则成功的广告文案必然诞生于一个成功的广告创意策略。而一个创意策略所包含的就不仅仅是语言的创意,它常常是语言、画面、音响等等的组合体。因而,广告语言一定要和其他广告要素很好地配合,才能发挥最大的作用。

相互配合的最高境界不是相互解释,而是相互补充。也就是说,画面和音响已经说明了的,语言就不必再啰嗦了。

请看麦当劳随心配套餐服务的电视广告:

镜头1:一个可爱小天使,表情淘气。拿着弓箭,四处寻找可以匹配的年轻情侣。

镜头2:一个女孩在公园长椅上看书,一个男孩骑车经过。

镜头3:小天使拿出弓箭,射中了男孩和女孩,女孩坐到了男孩的车座上。小天使得意地笑。

镜头4:一个女孩在公园里和同伴聊天。一个男孩在附近锻炼。

镜头5:小天使又拿出弓箭,射中了男孩,但却没有射中女孩,而是射中了一棵树。男孩亲热地搂住了树。做错事的小天使调皮地捂住了嘴。

镜头6:麦当劳的各种食物画面。画外音配合:麦当劳随心配。……只需十元,想怎么配就怎么配。

镜头7:男孩和女孩们在麦当劳里购买随心配产品。

镜头8:小天使满足地抓起薯条往嘴里送。表情淘气可爱。

前5个镜头,人们没有接受到任何广告语言的信息,画面伴随的音响都为节奏明快、曲调轻松的音乐。而第六个镜头,调皮的小天使犯了个错,情节发生了变化,麦当劳的产品形象随之亮了出来,广告语言才以画外音的形式告诉人们,在麦当劳里,配对不会犯错误,有着想怎么配就怎么配的自由。整个短片幽默轻松,广告语言更是在最恰当的时候诙谐又自然地向受众传达了产品信息。

飞利浦灯泡的广告:

画面:由飞利浦各种型号灯泡组成的花朵形状,靓丽缤纷。

文案:品味生活,持久绽放。飞利浦,让我们做得更好。

广告的画面简洁,文案亦简洁。两者相结合,表现出飞利浦为人们美好生活锦上添花的创意。同时,文案中的"持久绽放"4个字,还传递了飞利浦灯泡质量优良、使用寿命长等信息。

第二节 广告诉求方式与语言

"我们的目的是销售,否则便不是做广告",大卫·奥格威的这一观点,道出了广告传播的根本目的是对商品的促销。而促销,建立在对消费者的劝服基础上。如何对消费者进行劝服,就是广告的诉求方式所要考虑的问题。诉求方式有效与否,直接影响到产品的销售和企业品牌形象的树立。

心理学上人的意识大致有两个层面:情感层面和理性层面。针对于此,广告的诉求方式也就相应地有了情感诉求方式、理性诉求方式和情感理性混合诉求方式三种最基本的类型。不同的诉求方式,对语言也就提出了不同的要求。

一、情感诉求广告与语言

情感诉求方式,就是通过对消费者情感层面的劝服从而达到具体的广告传播目标。情感诉求方式的切入点很多,每一种切入点对语言的要求又有所区别。

(一)直接刺激受众的感官

有些广告语言,通过强烈的视觉、听觉冲击力,使受众产生购买欲望。

> 画面:一听雀巢柠檬茶,却被带上了消防栓的行头。
> 文案:光看就很消火!

饮料在夏季的促销广告,当然要强调清凉、痛快和解渴。文案配合画面,以"消火"两字把这几种感觉表达得淋漓尽致,刺激了人们对于逃避炎炎夏日的直接感官需要。

> 画面:性感美丽的女模特
> 文案:(标题)让他们娱乐我们!
> (附文)21世纪环球报道娱乐明星周刊

不看附文,可能谁也不会料到这是新上市报纸的形象广告。娱乐本身就是唤起人们情感愉悦的方式,当它和性感联系到一起的时候,对视觉感官的冲击力就会成倍扩大。

画面：一辆崭新的，车身隐隐泛着光亮的汽车
文案：
以经典美学新价值重新定义高等级轿车
全新尼桑新蓝鸟，旗舰型，现在尊荣上市，第一眼，若您把它当成高档的豪华进口车，千万别怀疑自己的眼光。因为那正是我们苛求经典美学新价值的成果。心动吗？有劳尊驾亲临尼桑新蓝鸟与世界同步的4S专营店，亲身体会尼桑新蓝鸟的钻石等级，享受旗舰风范的尊荣感受。

以美学价值来定义汽车，其用意再也明显不过了。刺激你的视觉神经，让你在"美貌"的汽车前无法抑制购买的冲动。

以上三则文案中的主角不同：饮料、报纸、汽车。面对的消费者群体也不同：老百姓、有读报习惯的群体、高收入阶层。但三则文案的诉求方式却是一样的，就是刺激人们的感官。

从具体表现上来看，三则文案的语言风格差距较大：雀巢柠檬茶的广告口语化程度高，娱乐周刊广告的语言大胆火辣，尼桑汽车广告的语言华丽流畅。

但它们之间的共同点则更多：

一是多用直接描述人们直观感受的词语。"消火""高档""豪华""尊荣"等等都是人们经常使用的。

二是语气强烈而煽情。雀巢柠檬茶运用感叹号，使原本为叙述的句子充满了煽情的意味。娱乐明星周刊对暧昧与挑逗丝毫不加掩饰。尼桑汽车则更直接，号召人们"心动不如行动"，连专营店叫什么名字都摆上了正文。

三是与画面紧密配合，文字简短生动。如果没有画面的配合，人们就无法理解文字的含义。什么叫看起来都很消火呢？让谁来娱乐我们呢？什么是经典的美学价值呢？但有了画面，文字就可以在极短的篇幅内把创意概念表达清楚，而不需要让过多的描述影响了煽情。

（二）针对受众的各种情感做文章

在情感诉求型广告文案中，亲情、爱情、友情、乡情等都是很好的突破口。

小时候，一听到芝麻糊的叫卖声，我就再也坐不住了。
一缕浓香，一缕温情
南方黑芝麻糊。

这一广告给南方黑芝麻糊带来的效益不仅是销售量的上升,还有品牌形象的生成。以至于以后很多消费品广告都以这样混合着回忆和乡情的情感诉求方式来吸引受众。

(镜头)父亲在厨房里做饭,女儿一边看着一本烹调书,一边跟父亲说话。
(文案)女儿:花生油两勺。
父亲:好——

温馨的家庭氛围,是很多现代人追求的目标。因此,一些广告的画面和镜头也不时出现在电视屏幕上和报刊版面中:补钙的药送给妈妈,保暖的内衣送给爸爸,当然还有奶粉是送给可爱的宝宝们的。其中,不乏牵强附会之作。相比较而言,鲁花花生油对亲情的运用更为自然和简单,通过一个生活中确实会出现的镜头,把亲情和产品协调了起来。

(镜头)数对年轻情侣互诉衷肠。
(文案)紫色,有你真精彩。
红色,真的好想你。
粉红,爱你一生不变。
明天的明天,你还会送我水晶之恋吗?

把果冻变成山盟海誓的信物,喜之郎顺利通过"爱情"大关的同时,更把自己的消费者群体从单纯的儿童扩张到成人。

自古以来,语言就是人们表达各种感情最有效的媒介。家书、情书、抒情散文、诗词曲赋……它们经过历史的积淀,形成了自己独特的表述方式。这种表述方式运用在广告上,就形成了独特的语言个性。

——倾向于具备散文、诗歌等的文体特征。我们看到这三则例子中,没有对产品特性、外观包括企业形象的直接描述,而是让产品或企业成为某种情感环境中一件必不可少的道具。整个文案风格协调,节奏平缓。

——语气轻柔,语言的情感倾向较为内敛。既然是感性诉求方式,就免不了要煽情,但和前一类针对感官刺激的文案相比较,此类文案的用语较为含蓄平实,不会出现过多的强语气词,更多的是利用环境烘托或情景描述来间接地唤起受众的情感,最终实现对产品或企业的推销。

(三) 把握受众的好恶倾向

这样做的目的,是力图与受众共鸣。

画面:左边美丽的女模特手持口红的脸部和手部特写,右边电脑液晶显示器的特写。

文案:

虚荣。虚荣。虚荣。

唯美+超薄科技=(诱惑)^2

因为嫉妒或是羡慕,每个人都觉得外表美丽的就一定很虚荣。

其实这绝对是种赞美,一旦拥有了明基 BENQ LCD,你就无法避免。事实上,明基 BENQ LCD 是真的好看,超薄机身设计,时尚艺术造型。

来自于朋友的羡慕,不妨费一些唇舌。但如果是你的敌人,就尽情享受所有因嫉妒而生的赞美吧。

明基艺术液晶 FP581(水晶紫)现已隆重上市。

表面上,文案迎合的是人们爱美的心态,但深层次的感性诉求却是在迎合人们希望引人注目的价值取向。这种迎合,使明基电脑液晶显示器的美观和出众都得到了充分的展现。人们的好恶倾向是建立在后天教育基础上的,它属于感性范畴中最为形而上的部分,体现人们对于美与丑、善与恶等的价值判断。这种判断来源于长期教育和经验积累,不需要经过理性的思维就能够形成。因此,当广告作用于这一部分的情感要素时,语言的风格也就随之显现:

一是表明是非判断语气的词语经常出现,是或不是,对或不对,类似的词句都是在情感倾向上尽量明确地告诉受众:产品符合你的价值判断标准。

二是尽量少地使用分析性、说明性的词句。既然目的在于获得受众共鸣,那么只要挑选他们爱听的放在文案里,就可以收到良好的效果。而如果一定要跟受众讲道理,罗列必须要买该产品的理由一二三,恐怕反而会把那些"性情中人"给吓跑了。

二、理性诉求广告与语言

理性诉求方式,就是通过对受众意识理性层面的劝服从而达到特定的广告传播目标。这一诉求方式,一般都以真实、准确和必需的产品和企业信息为主要内容,让受众在经过认知、推理和判断之后,做出购买的决定,而不是单纯地刺激受众的情感,以期唤起受众对产品或企业的认同。

(一) 理性诉求广告的文体特征

理性诉求广告,一般都为说明式、论证式或叙述式文案。这些文体,适合于传达复杂的广告信息,在人们需要做出理性的购买选择时,提供实际帮助和资料支持。

请看凯迪拉克汽车的广告:

至尊动感完美合一

全新凯迪拉克 CTS 3.6 高性能配备,动感上市

谁,能将动感的境界提升,能将驾驶的意义升华,能全然匹配豪迈如你所追录的运动驾驶感。答案就是全新配置的凯迪拉克 CTS 3.6。以四大运动化装配融入全车豪华血脉,它让豪华不再只流于沉稳、大气的表象,而是人生赛场上纵情驰骋,张扬不羁的真我性情,将无可挑剔的运动驾驶感带给中国精英一族。

峰回路转,从容如一

突如其来的急转,车轮的打滑都是行车中难免的考验,如果没有十足的信心支持,所谓的运动驾驶感也只是一纸空谈。而今凯迪拉克 CTS 3.6 装备了 StabiliTrak 车身稳定系统,从容不迫将成为你的处世态度。它结合制动、循迹、转向和悬挂系统,对行车动态进行了实时监控,自动调整一个或者多个车轮的制动力,以保证行车路线始终稳定。

放大轮胎,放大驾驶激情

望而生威,动若迅雷,选用了 17 英寸精铸全铝车轮的新凯迪拉克 CTS 3.6 车豪贵气派倍增,远距离欣赏,更显逼人的威严与霸气。17 英寸车轮更有效加大抓地力,循迹性能大大增强,动态行车更添敏捷。

灵敏随心,自由驰骋

全新配置凯迪拉克 CTS 3.6 承袭了后轮驱动设计,使车辆的前后轴获得了完美的 50∶50 配重比例,在坡道和连续的弯道中获得更佳的操控性。其 4 轮独立运动性悬挂,减少车身晃动,前悬能将车身减至最低,多连杆后悬时刻保证最佳行车轨迹和车身动态。

随心所向,欲转即达

聪明的座驾总能时刻感应到你的速度。不必在高速行驶时担心操作不当造成的转向过度。不必在泊车时双手大打方向,全新装配的速度感应式助力转向系统,可根据车速变化自动调整转向系统。在高车

速时,使车辆有更好的操控稳定性,而在低速时,减小驾驶者的操作力,使停车更加轻便灵活。

为追求极致驾驶乐趣的人士,全新配置凯迪拉克 CTS 3.6 包括 StabiliTrak 车身稳定系统,17 英寸全铝车轮,速度感应式助力转向系统和后轮驱动运动性悬挂系统在内的运动化装配,为其天生的豪华气质注入无尽的运动感。完全释放你的驾驶豪情。

这一文案尽管也有诸如"纵情驰骋"、"张扬不羁"等感性的语言,但主体部分却是一个典型的理性诉求文案。所谓"四大运动化装置"就是用来吸引那些"追求极致驾驶乐趣"的目标消费者的。文案重点强调 StabiliTrak 车身稳定系统、后轮驱动设计、17 英寸精铸全铝车轮等诉求点,是因为选择车辆的目标消费者是懂车的,是理性的,他们需要经过精心挑选之后才能决定购买何种品牌的车。

（二）用语准确朴实

这类广告的语言,没有过多的修饰和加工,以传递信息为主要目标。

贷款买车来招行,省钱,省心,帮您忙

为什么到招商银行贷款买车?

三重优惠,真的很省钱!!

(1) 招商银行提供最高下浮 10% 的贷款利率优惠,免收律师费。

(2) 招商银行特约汽车经销商一律免收分期购车管理费,立即为您节省购车价的 2% 到 4%。

(3) 保险公司提供最高下浮 10% 的保证保险费率优惠。

两日内获得贷款承诺,真的很快捷!!

在申请当日安排家访的情况下,两个工作日内即可获得招商银行贷款额度,您可立即到特约汽车经销商处办理购车手续。

专业人士为您办理全套贷款手续,真的很简单!!

招商银行客户经理及特聘律师为您提供专业化贷款服务,贷款过程简单而轻松。

50 多家特约汽车经销商供您选择,真的很自在!!

与招商银行合作的 50 多家特约汽车经销商,百余种车型供您任意选择。同时,车商还将为您提供上牌、验车等一条龙专业化服务。

尽管文案里有众多的感叹号,但却不是一种情感的宣泄,而是对事实信息的强调。基本没有形容词,有的是数据和优惠信息。对有意买车的消费者而言,如此众多的信息,足以令他了解到招商银行贷款买车的全部好处。

(三)语言逻辑性强

这类广告的语言,能够引导受众的思维。

顾客,黑客,您的基础设施分得清吗?

安全电子商务的根本保证。随着您的业务愈发依赖于基础设施,电子商务的安全性显得尤为关键。它不仅是IT技术的问题,更关系到企业的生存和发展。除了将黑客拒之门外,您还要确保核心业务系统以及其他企业环节的安全运行,进而提升客户忠诚度和企业信誉度。然而电子商务的安全绝不是一道简单的防火墙,它应该是一套完整、严密的体系,涉及企业的安全策略、安全管理、安全标准及安全架构。

IBM全球拥有数千名安全专家,已成功地为众多企业实施了企业安全与灾难恢复解决方案,并逐步形成了IBM特有的,行之有效的方法论。我们的安全专家将为您提供咨询评估,设计实施及运行管理的端到端服务,帮您评估企业的安全隐患及薄弱环节,并与合作伙伴(如著名物理安全专家KROLL)为您定制极具针对性的安全管理方案。同时IBM拥有卓越的安全工具,如业界领先的3A安全软件TIVOLI。可以为电子商务应用提供统一的安全架构;而具有50年悠久历史的IBM存储技术,更为数据存储和备份提供了坚实的保障。

我们已为多家企业提供了各种形式的安全服务,如欧洲的DRES-DNEW银行及澳大利亚的ALEATEL电信。无论您处于电子商务的哪个阶段,IBM都能为您提供满意的解决方案。

这一广告正文中,三分之一的篇幅都在介绍电子商务安全的重要性,其后才是对IBM安全系统的整体介绍。因为电子商务的安全问题在目前对很多企业来说还很陌生。IBM要卖出自己的产品,就必须提供背景资料给客户一个购买的理由。用语的逻辑性,事实上符合受众的思维习惯,即首先了解买某一类产品的必要性,然后再在各种品牌当中进行挑选。文案第一段的最后说,电子商务的安全应该是一套很完整严密的体系。第二段的开头就立刻跟进,说明IBM就拥有这样完整又严密的安全体系。对产品的推销可以说是水到渠成,既开拓了市场又强调了自己的竞争优势。

理性诉求广告文案一般用在对新产品、新服务等消费者掌握信息比较少的对象上,否则过于细致的信息和文字反而会招致厌烦。

三、情理混合式广告诉求与语言

对于每一个具体的人,在任何情况下都不可能将情感与理性截然分开。对于具体的产品和企业来说,有的时候是既想刺激受众的情感获得认同,又想把信息尽可能多地透露出来。此时,情理混合式诉求就派上了用场。这种诉求方式通过对人的意识层面中情感与理性的共同作用,来达到特定的广告传播目标。它对语言的要求也介于理性诉求广告文案和情感诉求广告文案的要求之间。

(一) 因需要而选择不同的语言

突出情感要素时,使用较为强烈的语气和煽情手法,用语选择范围广。突出理性要素时,使用准确平实的语言,更多地突出实在的信息内容,避免以辞害意。

生活就应是,一场物质与精神的盛宴。

新御景,满足无限享受的渴望。

位居北京 CBD 国贸商圈内,紧邻东三环华威桥,社区 4 栋高达 100 米的高档住宅与现代化的首都图书馆一墙之隔;著名的香榭舍龙头公寓等高档物业环绕四周。

著名园林大师主持设计 10 000 平方米社区园林,多景广场,喷泉、步石、御泉,景亭,曲水流觞等景点小品布置其中,四处点缀奇石小景,遍植名贵花木,四季美景尽在其中。

御景园一号楼现已入住,五星级豪华会所全面启用,内设室内恒温游泳池、桑拿、乒乓球室、棋牌室、台球、健身、舞蹈、儿童乐园、咖啡厅、红酒沙龙、电影放映室、多功能厅及两个室外网球室。

国际一流品牌精装修。宽带入户,国际卫星电视系统,24 小时热水,采自地下 2 000 米的温泉入户。24 小时专业保安巡视及智能安防系统。

新御景房产的起售价是每平方米 8 900 元,这在当时房价较高的北京来说,也是属于高档住宅了。它面对的购房者,必定具有一定经济实力。而有了这样经济实力的人,又往往会对房屋的品位和各种设施非常感兴趣。因此,文案的口号和标题,让充满煽情意味的话语打头阵来抓住受众的眼光。之后,则用非常简单而直白的语言,向受众介绍物业的具体信息,从位置到设计到配套设施和室内装修全部涉及。情感诉求和理性诉求之间虽然有明显的区别标志,但毕竟都得到了较为恰当的表达。

（二）协调感性诉求与理性诉求之间的语言差异

在这类广告文案的写作中，必须协调感性诉求与理性诉求之间的语言差异，使文案风格达到统一。

走中国路
中国人一下子开上高速路

　　从前是一年一小步，现在是一日行千里。在中国飞速发展的时候，保持平稳与安全便成为全体中国人的信念。具有同样精神的，当属中国人信赖的民族优秀品牌——回力子午。引进世界先进轮胎技术制造的回力子午轮胎，安全可靠，使用寿命长。高速行驶的稳定性好，始终让驾驶者信心十足。创建于1947年，在安全性能上做足工夫，回力是飞速前行的中国人的选择。

　　从口号到正文的语言风格都可以用大气、华丽来形容。文案充分利用了真实的"道路"与中国改革"道路"同为"道路"的双关话语。以高昂的改革热情，来对渴望建功立业的受众进行情感上的沟通。之后，在强烈的情感色彩下，用简短的词句，向消费者承诺了利益点。使整个文案风格统一自然，表述上也做到了一气呵成。

（三）文体选择面广

这类广告文案，既能有散文、诗歌式的抒情，也能有说明、论证式的严谨。

见证历史　把握未来

　　全新欧米茄碟飞手动上链机械表，备有18K金或不锈钢型号。瑞士生产，始于1848年。对少数人而言，时间不只是分秒的记录，亦是个人成就的佐证。全新欧米茄碟飞手表系列，将传统装饰手表神韵的重新展现，正是显赫成就的象征。碟飞手表于1967年首度面世，其优美典雅的造型与精密科技设计尽显贵族气派，瞬即成为殿堂级的名表典范。时至今日，全新碟飞系列更把这份经典魅力一再提升。流行的圆形外壳，同时流露古典美态；金属表圈设计简洁、高雅大方，灯光映照下，绽放耀目光芒。在转动机件上，碟飞更显工艺精湛。机芯仅2.5毫米薄，内里镶有17颗钻石，配上比黄金罕贵20倍的铑金属，价值非凡，经典时计，浑然天成。全新欧米茄碟飞手表系列，价格由8 000元～20余万元不等，不仅为您昭示时间，同时见证您的杰出风范。备具纯白金、18K 金镶钻石、18K 金,及上乘不锈钢款式,并有相配衬的金属或鳄鱼皮带以供选择。

贵族风范是欧米茄表所一再强调的产品形象。因此,即便是在对配件、工艺或设计的具体介绍上,带有理性色彩的数字也被"高雅大方"、"绽放耀目光芒"这样针对视觉冲击力而来的词语修饰,因而带上了感情色彩。从文体上看,这既是一篇精彩的手表说明文,也是一篇试图把握受众喜好、灌注了抒情意味的散文。

第三节 广告语言的创新

一、广告语言创新的实例

在这里,不妨先看几个个案:

美好的生活就是最温柔的报复

你应该穿上最漂亮的衣服去散步遛狗
让街道上迫害视觉神经的建筑物丢脸;
你应该用最奢华的骨瓷餐盘吃荷包蛋
让所有使用保丽龙餐具的餐厅有经济危机;
你应该以鹦鹉螺音响听小奏鸣曲
让制造装潢噪音的坏邻居觉得魔音穿脑;
你应该学会做普罗旺斯香草料理
让背叛的情人只能以泡面当宵夜;
你应该在晚餐之后朗诵现代诗帮助消化
让八点档 CALL IN 节目收视率大幅滑落;
你应该隔周换戴不同设计师的墨镜
让对方的意识形态显得盲目;
你应该花三个钟头泡东方药草浴
让城市中的二氧化碳指数下降;
你应该阅读楚辞九歌中的亚仪
让以为看哈利波特就不会变成麻瓜的人变成麻瓜;
你应该到五星级饭店叫江浙外烩
让不懂餐桌礼仪的服务生没有小费可拿;

你应该用法文录电话答录机

让假日找你加班的主管当场哑口无言;

你应该把写满报复拥核人士和前男友的日记本资源回收

让亚马逊云林继续茂盛葱郁;

尽管用美学将生活经营成全面性的温柔报复工具

打击安歇曾经逼迫你内在的外在的丑恶。

这是20世纪90年代中国台湾地区的Y广告公司为中友百货春装上市所做的促销广告。通篇文案没有一个字提及春装上市这档子事,最直接的关联语句就是开头:应该穿上漂亮的衣服去遛狗。现实中的忙碌、浮躁和压抑,理想中的情操、优雅和闲逸,文案在替一个生活在工业社会中的女性白领发牢骚写心情故事。与其说它是广告,不如说它更像一首风格前卫的后现代诗歌。

相比较而言,Y广告公司为东芝冰箱和台湾《中国时报》创作的广告文案则更像广告一些。

冰箱篇:

电冰箱再袭击

连续三天,早上打开冰箱,里面竟然空无一物

昨晚从超市买回的一大堆食物都不翼而飞了

只剩散乱一地包装纸

她开始怀疑有附近的流浪汉闯入家中

但她没有报警

只是买了更多的食物睡前仍把冰箱重重封锁

这下该万无一失了,不料隔天发现又被洗劫一空。

她不禁怀疑冰箱监守自盗,偷吃她的食物,

不过这个可能性她很快就排除了

就算她拔掉冰箱的电源

同样的事故照样发生。

第七天她决定报警,警察在她家装上摄像机,

终于抓到偷吃食物的窃贼,就是她自己

她每天晚上梦游到冰箱前狼吞虎咽吃光食物

然后心满意足地回到床上继续她的美梦

接受治疗时,心理医师告诉她:

"你应该感谢冰箱,
你的冰箱在夜里静静地填补了你白天的空虚和不满。"

报纸篇:

资讯,聪明,优势,中国时报
知识使你更有魅力

你倾斜45度角看报的姿势有形而上学的气息
从北爱和平协议,到基因复制,到圣婴现象
你关注世界的程度令人嫉妒
在超文本的网络社会,你是欲望的解放者
在混乱的现实中,你的言语带着拘谨的魅力
看你阅读时的专注让人恨不得变成文字
你觉得思考就是一种性感
而学习才是你永远青春的秘密。我爱你。
聪明人用知性保持致命的吸引力。

东芝冰箱的广告文案讲述了一个梦游者悬念迭出的故事。冰箱的性能究竟如何是不清楚的,我们只能从文字间感受到,如果没有了这个冰箱,女主角的日子将很不好过,起码她连梦游都不知道该去哪里了。

中国时报的广告文案一直在恭维读者,强调知识、思考和智慧对现代生活的重要性。相比之下,通过这篇广告人们就能够比较清楚地了解到中国时报的编辑方针,而不似前两篇产品"庐山真面目"都不见。

三篇文案对产品介绍的详略不同并不影响它们在广告语言上的一脉同源:

——打乱了词语间正常的搭配和逻辑习惯。建筑物有脸可丢吗?餐厅倒闭也能严重到称做"经济危机"?冰箱是二战时期的萨拉热窝吗,就算它被绳索捆起来似乎也难以用"重重封锁"来形容。读报的姿势,不过就是个姿势,怎么单单45度的姿势具备了"形而上学的气息"呢?

——会在需要的时候改变词性。"背叛的情人",动词成了形容词;"让亚马逊云林继续茂盛葱郁",形容词又变动词;"阅读时的专注"、"思考就是一种性感",形容词还能做名词。

——夸张。最高级别的形容词经常出现,当然不是直接用在对产品生硬的吹捧上。"最漂亮的衣服"、"最奢华的餐盘"是一种,"致命的吸引力"是另一种。

把行为和心态表现到极致的动词、名词、形容词更比比皆是。"洗劫一空""狼吞虎咽""大幅滑落""令人嫉妒"等等。

——使用流行的语言。保丽龙餐具、经济危机、鹦鹉螺、普罗旺斯香草料理、哈利·波特、麻瓜、报警、摄像机、梦游、基因、欲望、超文本……它们构造了一个光怪陆离的现代人社会。

正是依赖这种独树一帜的语言风格,Y广告公司帮助众多的企业和品牌取得了良好的商业效益。它的特点是通过对正常话语方式的颠覆去营造独特的语境。

二、广告语言表现力的层次

(一)语言的表现力是分层次的

语言的表现力是分层次的——语音语调层、基本语义层、修辞层和意象层。更多的时候,语音语调层是需要通过音响来配合的,它留给人们直接的视觉和听觉感受。基本语义层,则是经过历史的积累和约定俗成,人们对某一个词语所代表含义及其用法的确认。比如封锁为动词,意为用强制力量使跟外界断绝联系,或使不能通行,其作用对象主要为经济、边境、国家等。有些词语为多义词,在不同的上下文和句式当中就会有不同的含义。修辞层,就是在不同的修辞环境中,语言所具备的特殊含义。比如,冰箱原本是个物体,它是没有人的行为能力的。但在拟人化的修辞环境中,它就可能有了生命。意象,是中国美学特有的用语。源远流长的文化给中国的汉语注入了特殊的个性,带有了情感色彩。枯藤老树昏鸦,就是冷寂、苍凉;明月与酒,往往和思乡联系在一起。语言的意象层就是它的审美内涵。

再回头看Y广告公司的广告语言,它的创新就在于对广告语言这几个层面的熟练掌握和运用,并脱离了窠臼,进行了近乎随心所欲的发挥。

当然我们也要看到,无论它的语言是多么具有创新性,它仍然是广告语言,仍然遵守广告语言的一般规律。中友百货、东芝冰箱、台湾《中国时报》的目标受众都是那些具有一定经济实力的白领阶层,他们都接受过良好的教育、对生活和理想有自己的理解。因此,这样打破常规的话语对他们来说,就是容易接受的。中友百货、东芝冰箱,相对而言,偏向的是女性消费者。我们看到,Y广告公司的广告语言也倾向于与女性受众的接近,包括文案中的主角都是女性。也就是说,Y广告公司的语言仍然是在整个广告策略和创意的指挥下进行的发挥,是针对受众的爱好来的。另外,即便是中友百货的长文案,Y广告公司的语言也做到了简单利索,层次清晰,并没有多余的废话。

Y 广告公司的文案是创造性广告语言的一个特殊代表。曾经有不少广告公司都尝试过跟风,但无一善果。原因是它们不分场合,不根据具体的广告战略,只是去玩语言。

(二)广告语言创新的渠道

在实际操作中,并非只有打乱正常话语逻辑的语言才是有创新性的。

1. 口语化的创新语言

> 凉通天,新朋友,
> 带给你,新享受,
> 粒粒凉粉好爽口,
> 添牛奶又加豆豆,
> 红豆绿豆香味够,
> 清热降火好顺喉,
> 睇到之后难忍口,
> 开罐即食最顺手,
> 天然方便顺潮流,
> 包你食佐返转头,
> 放入冰箱更可口,
> 透心感受从未有,
> 今年夏天食个够。
> 泰奇豆拌凉粉,
> 清凉爽口,啖啖正豆!

这是一则在广东地区播出的广播广告。语言采用了以粤语编写的顺口溜,句句押韵,通俗易懂。泰奇豆拌凉粉的亲民形象呼之欲出。选择这一表述形式,本身就是创造性的表现。爽口、忍口、可口几个口字道出了凉粉的美味感觉,每个词的选择都是老百姓熟悉,甚至是天天挂在嘴边的,如果没有对当地语言习惯的深入了解,这篇文案就不会如此流畅。可见,创新往往诞生在生活的积累里。

2. 说理式的创新语言

耐克鞋广告:

<blockquote>
三围只是买衣服时的尺寸罢了
"标准三围"是男人窥视女人的借口
</blockquote>

36、24、36 则是男人虚荣程度的量化
　　男人就是这样用女人的身材布下陷阱
　　然后光明正大地骚扰你
　　别赞助男人好色！
　　把男人的观点从女人的曲线上驱逐干净
　　因为,对女人而言
　　三围只是买衣服时的尺寸罢了

　　耐克是在告诉女性,不要只关注高跟鞋和时装,为了自己的自由和个性,更多地还是关注运动鞋,耐克运动鞋。说理式的文章,最不容易产生灵气四射的语言。但这篇文案的说理却令人刮目相看。把三围定义为男人窥视女人的借口,从而劝服女性不要为了世俗的审美观点不买运动鞋。说理,却不正经八百。"别赞助男人好色",赞助一词用来似乎有卖弄之嫌,但仔细分析,其实是十分精当的选词,因为女性购买高档时装和鞋是需要投入大量金钱投资的。文风泼辣,选词精当,是这篇文案成功的关键。

　　3. 朴素说明中的创新语言

　　　　做妈妈的忙得不可开交。因为她要在短短半个小时内让孩子吃饭后去上学,还要伺候丈夫去上班,繁华路口的交通警察紧张起来也不过如此。那么这个时候,CANCO 牌一次性牛奶容器就可以帮您大忙了。
　　　　这一方便的现代化容器质地很轻,成四方形,能像水壶一样把牛奶倾倒出来。即使小孩子也能够很方便地用它饮用牛奶,而不至于泼洒。
　　　　这种容器还易于开启,手指轻轻一按就可以盖严,确保牛奶不会与其他食品串味,从而免去牛奶产生怪味的麻烦。
　　　　不仅在早餐时间,整整一天的时间内,CANCO 一次性牛奶容器都可以省掉你许多家务。它坚固、便于存放——实际上是使你本来就放得满满的冰箱增加了贮存的空间。容器一次性使用,用毕即弃,无洗涤之劳。

　　文案必须要把新产品的用法特点统统告诉消费者,怎么办呢？广告语言创造了一个假想的母亲形象。情景虽然是假想的,但在现实生活中,人们却经常会碰到。这种真实的感受带给了人们亲切感。整篇说明性的文字也就以这种亲切感为前提,像拉家常一样介绍清楚了产品的特性,并把消费者的利益点也表述地

十分明确。

文似看山不喜平。其实,广告用语也是不喜平的。但这个平不是指平白浅近,而是指平淡无奇,乏善可陈。反过来也就是说,只要是充分掌握了语言表现力的规律,又加以大胆发挥的语言就是创新语言。

关　键　词

KISS 公式、情感诉求、理性诉求。

思 考 与 练 习

1. 从创意到语言:面对如下创意,你会使用怎样的语言来表述呢?
产品:紫薇房地产
目标消费者:西安城市居民,年龄 35～50 岁
创意人员的创意阐述(节选):

  与沿海城市略有不同的是,西安的房地产市场目前的主流消费者仍然是那些 35～50 岁的人群。……他们共同的人生经历,不是别的,正是那个火红的年代。……当然,对于很多人来说,那段岁月不乏苦难……但它既然真实地在生命中存在,而且波及了整个国家和民族,并整整影响了一代人的命运。它必然无法忘怀……我们所要做的就是,通过视觉的强烈刺激将之重新唤醒。……载体被我们找到,那就是革命版画和革命语录,两者与广告诉求的有机结合,构成了广告表现的要件。

——摘自《现代广告》2002 年第 10 期

广告原文(仅包括标题部分):

品牌篇
引题:为人民服务
主题:紫薇地产宣言
副题:全心全意地为人民服务,一切从人民的利益出发

开发篇
将平价房进行到底

环境篇

有识之士到田园都市去,接受田园风光的熏陶很有必要

生活篇

紫薇田园都市是属于我们的,

也是属于你们的,

但归根结底是属于你们的

2. 面对虚拟的产品,尝试一下自己写文案的滋味:

产品介绍:

名为养生补酒,含有少量酒精成分,再混入枸杞、人参等植物性营养成分,价格略低于主要竞争对手椰岛鹿龟酒。产品正处在市场导入期,期望达到的广告推广目标是在全中国迅速打出知名度,并占有一定的市场份额。

第九章 广告文案的语言(下)

第一节 广告语言的修辞技巧

修辞是广告语言的常规武器。恰当的修辞能使文案妙趣横生,引人入胜。以下是在各种广告文案中常用的修辞技巧。

一、在广告中使用修辞技巧应注意的问题

需要强调的是,广告语言不是为了修辞而修辞,它的主要目标是使文案能够用一种生动的方式来体现广告创意和策略。

(一)使用准确

无论使用什么样的修辞方法,首先要注意的都是要将信息准确地表述出来。如果过分地依赖修辞,结果造成语焉不详,广告效果反而大打折扣。

(二)要取得比不使用修辞更好的效果

如果修辞在文案中不过是点缀,那就不如不使用修辞,保持文案简洁朴素的本色。

(三)保持文案的真实性

夸张、拟人、比喻等如果使用不当,就会影响广告效果。人们不理解文案中使用的是修辞,就会认为广告在骗人。

二、广告文案中修辞格举隅

(一)广告文案中的比拟修辞格

广告中的比拟,是把产品、企业、服务等人格化,或是比作另外的事物。它可以使语言形象化,同时能引起人们的情感共鸣。

1. 拟人

三九皮炎平的一则电视广告,赋予了人们经常使用的抓挠以生命甚至性别形式,让两把抓挠在电视屏幕上进行对话。

男抓挠:"我是不求人。"
女抓挠:"我是老头乐。"
男抓挠:"你怎么了?"
女抓挠(愁眉苦脸的):"我,没有人找我了!"
画面:一支皮炎平软膏横扫过来,女抓挠带着男抓挠赶紧逃跑
画外音:999皮炎平软膏,万事不求人。

一般治疗皮肤炎症的药物广告经常利用的镜头是人们瘙痒难止的痛苦表情,然后是使用过药膏后的舒服表情。虽然也能说明问题,但显得较为生硬、平庸。而皮炎平的广告则换了个角度,用抓挠下岗失业,来说明999皮炎平软膏良好的疗效。拟人化的手法,是执行这一创意的关键所在。抓挠无可奈何的表情,互相关心的对话,都让人在轻松的氛围中接受了有关产品的信息。

2. 拟物

世界杯浪潮中有一张时刻受人欢迎的黄牌
一边细尝香浓宜人的立顿黄牌精选红茶,一边欣赏紧张刺激的世界杯赛事,个中感受,无以代之。立顿黄牌精选红茶。

把黄牌红茶与足球赛场上的警告黄牌联系起来,并把自己比作时刻受人欢迎的黄牌。在给人悬念的同时,也把品牌形象推到了受众面前。

(二) 广告文案中的比喻修辞格

比喻,即通过某个类似点,将原本没有联系的事物联系在一起。在广告中运用比喻,可以形象地强调产品或企业的某一特征,便于人们加深印象。

1. 明喻

在广告中,本体和喻体同时出现,并用比喻词"像""似"等连接。这种比喻方法浅近明了。

化概念为现实的杰作,惟有亲身驾驭,才能体会非凡乐趣
一款杰出的笔记本电脑就像一辆终极跑车,体现拥有者的深邃品位。东芝TECRA系列在世界任何角落均备受成功人士钟爱。全新TECRA9000,脱胎换骨,前卫而更显尊贵,将先锋科技与前瞻设计和谐结合,为您创造完美操控境界。

东芝 TECRA9000 的市场指导价为 44 999 元,属于笔记本电脑中的高档产品。如何说服消费者来购买这样一种昂贵的电脑呢? 广告将电脑比喻为跑车,赋予其代表身份与品位的概念,希望达到促销的目的。

2. 暗喻

即在比喻中使用"是"、"等于"、"变成"等比喻词,本体和喻体不一定同时出现。暗喻较之明喻,更加自然温和,在潜移默化中给受众留下深刻的印象。

突破科技,启迪未来

  每只鹦鹉螺,无论来自哪一个海滩,其螺旋弯曲的精度都必定丝毫不差。这种不可思议的精确生长模式,被数学家称为完美的对数螺旋。
  奥迪 A6 的精密控制体系,也同样利用尖端数字控制技术,自车型开发,就将奥迪 A6 纳入一套极其严谨、精确的程序之中……

广告的创意点是突出奥迪汽车的精密制作工艺。为了让消费者能够直观地体会这种精密,文案不惜先花大量篇幅来介绍鹦鹉螺的生长特性。然后,再将奥迪汽车比喻为鹦鹉螺。

3. 借喻

本体和比喻词都不出现,只出现喻体。适用于人们熟悉其性能的产品上,例如一个广告公司为自己做的广告的口号就是:"在梦想与现实间架起桥梁"。虽然创意一般,但使用的借喻手法倒也清楚地表达了广告公司服务的特点。

(三) 广告文案中的通感修辞格

所谓通感,就是人们在特定的对象面前各种感觉器官临时打通。这是一种特殊的比喻。用在广告中,容易令人产生丰富的联想,对产品、企业形象留下深刻的印象。

请看几个实例:

  仲夏去兜风,漫山遍野都是绿。
  这般清凉舒畅,就是黑人牙膏的感觉。

  仲夏去兜风,海阔天空都是蓝。
  这般清凉舒畅,就是黑人牙膏的感觉。

  仲夏去兜风,晴空万里云留白。

这般洁白清新,就是黑人牙膏的感觉。

三则系列广告文案,文字简单,每则只有四句话,但对产品特性的描述却十分具体生动。通感手法的运用,使味觉、视觉之间建立了联系,把黑人牙膏能够给消费者带来的利益点充分地展示了出来。

(四) 广告文案中的反复修辞格

某一词语在文案中不断地出现,就形成了反复。广告中的反复修辞格,一般用来强调某一产品的利益点或特性。"燕舞,燕舞,一曲歌来一片情",这一中国较早的广告流行语正是反复修辞格的产物。

在 CLUB MED,到处都是松绑的七情六欲

松绑的心情,松绑的表情,松绑的食欲,松绑的运动细胞,松绑的睡眠,松绑的梦,松绑的每分每秒……

人生难得松绑一回,现在就打电话到各大旅行社或 CLUB MED 度假村洽询详情。

度假村不断地用松绑一词来吸引受众的注意。这就是它向受众承诺的利益点,在这里一切都很放松,包括你所有的感官和欲望。松绑对总是被绑在公事里的人们来说,确实是一种诱惑。

反复修辞格的类型很多,从字数上看有一字反复、两字反复和多字反复等等,从句式上看有连续反复和间隔反复之分。CLUB MED 使用的就是两字间隔反复法。广告语言使用反复要避免啰嗦和不必要的重复,使反复的效果达到最佳。

(五) 广告文案中的对偶修辞格

对偶,是汉语特有的修辞方式,指把数字相等、结构相同或相近的两个词句成对地排列在一起。它需要声调、词性、词义和句式的巧妙配合。用在广告中,因其形式优美、音律和谐,所以能增强语言的感染力,同时便于记忆。

古代的对联讲究平对仄,红对绿,动词对动词,名词对名词,并且选词不能雷同,语意还要有所相关。而在广告语中要求不是如此严格,关键是在于能够用这一手法把广告创意执行到位。

1. 意义相近式

又称正对,指对偶的两个语句间含义相同或相近。

尼桑新蓝鸟汽车的广告口号为"钻石等级,旗舰风范",用钻石和旗舰来表明

新蓝鸟汽车的高品质和领先同行的技术水准。

《三联生活周刊》的推广广告则一连用三个正对构成了整个文案。

> 加大新闻成本,体现独特立场。
>
> 更多信息更实用,更具趣味更好看。
>
> 以敏锐姿态反馈新时代新观念新潮流,以鲜明个性评论新热点新人类新生活。

2. 意义相反式

又称反对,指对偶的两个语句间含义相反,或包含有相互对立的两个方面。

某空调的广告是:"狂热中追求冷静,冷漠中渴望热情"。狂热对冷漠,冷静对热情。两对反义词,把空调同时具有的制冷制热功能描述得极为准确。

3. 意义相连式

又称串对,指对偶的两个语句间并没有意义相近或相反的因素,存在的只是一种承接、递进或因果关系等。

(六)广告文案中的夸张修辞格

广告中的夸张修辞格,就是对产品、企业或服务的某一特性、效果、用途进行程度上的夸大或缩小。它给人以鲜明的形象性和冲击力,并启发想象,引起人们感觉上的震荡。在运用这一修辞格时,需要遵守以下几个原则:要有一定根据,不能无中生有,损害广告信息的真实性;要有分寸有节制,不能盲目进行,令人难以接受;要明显,不能隐隐约约,使人误以为不是夸张,而是真实情况。

"今年二十,明年十八"就是典型的夸张用语。肥皂所具有的美容功效,在这里被夸大到了极致。虽然,谁也不会相信时光能够倒流,但既然知道这是夸张,人们也就能接受了。毕竟,青春长驻是每个人心底里的梦想。

(七)广告文案中的引用修辞格

引用的范围非常广,古代诗词、现代俚语、名人讲话,甚至电影对白等等,只要能使消费者对企业和产品产生熟悉感,后面的事就好办了。

比如,商务通借助当时热播的电影《一个都不能少》,适时地推出广告口号:"呼机、手机、商务通一个都不能少。"不需绞尽脑汁,也能获得良好的传播效果。

中国台湾光华证券投资的两则文案标题,则借助了古代典故:"孔明借箭——现代智慧理财""韩信点兵——现代智慧理财"。

(八)广告文案中的双关修辞格

利用语言具有多种基本含义的特点,故意使一个词或一句话在文案中有两个不同的含义,使得语言含蓄但表意明确,留给人丰富的回味。

最后的春光乍泄
春眠渐渐觉晓
花季渐渐凋谢
梅雨渐渐晴朗
中兴百货春装折扣
是你最后的踏春机会

Y广告公司为中兴百货做的"春装打折"文案,将踏春与购买春季服饰统一起来,留给消费者"购物如同踏春"的美好心境。

"有喜事,当然非常可乐!"拥有一个可以大做文章的品牌名称,非常可乐的这句广告口号可以说是随手拈来,自然贴切又十分恰当。

(九)广告文案中的排比修辞格

所谓排比,就是把意义相关、结构相同或相似、语气一致的一连串的词、词组或句子排列在一起。排比这一修辞手法,语意连贯,气势宏大,适合集中传达有关产品的复杂广告信息或加强受众对某一创意点的印象。

1. 并列排比法

几个排比项不分重点,传达的信息没有主次之别。

"特前卫的家居,特中心的位置,特高尚的社区",北京建外SOHO物业用一组排比句把家居、位置、社区三个方面的信息用简洁的方式传递给了受众。

2. 承接排比法

几个排比项之间存在着时间或语意上的承接或递进关系。

女人为了男人穿鞋,男人教女人走路

为了用婀娜多姿讨好他,你穿上了高跟鞋,
你含蓄地用欢迎鉴赏的态度在他目光可及之处来回游走
慢慢慢慢慢慢地走
走成了习惯,走成了行为,走成了思想……
走不出他的目光围栏,
因为在你穿上高跟鞋的时候,就收起了双脚
走路成了一件陌生的事
所以,走不出路来的女人

只好安分守己地等着
男人教女人走路

"走成了习惯,走成了行为,走成了思想",习惯久了就成了行为,行为做多了,就成了思想,这就是有着承接关系的排比。耐克鞋广告这种强有力的句式,有利于劝服女性不要继续受高跟鞋的束缚,容易在情感上唤起女性消费者的共鸣。

(十) 广告文案中的仿词修辞格

仿词,是指在现有的特定语言的基础上进行改动,创造出一个新的语句。这样的修辞手法充分利用了现有语言为大众所接受的优势,使广告信息更易为人们记住。

"专食人间烟火",深圳奥海家电五金总厂抽油烟机的广告语,利用"不食人间烟火"的俗语,反其意而行,把抽油烟机的功能形象地表达了出来,一语中的。

"食全食美"是经常在小吃店门口见到的广告。这句广告语能够受到众多老板青睐的原因,就是它巧妙地改造了"十全十美"这一成语,消费者念起来顺口,也能对小吃店产生良好的第一印象。

(十一) 广告文案中的借代修辞格

在广告文案中,用与本体有密切关系的事物来代替本体出现,这一方式就是借代。运用借代可以使本体的形象突出,特点鲜明。借代的方式有多种:以效果代替产品或企业本身,以产品的部分来代替产品的整体,以相关事物来代替产品或企业特点等等。

"我们拥有无数个爱迪生",这是美国爱迪生电器公司的广告口号。爱迪生本是科学家的名字,但在这里却成了"创造性天才"的代名词。但用爱迪生就比用"创造性天才"来得自然准确也更生动,还和公司的名称联系到了一起。

"给电脑一颗奔腾的芯"。英特尔是以芯片生产立足于市场的。这里,在语意上利用"心"和"芯"之间的借代关系,说明了芯片对于电脑的重要性不亚于心脏对于人体的重要性。

运用借代时必须注意,用以取代本体的事物在语意和形象上必须贴切,必须能说明问题,不能不顾逻辑胡乱借代。

第二节 广告语言的幽默技巧

广告大师波斯迪曾说:"巧妙地运用幽默,就没有卖不出去的东西。"

根据一项调查,早在20世纪70年代,以幽默为风格的广告案例,在美国已经占总广告案例的42%。今天,这个数字还在增加。著名的戛纳广告节获奖作品也大多以幽默见长。

幽默像是语言的润滑剂。它用独特的构思和想象力,润滑了广告沟通渠道,把快乐带给了受众,也把效益带给了广告主。

一、真正的幽默必须富于智慧

20世纪90年代末,人们批评相声缺少真正的幽默,总是在"挠人的痒痒"。这样说是因为,"挠痒痒"是强迫别人笑,而幽默才会让人从心底里发出会心的微笑。

港台的一些搞笑片,曾经让很多人前仰后合过。可看到后来,又有影评家们说这些影片中的大多数都是在用低俗迎合某些阶层的需要,不是真正的幽默。

那究竟什么才是真正的幽默呢?汉语大词典上给出的答案是:有趣、可笑而意味深长。也就是说,幽默一定是有趣可笑的,而有趣可笑的不一定都是幽默。关键就在这"意味深长"上,让人笑过、乐过之后,还能有回味有咀嚼,想着想着还觉得有意思。

卓别林的《大独裁者》,人物行为颠三倒四,动作夸张,再配上卓别林那特有的小胡子、横脚掌,电影只要一上映就能引得观众笑声如潮。可《大独裁者》真正的幽默却是对独裁者的讽刺,把一个人人敬畏的"皇帝式"铁腕人物变成了一个人人笑话的"小丑式"坏蛋,让久受压制的人们,感受到了自由的快乐。

中国导演冯小刚执导的电影《大腕》,也颇有卓别林幽默之风。影片对那些在商品社会中为赚钱而失去理智的人们进行了善意的嘲弄。其中有一段流传甚广的台词:

  一定得选最好的黄金地段
  雇法国设计师
  建就得建最高档次的公寓
  电梯直接入户
  户型最小也得四百平方米
  什么宽带呀,光缆呀,卫星呀,
  能给他接的全给他接上
  楼上边有花园儿,楼里边有游泳池
  楼里站一个英国管家
  戴假发,特绅士的那种

业主一进门儿,甭管有事儿没事儿都得跟人家说
May I help you sir 我能为您作点什么吗?
一口地道的英国伦敦腔儿
倍儿有面子
社区里再建一所贵族学校
教材用哈佛的
一年光学费就得几万美金
再建一所美国诊所儿
二十四小时就诊
就是一个字儿——贵
看感冒就得花个万儿八千的
周围的邻居不是开宝马就是开奔驰
你要是开一日本车
你都不好意思跟人打招呼
你说这样的公寓,一平方米你得卖多少钱
我觉得怎么着也得两千美金吧
两千美金　那是成本
四千美金起
你别嫌贵　还不打折
你得研究业主的购物心理
愿意掏两千美金买房的业主
根本不在乎再多掏两千
什么叫成功人士　你知道吗?
成功人士就是买什么东西
都买最贵的　不买最好的
所以,我们做房地产的口号儿就是
不求最好　但求最贵

　　这段台词充分体现了语言的幽默功能,不仅是因为它用地道的北京腔夸张地表现了一个房地产开发商的心态,最关键的还是它对当前"捞钱"流行病的解读入木三分,令人在捧腹之余不得不佩服编剧们的智慧。

　　幽默与挠痒痒、与哗众取宠之间的根本区别就在于:前者是富于智慧,能给人以启迪或思考的;而后者则完全没有内涵,笑过之后,什么也没留下。

二、广告幽默：思维闯关的过程

在本书的绪论部分，我们曾提到过 DIPLOMA 奶粉的广告。这则广告幽默风趣。广告文案撰稿人在写作的过程中似乎毫不费力。文案运用了拟人的手法，把主人肚皮上的扣子和扣眼变成了人，倾诉着因为主人肚皮太大而不能相见的痛苦，在人们莞尔的同时，巧妙地把奶粉可以减肥的信息准确地传递了出来。

其实这幽默不费力的后面，我们能分析出的就有好几个思维闯关的过程。

第一关：找出奶粉能够承诺给消费者的利益点：美容、营养、好喝、补钙、促进儿童生长、有助人们恢复体力……

第二关：挑出 DIPLOMA 奶粉最具个性的产品特性：脱脂。

第三关：分析脱脂和利益点之间的关系，得出结论：能够承诺的最好利益点就是奶粉不仅很有营养，还能令人保持良好的体态和身材。

第四关：将保持身材做逆向思维：如果保持不了将是什么后果？——肥胖。

第五关：创意点出现：通过讲述肥胖的烦恼，向受众说明选择脱脂奶粉的必要性。

第六关：如何执行创意？胖人肚皮大，常常扣不了裤子扣子，扣子、扣眼总是分家。

第七关：将扣子、扣眼拟人化，让扣子给扣眼写封信，倾诉思念之情。

我们无从知晓文案撰稿人是在怎样的灵光闪现下，才找到了如上的创意和创意执行途径的。但这样的过程，却说明了在广告中幽默一把，比在文学作品和电影对白中幽默一把难度系数更大。

首先，幽默必须符合整个广告策略的要求。

其次，在幽默的同时要准确传递广告信息。

再次，要对受众的生活习惯、心理习惯有深刻的了解。

最后，表述应当简洁明了，因为要替广告主节省费用。

如果是电视广告或广播广告的话，还要注意用语言与音响、画面的配合来产生特定的幽默效果。

一言以蔽之，广告的幽默效果从根本上说源于一个良好的创意点。DIPLOMA 的幽默，源于把减肥作为促销点。

"小伙子，不要太轻佻，从这里走出去的年轻女士可能是你的奶奶。"美国一家美容院的经典广告语，其幽默则建筑在"美容的效果是使人年轻"这样最初的概念上。它和 DIPLOMA 奶粉一样没有选择直接陈述产品的功能，而是风趣地将视线转移到一个被女性年轻外表迷惑的小伙子身上，用他来证明美容掩盖了岁月对人的侵蚀。

三、广告幽默与语言规律

幽默来自于一个良好的创意,但不是所有好的创意点都能引导出真正的幽默。在有了初步的创意概念之后,幽默是否也是有技巧的呢?

当然从美学观点来说,幽默是一种智慧,而不是一种技术。但我们看看古今中外的幽默话语,就可以发现幽默还是有自己的语言规律的。

其一,颠覆思维定势。

老人像孩子,孩子像大人,庄重的人说调皮的话,调皮的人换上庄重的表情,该对称的不对称,该协调的不协调,该出现正剧结尾的出现了喜剧结尾……人们的思维定势被打破,巨大反差最容易导致幽默效果的产生。

香港亚视为1998年足球世界杯制作的电视广告之所以能够获得香港4AS金帆大奖,原因就在于它令人不得不服的幽默。电视短片的主要情节是:香港有一种习俗为打小人,就是把要诅咒的人剪成小纸人,然后不停地念咒同时敲打小纸人。一天一群老奶奶走上街头打小人,其中一个怀里夹着足球的老奶奶格外引人注目。她打小人的台词令人大吃一惊:

一个……的故事

打你个蓝天尼,等你踢球踢着地!

打你白比图(内地译作:贝贝托),等你射门专射高!

打你个马图司(内地译作:马特乌斯),等你越位几十次!

打!打!打!

打你个头!打你个脚!打你无伶俐!

好喽!古利特赢紧了!

一个球迷的故事

这个老奶奶如此大胆地咒骂一个又一个的足球运动员,不懂足球的被她弄得晕头转向,喜欢足球的被她气得义愤填膺。结果,镜头放到最后,原来老奶奶是个铁杆球迷,所做的一切都是希望她喜欢的球星古利特能够获胜。观众到了这个时候,除了大笑还能干什么呢?

这一广告短片出色的幽默得益于下面几个反差。

老奶奶VS足球:足球是男性的运动,是年轻人的运动。它代表着力量、阳刚和激情。而老奶奶,是女性代表着阴柔,是高龄代表着安静闲散。找遍全世界的球场,真正的老奶奶球迷恐怕真的屈指可数。但广告片里的她不仅是球迷,还是个非常投入的充满了激情的球迷,甚至为了心爱的球员去打小人。就这样,文弱的老奶奶与野性的足球之间发生了亲密接触,其反差不能说不大。

诅咒 VS 祝福:一连串的诅咒,把足球运动员最害怕面对的倒霉情景都诅咒到了,谁都不会怀疑老奶奶对提到的足球运动员有着非同一般的仇恨。结果,打完了小人,老奶奶的脸上出现的却是灿烂的笑容,说出的也是充满了祝福的话语:"古利特赢紧了!"一诅咒一祝福,老奶奶童心未泯的可爱形象,活脱脱地站在受众面前。

顺水而行的情节 VS 急转直下的结尾:打小人原本就是一种对付仇家的方法,广告短片的语言风格从一开始就被罩上了这一情感背景,随着诅咒一句句冒出,这种情感的氛围越来越浓,在不知道老奶奶还会做出什么样对足球不利的事情来的时候,情节变了。整个广告的风格变成充满挚爱、激情四溢。相声界所谓的抖包袱,在这里抖出了效果。

其二,恰当的夸张和修饰。

修辞技巧与幽默技巧之间就如同一个交集,如果运用的好,恰如其分的修辞就能够创造出幽默效果。

夸张是广告人经常使用的一种幽默修辞。被夸张了的某种事物或情景,总是会和现实中的这一事物或情景有着天然的落差。而幽默就从这一落差中获得了动能。

美国著名的广告设计师玛丽·威尔斯为一家生产加长香烟的公司创造的广告文案,就利用夸张手法营造了一种诙谐、风趣、活泼的幽默效果。

"因为香烟长了1.5厘米,可能会发生很多有趣的事情,例如,被夹在电梯门缝里,或者烧破您眼前的报纸,甚至将谈话对象的胡子烧焦。"

当然为香烟做广告是很多国家所不允许的,因为吸烟有害健康。在这里引用这个例子,只是为了说明幽默的手法可以改变产品原来在人们心目中根深蒂固的形象。香烟在很长一段时间里,都是思考者的宠物。香烟成了和"成熟"、"有性格"等等密切相关的道具。但在这段文案里,夸张的修辞手法令香烟成了一个四处闯祸的淘气精灵。香烟的形象也变为一个可以给人带来轻松生活的玩伴。

拟人,让没有生命的物品有了生命,让不会说话的动物说起了话,这种充满想象力的修辞手法,也是幽默的来源。DIPLOMA 奶粉广告就是一个很好的例证。

新飞节能冰箱的电视广告小电表篇中的幽默,同样也是拟人的功劳。

情景：一家人和小电表在一台新飞冰箱前玩转圈赛跑的游戏。
小电表唱出的歌词十分风趣：

> 我是一只小电表，走得特别慢。
> 因为新飞冰箱节能好。
> 想快也快不了。

表现冰箱的节能功效，一般的创意都是直接向受众承诺利益点：省电，花钱少等等。而这则广告却另辟蹊径，把电表人性化，把省电设计为它在赛跑中难以取胜的弱点。修辞手法与逆向思维共同作用，幽默自然生成。

除了夸张和拟人，语用双关造成的幽默效果在广告文案中也是十分常见的。"双脚不再生气。"脚气虽说不是大病，但却经常令患者奇痒难忍情绪烦躁。达克宁霜的广告就抓住了患者的这个心理特点，说脚不生气，一层含义是脚气不再发了，另一层含义则是脚气不会令人烦躁不安乱生气了。这一双关的修辞手法令整个广告语妙趣横生，拉近了产品与受众之间的距离。

"实不相瞒，天仙的名气是吹出来的。"这是天仙牌电风扇的广告口号。吹牛，原本不是个褒义词，它出现在广告里，本来就能给人一种悬念。而电风扇确实是利用吹来给人们带来清凉，悬念就找到了合理的解释。这一双关的用法，开了人们一个小玩笑，机智又不失幽默。

其三，故意制造发人深思的误会。

在某些幽默广告中，常常需要制造一些善意的、发人深思的误会。误会，吊起了人们的胃口，并进而引发其兴趣；误会的引起与误会的消解之间的落差，往往能博得受众的会意一笑，从而增强广告的诉求效果。

请看广东联通广播广告"误会篇"：

> 女：今天下雨，我恨……你……我们……完了。再见！（中间夹杂信号中断声）
> 男：我……你……
> 另一男声：小伙子，别沮丧，这有可能是网络的问题。你为什么不试试话音清晰的130网！你听！
> 女：今天下雨，我恨透这鬼天气，你快来接我，我们晚上去看电影。好了，我说完了。再见！
> 男：哈哈！一打就通。话无遮拦130！（笑声）

标版声:"全省联网,一打就通。"刮目相看130,我们的努力在延伸。

在一对恋人(抑或年轻夫妇)的生活中,由于网络信号的原因而通话断断续续,结果由于关键词的缺失(文本中表现为省略号),造成了语言交流的障碍,几乎招致麻烦。误会由此而引起。后因及时改用话音清晰的130网,误会尽消。受众于是将关注的目光投向130网并由此而留下了良好的印象。

第三节 广告语言的其他技巧

时时需要创新的广告语言,不仅灵活运用了各种修辞和幽默技巧,还在语种特点、媒体策略、文化背景等方面寻找突破口,创造了很多能使整个广告文案出奇制胜的其他招数。

一、广告中的留白技巧

中国传统写意山水画技法中,留白是极其重要的一种技巧。好的绘画往往讲究的是空,而不是满。一张宣纸上着墨处可能不到三分之一,几笔丹青就能赋予高山大川、人物景物以神韵。为什么会这样?因为留白不仅可以延伸人们的视觉感受,更可以留给人们更多的想象空间。

将留白移植到广告文案中,就是我们所说的留白技巧,也叫省略技巧。它不仅能够使文案更加简洁,在众多信息复杂的广告中脱颖而出,更能够激发受众的好奇心和想象力,让他们对产品或企业保存强烈的兴趣。

留白技巧出现的第一种场合是文字与画面相配合,文字不需要花费大量的篇幅来解释画面。澳大利亚著名的广告人 Lionel Hunt 为"蓝草"牌牛仔裤做的广告文案只有 BLUEGRASS 单词的前 6 个字母,后三个字母的位置让给了一位模特身着牛仔裤的臀部特写。尽管 Lionel Hunt 不是中国人,也不懂中国画的韵味,但他的这一创意却和中国的留白异曲同工,用省略的字母告诉受众,不管是什么,包括品牌名称在内都不能压住牛仔裤的图片,因为牛仔裤的线条太流畅了,因为穿上牛仔裤后太贴身了,因为牛仔裤给人的感觉太美了。这样无声的夸赞,也确实令蓝草牛仔裤得到了消费者的青睐。

留白技巧出现的第二种场合是省略语句的某个成分,给受众更多的想象空间。"在迷人的夜晚……"这是法国利郎牌香水的广告,它很吝啬,只有几个字,只为消费者提供了一个环境,但却是一个能激发无限遐思的环境。消费者可以尽情想象在这样的夜晚,出入各种 PARTY,结识各界名流,甚至是去和情人幽会等等。对于喜好浪漫的法国人来说，他们所想到的哪一个场合不需要香水独特的气味来制造气氛呢。因此，广告虽然没有明确地把销售目标写出来，但实际上已经利用留白在消费者心中为自己的品牌备了案。

如果消费者对这一类产品的特性已经有了一定的了解，而整体的广告策略也只是为了树立产品或企业的品牌形象，那么留白技巧就可以发挥较大的作用。但如果，你需要推广的对象是一个新产品。性能、特点、功效等基本的信息都还不为人知，那么还是多用一些笔墨来介绍它，否则你只会让消费者一头雾水，达不到帮助广告主进行销售的目的。

二、广告中的委婉技巧

都说文案语言要做到简单明了，不能和受众兜圈子，怎么又有了委婉技巧呢？这里的委婉技巧，指的是用生动具体的表达来代替直白的说明或论证，而不是故意不把话说清楚。

委婉技巧可以避免人们使用一些敏感字眼，比如人们的不便张扬的生理特点，等等。"难言之隐，一洗了之"。用了这句广告口号的洁尔阴，其聪明之处就在于用"难言之隐"代替了一些妇科疾病，既能令受众理解产品的功能究竟是什么，又避免了受众在看广告时可能会出现的尴尬心理。"做女人挺好"，丰韵丹的广告则避开了对女性生理特征的直接描述，用词方面狡黠又风趣，把产品的效果说明得十分清晰，因此这句话很快就在大众中流行开来。

委婉技巧还能够变啰嗦平板为简洁生动。口香糖可以去掉人的口腔气味，这是一个非常普通的诉求点。一般的广告都会采取直接摆论点的方式："令你口气清新"，"嚼一口，清新四溢"，等等。这样平板的语言随处可见，消费者对这样的广告兴趣当然不会太高。但但丁牌口香糖，却用一句"姑娘再也不会对你皱眉头了"取代了对口香糖特点喋喋不休的描述，创意独到，迎合了那些情窦初开的年轻男性的心理，而他们始终是口香糖最大的消费群体。

委婉但不造作，委婉但不啰嗦，委婉但不弄巧成拙，这是运用委婉技巧必须要注意的问题。而当广告的诉求策略要求用直白朴实的语言时，委婉也是不可取的。

三、广告中的玄虚技巧

故弄玄虚在汉语里并不是个褒义词，但用在广告文案里，却常常能够起到形成独特语言风格、吸引受众注意的作用。

"不许偷看"，泰国曼谷一家酒吧在自家门口放了一口大桶，上书这四个大字。越不让看的,越想看。在强烈的好奇心的牵引下,几乎所有的行人都要伸头在桶内寻个究竟。结果发现,桶内的一句话是这样的:"本店美酒与众不同,请君享用。"看到这句话后,当然会有人大呼上当,但无论如何这个小小的恶作剧毕竟令他知道了这家酒吧的存在。

如果说这家酒吧的广告略有制造噱头之嫌,厦新 A8 手机的电视广告语言就更能在传递产品信息的同时,令人回味。

> 镜头1:酒会上,一潇洒男士正用厦新手机通话。
> 镜头2:手机的正面特写。
> 镜头3:美丽的女模特靠近这位男士。
> 文案:(女模特台词,表情暧昧)能跟你要电话吗?
> 镜头4:男士将电话号码写在小卡片上送给女模特。
> 镜头5:女模特伸手去接,结果拿的却是男士的厦新手机。
> (广告口号)梦幻魅力,舍我其谁。

在受众都以为男士与女模特之间将有什么故事发生的时候,女模特表现出的却只有对手机的青睐。玄虚不仅产生了幽默效果,更重要的是树立了厦新手机的品牌形象。

因为广告就是销售策略中的一部分,所以谁都不会在广告上跟自己过不去,说自己的坏话。但有的广告却通过说自己的坏话成就了品牌名声。自贬或是自谦就成了玄虚技巧中的一种。

"比别的酒稍好一点"。美国洛普酿酒公司杜松子酒的广告,语气谦和,给人一种良好的印象。但事实上,自谦还是自夸,因为毕竟它比别的酒都好。

运用玄虚技巧,切忌噱头玩得太过,否则不仅不会引起受众的好奇心,反而会造成对产品诚信形象的伤害。最保险的做法是,在玄虚过后,把实在的广告信息传递给受众。

四、广告中的数字技巧

数字技巧是令广告文案真实可信的捷径,同时还能够避免过多的最高级形容词比如"最好的"、"最省油的"等等出现。有的数字还能代表新观念的产生。

"经过 27 层净化",其实每一种合格的纯净水出厂前都要经过复杂的消毒和过滤,但消费者对此并不了解。其他生产商也没有想到要把一个司空见惯的工序拿到广告里来大加宣传。乐百氏水则偏偏抓住了这个数字大做文章,而且得到了消费者的认可。当然如果乐百氏水不用27这个数字只是喊口号"乐百氏，就是纯净的水"，也能起到一定的作用，但毕竟不会在消费者心中留下如此深刻的印象。

（童声齐唱）一颗，两颗，三四颗，五颗花生米呀。
（旁白）由五颗花生米才能提炼出一滴鲁花花生油。

近两年，植物油走进工业化生产，并形成多个品牌林立市场的局面。如何使自己的品牌脱颖而出，是所有厂家都必须面对的问题。仅仅强调炒菜好吃，已经不能在广告大战中吸引受众的眼光了，因为大家都在这样说。鲁花花生油，从数字入手强调5：1的关系，具体生动地说明了花生油的品质。这则广告还用童谣使原本枯燥乏味的数字带上了审美色彩，使消费者容易接受。

"第五季"(the fifth season)，由健力宝公司推出的这一产品名称，一再出现在电视广告的台词中。为什么？因为世界上只有四个季节，第五季是说给喜欢猎奇、张扬个性的年轻人听的。广告的意图就是强调这种饮料能够带给人新鲜感受，切合了目标消费者对新观念、新词汇的喜爱心理。

因为数字总是和科学、严谨联系到一起的，所以在运用数字技巧时要避免对数字的滥用，以保持文案的真实性。另外，还要注意的是：不能用过多的数字影响文案的语言表达，使用数字应当是精当准确，又有利于广告传播。

五、广告中的鼓动技巧

在广告语言中直接鼓动消费者购买产品，这就是促销技巧。当然所有广告最后的目标都是促进销售，但因为广告策略的不同，大多数广告的诉求点一般放在对产品性能的介绍、企业形象的树立上，与直接要求受众"去买"的促销型广告有着很大的区别。

鼓动性和诱导力是促销技巧必备的常规武器。"棒不棒你尝尝，好不好你试试"。中国台湾古船系列奶粉把消费者放在主动的位置上，好与不好消费者说了算。这对消费者来说，就具备了诱惑力。既然试试无妨，那么试过确实很好，人们再成为忠实消费者也就顺理成章了。

用实际的利益来吸引受众也是促销技巧中常见的语言。"加量不加价，还是三块九哦。快来买吧。"佳洁士牙膏抓住低价量多的利益点，如同向消费者吆喝式地说："快来买"。直截了当又实在，对那些承担购买家庭日常用品的家庭主妇们来说，是最有效的途径。

"我们的珠宝专家能够为你提供关于你的珠宝的全面的信息,并且为它们目前的市场价格出具一份书面的估价鉴定书。如果你把它们带到我们在波士顿和伯顿的展厅来,我们也可以为你提供免费的口头估价。"SKINNER 珠宝和艺术品拍卖行为了使自己的服务能够及时为消费者所接受,把消费者所能享受到的各种好处都一一在广告中列举了出来。

《咬文嚼字》杂志广告所采用的鼓动方式显得有些特别:"不订《咬文嚼字》是你的错,不再订《咬文嚼字》是我的错"。前一句似乎包含了对读者的某种责备之意,然而将两句话连贯起来看,却不难感受到办刊人在字里行间所透映出来的强烈的自信心。其潜台词是,只要订阅该刊,必然就会上瘾。

配合广告主的大型促销活动,广告语言的促销技巧就更能找到英雄用武之地。北京招商银行在其"买车贷款"的杂志广告上加了这样一段话:"欢迎光临第七届北京国际汽车工业展览会招商银行展台,持此联,您即可享受超值优惠,并有机会获得精美礼品!展位:7号馆外东南侧。"这些语言少修饰重实际,对优惠条件进行重点阐述,对那些本来就打算去车展的消费者来说,拿着广告去获得奖品既不费事又有好处,何乐而不为呢?

一般来说,促销语言讲究鼓动性强,句子简短有力,表述清楚,不需要过多的修饰。

六、广告中的恭维技巧

恭维技巧,就是对消费者加以肯定和赞美。

"巴黎欧莱雅值得你拥有。"欧莱雅在中国的形象代言人是巩俐,这样一位光芒四射的影星告诉消费者:"值得你拥有。"其实就是在暗中恭维,你和我一样美丽,一样光芒四射。这就迎合了那些使用化妆品,希望越来越美丽的女性消费者的心理。在愉悦的心理背景下,人们对产品的认同感和好感也就油然而生了。

"你确实具有最好的鉴赏力。"美国皇家糖果公司的这一广告,不仅夸奖了消费者也夸奖了产品本身。糖果的品牌众多,口感、种类都为消费者所熟悉,在没有新产品吸引他们的情况下,用恭维来赢得消费者好感无疑是最好的做法。

七、广告中的激将技巧

所谓激将技巧,是对消费者自尊心、好胜心进行刺激,从反面促进消费者做出购买决策。激将是把恭维的话反说,一般的口吻是"如果你是绅士,那么你就应该选择……"或者是"不是聪明人,不要买"等等。

"我们只为懂衣服的人服务。"这样的广告语言口吻极为傲慢,如果出现在生活中可能会被视为不友好。但放在广告里,却能通过刺激消费者的好胜心,使之作出购买决定。而事实上,这句广告语的弦外之音仍然是恭维:既然你买了我们的产品,那你就已经是一个懂衣服的人了。

"如果你不来,广告明日之星就是他们。"中央电视台为了吸引更多的广告人来参加他们举办的广告大奖赛,可谓煞费苦心。他们把街上磨剪刀的老大爷封为最佳广告语奖,把不断发出噪音的弹棉花的师傅定为最佳原创音乐奖,确实能够在心理上刺激那些对广告情有独钟的人士,谁希望广告大奖赛变成一场闹剧呢?

关 键 词

修辞格、修辞技巧、广告幽默、留白技巧、委婉技巧、玄虚技巧、数字技巧、鼓动技巧。

思 考 与 练 习

1. 在广告中使用修辞技巧应注意哪些问题?
2. 简述广告幽默的思维闯关过程。
3. 广告幽默通常必须遵循哪些语言规律?
4. 使用恭维技巧、鼓动技巧、激将技巧,为某品牌彩电撰制广告语。

第十章 报纸广告文案写作

报纸以至整个印刷媒介的特点是通过书面语言传播。书面语言具有语法结构复杂、语句较长、词汇丰富、字词含义确定、同音字词不易产生歧义等特点。利用书面语言传递广告信息可以体现书面语言的各种特点。同时,书面语言又必须适宜媒介和广告特点作出最恰当的表达,才能使广告文案收到最佳的传播效果。

第一节 报纸媒介对广告文案写作的制约

广告媒体种类繁多,约有好几百种。从广告投资额和效果来看,报纸、电视、广播、杂志被誉为四大媒介。报纸、杂志都属于印刷媒介。由它们所刊登的广告,都是印刷媒介广告。此外,电话号码簿、画册、火车时刻表、招贴、路牌、商业明信片、挂历上的广告,也都是印刷媒介广告。这里主要讲述报纸的媒介特点对广告文案的写作的制约。

一、报纸媒介的长短处

(一) 报纸的长处

1. 报纸成本低廉、制作简便

这是电视、电影、广播都无法相比的。随着现代科技的发展,计算机排版技术的出现和使用,报纸的出版速度大大加快,印刷质量也有了很大提高。

2. 报纸信息容量大,密度高

就信息量而言,报纸的版面多,篇幅不受限制,报纸的类型也多。就传播某一类信息而言,报纸与广播、电视相比具有较大优势。由于广播电视受频道分配和播出时间的限制,加之制作成本昂贵,制作程序复杂,传递信息时受到诸多限制,无法随意加大信息容量和密度。报纸可以因信息传播的需要随时增、扩版面,增加新闻和广告容量。广播电视若要增加一个新节目就必须砍掉或挤掉原来的节目。

3. 报纸的覆盖面宽,受众广泛、稳定,遍布社会各个阶层

报纸受众的广泛性体现在两个方面。一方面是受众接触这种媒介具有广泛

性;另一方面,报纸可以对受众进行多层次的"切割",通过变换自身的办报方针和内容来适应不同受众的特殊需要和兴趣,并可以办成各种具有特殊性质的专门报纸。以多样化的报纸寻求稳定的受众层次,以占有各层次的稳定的受众群,寻求达到受众的广泛性,是报纸传播的一大特点。广播、电视、电影则不同,它们为了联系更多的受众,内容上可以适应大众口味,使老少皆宜,雅俗共赏,从而导致这些电子媒介的信息传播具有"标准化"特点。这种标准化容易产生的消极影响是媒介内容的同一化。而专业化、专门化的报纸因其特殊内容而拥有特定的读者群,往往可以表达某一层次受众的观点,并对他们施加特殊影响。

4. 注重版面视觉效果

空间位置、构图、文字、线条、色彩等是报纸特有的版面语言。印刷精美的报纸尤其是彩印报纸,能对受众形成强烈的吸引力。在报纸上,版面大小是影响广告诉求力的因素之一。版面大,注目率自然就高。

5. 便于阅读,易于保存

报纸由于发行量大,成本较低,因此报费低廉。报纸阅读的便利性体现在报纸为受众提供了多种阅读,如略读、详读、精读等各种方式以及反复阅读的可能性。而且,报纸的阅读、携带、购买也非常方便,均不受时间、地点、气候的限制。受众可以根据自己的需要或快速阅读,或细细品味,或剪贴保存。报纸便于保存供反复阅读,有反复宣传的效果。

6. 制作便利,编排灵活

报纸从制作到编排都较其他电子媒介便捷、灵活。在编排上,随着印刷业现代化程度的提高,报纸的截稿时间很晚,在报纸开始印刷一两个小时送达稿子都可保证印刷。编排灵活的另外一个特点是报纸稿件的修改、更换都较为方便。

7. 时效性强

报纸有自己的发行网络和渠道。报纸印刷后能通过有效的渠道迅速投递到受众手中。现代报业还可以利用卫星传输技术,将信息迅速向世界传递。

(二)报纸的局限性

当然,报纸在信息传播方面也存在着一定的局限性,突出的表现有:

一是在我国,报纸的人均占有量不高,使报纸传播的广泛性受到影响。

二是报纸要求受众必须具有一定的文化水平和阅读能力,这使受众受到较多的限制。

三是报纸的多样性、丰富性不足,因而报纸的对象性、针对性较弱。

四是与杂志相比,报纸印刷不够精致,色彩图案难以达到令人满意的效果,彩印技术有待提高。

五是报纸在一个版面上刊登若干广告,这些广告会相互影响,分散读者的注意力,降低注目率。

二、报纸广告文案写作所受的制约

(一)制约的一个侧面

1. 广告文案受版面限制较小

报纸的大量版面,可以为广告主提供较为宽裕的广告刊位,可以详细刊登广告内容。而且,大版面广告有助于扩大广告宣传声势。当代报纸由于版面多、篇幅大,使得广告信息的刊载量也大大增加。凡是要向消费者作详细介绍的广告,利用报纸作广告是极为有利的。大量版面的提供还使得报纸广告能对某些产品或服务进行详尽解释。由于报纸具有相当强的解释能力,近年来在新产品上市或进行企业形象宣传时,使用全页整版广告的事例日益增多。报纸广告的这一特点是十分突出的。广告文案在篇幅长短方面受版面限制较少。

2. 有利于寻求大众化的诉求点

报纸是当代社会最传统、最普及的大众媒介。报纸广告文案可以利用报纸覆盖面宽,遍及社会各个阶层的特点,准确地把握社会心理,寻找大众化的诉求点,使宣传在范围的广度和影响的深度方面独具优势。报纸作为与人们生活息息相关的大众传播媒介,是人们获取信息、学习知识、了解国事的最有效途径。报纸广告还可以通过多次刊载等形式达到反复深入宣传的目的。

3. 报纸广告有很强的针对性

报纸广告文案可以针对受众特殊需要和兴趣制定不同的写作策略,使报纸广告传播具有指向性、针对性、层次性强的特点。一般说来,各种报纸都有稳定的读者群,发行对象明确。许多地方性报纸有一定的发行区域范围。这种明显的区域划分,使得广告主有较强的选择性,便于确定目标消费群体。广告人可以根据产品的特点、广告对象范围的不同,选择不同的报纸媒介,创作策略有的放矢,从而避免广告费用的浪费,增强广告效果。

4. 报纸广告利于广告主赢得时间

报纸一般截稿较晚,一般广告稿或广告修改稿在开印一两小时送达,均可较方便地编排、换稿或改稿,并保证准时印出。而且,多数报纸广告制作简便,再加上现代印刷技术的革新,广告的制作和编排均十分迅速,对广告作品的制作者来说能赢得创作时间,有利于广告文案写作的精雕细琢,给人以最新的创意。

5. 报纸广告的可信度较高

报纸所具有的新闻性,使其在读者中有很高的可信度。读者对报纸的信任,对于广告的效果有直接的影响。一般来说,报纸的可信度高,其广告效果也就好。有些读者对广告存有抗拒心理,主要原因是对广告的真实性存有疑虑。报纸的信誉对报纸广告来说是至关重要的。

6. 报纸具有权威性

报纸的权威性也能使读者产生信赖感。政府或社会团体时常在报纸上发布公告或声明,这在无形之中提高了报纸的社会地位,使之更具权威性,从而对公众产生强大的影响力,增加了读者对报纸的信任度。在这种情况下,报纸广告也就被赋予了权威性意义,可以大大地加深读者对广告内容的信任。刊登在权威报纸上的广告能在某种程度上减少读者的抗拒心理。由此可见,报纸广告文案写作可以借鉴某些新闻写作经验,在形式和内容上坚持信息诉求。

7. 报纸广告可充分利用报纸独特的版面语言

作为诉诸视觉的报纸广告文案,可以充分利用报纸独特的版面语言:空间位置、构图、文符、线条、色彩等来加强广告的视觉效果。1993年1月25日,《文汇报》在头版以整版篇幅刊登了一则西泠空调器广告,在当时引起了轰动效应,让人们强烈感受到鲜明的版面语言、强烈的视觉冲击对于广告是何等的重要。另外,印刷精美的报纸尤其是彩印报纸能对读者形成很强的吸引力,这种报纸广告更能增强其宣传效果。同时,画面逼真、清晰、图文并茂的广告也能对消费者产生强烈的劝服力,刺激其购买欲。

8. 报纸可随时进入人们的阅读视野

报纸广告阅读方便,不受时间、地点的限制。广告文案更应写得引人入胜,可随时随地进入人们的阅读视野。

(二) 制约的另一侧面

由于报纸本身的局限性,报纸的广告文案写作也受到一定的限制:

1. 报纸广告的有效时间短

大多数日报只有一天甚至半天的广告效果,很快就失去了价值。据统计,报纸的稳定读者大多每天只有半小时到一小时的阅读时间,广告在其中所占的时间更是微乎其微。假如读者在第一次阅读时忽略了某则广告,以后通常不会再对该则广告产生阅读兴趣。对此,报纸广告文案写作对标题的制作有较高的要求,对标题的依赖性强。而文案的标题信息含量是十分有限的。

2. 广告所占版面受到限制

由于报纸始终以传播新闻为主,一般来说,广告不会占很突出的位置,所占版面也有限制。各国均对广告在报纸所占的篇幅有所规定,以保证新闻信息的传播。这样不仅限制了广告的数量,也间接限制了文案对广告内容的展开,而且，由于同一版面广告拥挤，会影响读者的注意力，文案所包含的特有的语言内涵无法借助视觉的冲击力体现出来，削弱了广告效果。

3. 急就文章影响了广告效果的发挥

由于报纸通常是急就之章，致使报纸广告中与文案相配合的版面、图画在艺术表现等方面难以达到令人满意的效果，从而也削弱了语言表达的效果。

4. 文化水平低的受众阅读广告存在一定困难

由于报纸要求读者具有一定的文化水平和阅读能力，这样，就使一部分教育程度较低、无阅读能力的目标受众无法成为报纸广告文案的信息接受者。例如，有些广告中使用过于书面化的语言，其结果除了制作者孤芳自赏，一般读者大众其实是不会感兴趣的。另一方面，报纸广告文案为迎合普通消费者的阅读趣味，使用大众化和通俗化的语言表现手段时，又往往会降低文案的文化品位。

上述报纸的特点是就一般情况而言，其实，不同的报纸有不同的特点和风格。不同报纸有不同的办报宗旨和编辑方针。其读者对象、发行范围、发行量，社会形象等都截然不同。这样，报纸就显示出它是一种非常富有弹性的广告媒介。不同的广告必须使用不同的报纸，才能达到真正的促销效益。

第二节 报纸广告文案写作

一、报纸广告文案写作的特点

（一）在内容上表现出趣味性和接近性

报刊是大众传播媒介，因此，报刊广告的文案应考虑到大多数受众的文化水平和接受能力，使他们在阅读时不发生任何困难。

伊利牛奶的广告，画面被"咕咚咕咚"、"呼噜呼噜"、"滋溜滋溜"等词所占满，不由让消费者心生疑窦：这是什么意思？消费者忍不住要在广告中寻找答案。紧接着就会发现在广告画面的下方有两行小字：

无论怎么喝，总是不一般香浓！这种不一般，你一喝便明显感到。伊利纯牛奶全乳固体含量高达 12.2% 以上，这意味着伊利纯牛奶更香浓美味，营养成分更高！

原来，上面的"咕咚咕咚"、"呼噜呼噜"、"滋溜滋溜"，都是人们在喝牛奶时觉得香浓而发出的声音："咕咚咕咚"表示大口喝；"呼噜呼噜"表示瓶里的牛奶渐渐少了;"滋溜滋溜"则表示牛奶已快喝完了,人们却还是舍不得把瓶子丢掉而是继续吮吸吸管,于是发出此声。这则广告不仅有效传递了产品信息,而且更重要的是用玄虚技巧紧紧抓住了消费者的眼球。此外,象声词的运用也是恰到好处。

再看保健品"三勒浆"广告文案:

别让疲劳弯您腰
三勒浆抗疲劳

每天,您的腰杆也许这样变化

清晨——笔直

中午——打瞌睡

下午——不由自主弯曲

晚上——依靠床来支撑

工作过于紧张,让您缺乏充沛精力,腰杆由直到曲。疲劳的困扰由来已久,如今,三勒浆为您轻松解决。每天一支三勒浆,迎接工作挑战,随时随地挺直腰杆。抗疲劳,当然三勒浆!

这是一则保健药品广告文案。它运用一般读者均能理解的语言简洁地描述了人体疲劳的显著特征:因精神不振而弯腰曲背,突出"三勒浆"抗疲劳的功效。文案在标题中提出"别让疲劳弯您腰",在正文中结尾又再一次指出"抗疲劳,当然三勒浆!"如此反复申述,便于强化读者记忆。形象、简洁的标题,便于引起读者注意。

报刊作为一种大众传播媒介总是向受众传递一些贴近生活的信息。报刊广告为引起消费者的兴趣也必须在内容上表现出趣味性和接近性,以适应大多数消费者的口味。

下面是美国广告大师乔治·葛里宾为美国旅行者保险公司所作的保险广告的文案:

当我 28 岁时,我认为今生今世我很可能不会结婚了。我的个子太高,双手及两腿的不对称常常妨碍了我。衣服穿在我身上,也从来没有像穿到别的女郎身上那样好看。似乎绝不可能有一位护花使者会骑着他的白马来把我带去。

可是终于有一个男人陪伴我了。爱维莱特并不是你在 16 岁时所梦想的那种练达世故的情人,而是一位羞怯并笨拙的人,也会手足无措。

他看上了我不自知的优点。我才开始感觉到不虚此生。事实上我俩当时都是如此。很快地,我们互相融洽无间。我们如不在一起就有怅然若失的感觉。所以我们认为这可能就是小说所写的那类爱情故事,以后我们就结婚了。

那是在 4 月中的一天,苹果树的花盛开着,大地一片芬芳。那是近 30 年前的事了,自从那一天以后,几乎每天都如此不变。

我不能相信已经过了这许多岁月,岁月载着爱维和我安静地度过,就像驾着独木舟行驶在平静的河中,你并感觉不到舟之移动。我们从来未曾去过欧洲,我们甚至还没去过加州。我认为我们并不需要去,因为家对我们已经是够大了。

我希望我们能生几个孩子,但是我们未能达成愿望。我很像圣经中的撒拉,只是上帝并未赏赐我以奇迹。也许上帝想我有了爱维莱特已经够了。

唉!爱维在两年前的 4 月故去。安静地,含着微笑,就和他生前一样。苹果树的花仍在盛开,大地仍然充满了甜蜜的气息。而我则怅然若失,欲哭无泪。当我弟弟来帮助我料理爱维的后事时,我发觉他是那么体贴关心我,就和他往常的所作所为一样。在银行中并没有给我存很多钱,但有一张照顾我余生全部生活费用的保险单。

就一个女人所诚心相爱的男人过世之后而论,我实在是和别的女人一样地心满意足了。

乔治·葛里宾自称这是他"写过的最好的广告"。

这是一个没有标题的广告。广告上有一幅女人的照片,她看上去有 60 多岁,站在走廊上仰望着月光,似乎在追忆着一段往事……广告文案就是由老妇人娓娓讲出的一个故事。

乔治·葛里宾认为,一则广告文案的成功与否在于:"这个标题是否使你想去读文案的第一句话?而文案的第一句话是否能使你去读第二句话?并且使你看完整个文案。一定要做到使读者看完广告的最后一个字再想去睡觉。"上述这则保险广告文案的成功之处,正在于此。

这则没有标题的广告,并没有离奇曲折的情节,却引人入胜,一下子就把读者引入一个平凡而动人的故事中。这是一个极其平凡的婚姻故事。整个文案在诉说着一个女人对自己婚姻生活的满足,对已故丈夫的感激之情、眷恋之情,以及一个丈夫对妻子的体贴和爱。这份体贴和爱则既表现在平时的温存,更表现在一张足够支付妻子余生全部生活费用的保险单上。整个故事充满了温馨和爱意,具有很强的感染力。

整个文案从头至尾都在讲述一个故事,而没有一丝广告味。即使在文末推出宣传的主体内容时也是恰到好处,水到渠成。人们在接受这个故事的同时,很自然地就接受了广告的宣传,对旅行者保险公司留下深刻的印象。

乔治·葛里宾认为,文案创作人员应像躲避瘟疫一样躲避陈词滥调、索然无味。这固然是缘自广告自身对创造性的要求,另一方面,考虑到广告的载体——报纸这一大众传播媒介自身的特点,报纸广告文案自然也必须充分考虑读者面对大众传媒表现出的接受心理。

有些广告之所以不易引人注目,广告文案的平淡乏味是其中的重要原因。

(二) 力避"制式"的陷阱

现代报刊已是一种成熟的大众传媒,报纸信息的制作和传播已形成相对固定的模式。这使得报纸的产品几乎成为一种"制式"产品,即有固定的要素、固定的风格、固定的结构、固定的形态。就报纸广告而言,则应该是报纸版面上的创新要素。报纸广告文案恰恰就是要力避"制式"的陷阱,避免成为类似生产流水线上制作出的产品。报纸广告文案不是对广告的某些固定要素的组合或拼装,而是创造的产物。因此,报纸广告文案始终要求不拘一格,别出心裁。

中国香港《大公报》1965年3月4日、8日、13日,用三个整版的篇幅,刊登了一则交易广场商业大厦征集入伙的广告,构思巧妙,扣人心弦。第一天,映入人们眼帘的是一个套红的特大的"?",为读者设置了悬念。然后在问号的下面,逐步推出:"那一座商业大厦具有……最显赫的地位……最理想的商业环境……最先进的设备……最完善的设施及管理",层层深入,环环相扣。3月8日,《大公报》上的这则商业大厦广告突然改为套红的特大的"√",下面是提问"阁下办公室是否享有……";到3月13日的广告,又改为套红的特大的"$",下面是另一内容的提问:"齐备下列条件,应值多少?"这种出人意表的创意和表达设置了层层悬念,令读者的思考步步加深。

下面是几则手表广告的文案:

1. 东方手表

东方手表屹立东方

  咦,我的表怎么不走了?
  原来是忘记上弦了——我的表无自动,
  今天是几号?今天又是星期几?

我实在无记忆——我的表无日历。

黑夜中,我始终形成不了时间概念——我的表无夜光。

朋友,您想使以上的问题得到完美的解决吗?请选用东方表。东方表的全自动功能将给您带来更舒适的享受,将给您带来快节奏的生活,将使您更具东方人的魅力。

东方表,日本一流产品。她以质优、价廉、走时精确而闻名,可同瑞士表比翼齐飞,是东方的一颗闪亮的明珠。

东方表,造型美观、大方,品种齐全,更是少男少女青睐之物。

东方表,时代高科技的结晶。

东方表,屹立东方。

2. 浪琴女表广告

浪琴新貌,纤秀无比,雅丽过人

时尚潮流,讲究纤秀,精致女装表,焉能后人?浪琴新推出的石英款系女表,就是时代的尖端产品,更加纤薄秀丽,款式繁多不一,表面别致出众。

精装镀金表壳,配以鳄鱼皮名贵腕带,时髦华丽极了。

纤纤玉腕,若无浪琴名表,不足以显其动人的风采。

讲究仪表,浪琴不可少。

3. 精工手表广告

恰当地表达自己真挚、温馨的爱情,
不仅仅是一份勇气,更是一种艺术。
象征永恒的精工手表,
是高贵的爱情标志,
也是天长地久的爱情魅力。
在我们生命中的某些时候,
爱情,应该是看得见的。

4. 劳力士手表广告

不戴劳力士简直是发疯

我决不会不戴上劳力士表就登山,登山者不戴上一块可以信赖的走时准确的表简直是发疯。

5. 雷达手表广告

每5个瑞士人就有一位佩戴雷达手表

瑞士乃著名的手表王国,生产的手表在世界久负盛名,雷达表就是最有代表性的一个品牌。

在瑞士,雷达一向稳站最畅销、生产量最多的领导地位,每5个瑞士人就有一位佩戴雷达表。在日本,它也是进口量最多的瑞士手表,其受欢迎的情况可想而知。

雷达石英男女装表,是先进科技与完美艺术的新结晶,表镜配用层叠式无框钻石水晶玻璃,坚刚璀璨,闪闪生辉,防水、防震、防尘,性能卓越,佩戴在腕上,处处显示出主人的出众风采。

手表是人们日常生活中必需的计时工具,上述五则广告文案均在这平凡的事物中找到了独到之处。

东方表广告首先从实用、便利、省心这一角度出发,先以自问自答的方式开始真实自然地说出"我"的手表的缺陷:要上弦、无日历、无夜光。接着便趁热打铁,自然而然地介绍了东方表的完美功能,使消费者不禁为之心动。其次,广告将产品定位成日本一流产品,可与瑞士表媲美,既是借名牌宣传自己,同时也可以满足消费者的求名心理。广告把侧重点放在少男少女身上。因为,年轻人更关注产品造型上的美观大方。最后,广告以口号式的语言再次强调产品的高质量:"东方表,时代高科技的结晶",并点出整则广告的主题:"东方表,屹立东方。"口号简洁、易记,使人印象深刻。这种广告风格在20世纪80年代以前颇受消费者欢迎。

浪琴女表广告则把宣传重点放在手表的款式上,以满足女性消费者把手表款式新颖与否作为购买标准的心理。广告首先以"纤秀无比,雅丽过人"作为对浪琴女表的高品质定位,暗示浪琴女表的款式能体现女性魅力,增加风采。文案中写到"精装镀金表壳,配以鳄鱼皮名贵腕带",真是又时髦又华丽。广告既夸耀了自己的产品,又恭维了消费者。

精工手表广告是在中国台湾地区情人节时推出的一则手表广告,因此,这则广告文案的诉求对象是情侣们。广告文案是诗体形式，营造了一种浪漫温馨的气氛，以情动人。首先，广告制造了一个悬念以吸引消费者注意。文案中以肯定的语气表示爱不仅需要勇气，更是一种艺术。广告随即对精工表进行定位：是永恒的象征，是高贵的爱情标志，也是天长地久的爱情魅力。这样，广告语已经开始对消费者进行巧妙的诱导。广告至此，并没有明说希望消费者购买，而是宕开一笔，就爱情的虚实发表了独到见解，这正是广告的高明之处。"在我们生命中的某个时候，爱情，应该是看得见的。"广告暗示消费者，在情人节这样特别的时候，精工表就是使爱情看得见的最好礼物。这则广告创造了一个良好的艺术氛围，然而又意在言外，一切尽在不言中。

劳力士手表广告所配的图片是世界著名登山运动健将霍尔德·梅斯纳单身一人登上南枷珀巴特峰用自动照相机摄下的留影。广告将手表和名人联系在一起，给人以最优秀的手表的心理暗示，以此打动上流社会人士。广告文案中使用了一种夸张的语言表达，凸现名人对事物的强烈态度。该则广告文案中使用的夸张式的语言其实也是给劳莱克斯手表以高品位定位，然后利用名人效应打动消费者。

同是瑞士名表，雷达手表则以新闻式标题吸引消费者。正文以朴实的语言陈述事实，并用确切的数字来证明雷达表在瑞士这个钟表王国的地位。为增强说服力，广告又以日本为例来说明雷达表在国外的受欢迎程度。最后广告详细介绍了雷达石英男女表的外观、性能等。这则广告文案大量使用陈述句，语言朴实，给人以真实可信之感。

上述几例文案的成功再一次说明尽管报纸广告的生产过程带有大众传播产品一般具有的"制式"特点，但它恰好就应成为广告文案经常出新、富于创意的原动力。否则，一则广告很容易淹没在大量似曾相识的信息的海洋之中。

（三）必须保证受众实现一次阅读

现代社会的一个典型特征是信息渠道的愈益丰富和信息的泛滥过剩。尽管报纸为受众提供了保存信息、反复阅读的机会，但在现实的传播环境中，受众的生活节奏日益加快，受众的接受心理已发生了巨大变化——从消极地被动地接受传媒提供的信息转变为主动地积极地寻求信息。除非他们需要的或感兴趣的信息，一般的信息将无法进入他们的阅读视野，根本不会引起他们的注意，遑论反复阅读、保存信息。即使是能引起受众注意的信息，受众对报纸的阅读方式也决定了受众对报纸信息是采取略读、掠读的方式，而不是首先进入详读。因此，报纸广告文案应力求做到引人注目，表达明确，让受众一次接触即留下深刻印象。

西班牙记者协会的一幅平面广告,采用黑白色调。运用大面积灰色空白,而在画面的一角,有一台破损的照相机,它的镜头上有一个显然是子弹射穿的洞。广告语是"在1999年,全世界有400名记者被枪杀",简单,直白,却极富震撼力。

易趣网的广告通过画面与文案的巧妙结合,让消费者在第一眼看到之后就能清楚地抓住诉求重点。

广告的画面是一扇中国家庭传统的木门,门上贴了一个大大的"赚"字,但这个"赚"字却是头朝下倒贴的。"赚"后面紧跟着"翻了"二字。意为易趣网能让你赚不少的钱。为什么呢?广告画面的右侧,用几行较小的字体交待清楚了:

在家不能赚大钱?
谁说的!
我在家里赚得更多。
轻轻松松上易趣,
在那里,
每天都有上百万的人气
每20秒就有一个买家出现,
每2分钟就有一件商品卖出,
而且
免房租
免水电
免人员
你说,我怎么能不赚翻呢?

上述广告围绕"在家里赚大钱"而展开诉求,条理清楚,层层推进,言之凿凿,有很强的劝服力。

下面是英特尔奔腾Ⅱ处理器的报纸广告文案:

世上优秀的电脑工程师穿这样的工作服
世上出色的个人电脑拥有这样的标志

这些英特尔的电脑工程师们在明净宽敞、设施一流的工厂里制造奔腾Ⅱ处理器,他们穿上特制的"工作服",只为保证在洁净无菌的环境下,制造出计算机的大脑——微处理器。英特尔公司在世界微处理器技术研究开发领域,一直是表现优异的领先者。目前世界上大多数的 PC 机都已经采用了英特尔的各种型号的处理器,所以当您选购了一台采用英特尔奔腾Ⅱ处理器的 PC 机,就能享受到英特尔的先进处理器技术赋予它的神奇表现。怎样才能知道您的 PC 机是否内置了英特尔奔腾Ⅱ处理器?非常简单,只需认明其外部的 intel inside 标志就够了。

这则广告文案将电脑工程师的工作服与英特尔奔腾Ⅱ处理器的标志联系在一起,所采用的是"避重就轻"的策略。电脑的微处理器是件技术含量较高的产品。如果用文字介绍产品的性质、功能、特征等,必然要花大量篇幅,用大量专业术语。即使如此,也不会使大多数读者感兴趣。受众一般只会注意他们感兴趣的信息。电脑微处理器对中国大多数消费者来说,还带有神秘色彩,是一种复杂的高技术产品。太多的专业介绍只能让消费者越来越糊涂,越来越敬而远之。于是,文案撰稿人找到了一个大多数人能理解的事实作为诉求点,即高品质的产品和科学严格的生产过程是联系在一起的。于是,文案撰稿人带领读者注意到英特尔电脑工程师式样奇怪的工作服,并告诉人们这样一个事实:英特尔电脑工程师之所以要穿上特制的工作服,是为了制造计算机的大脑——微处理器这样精密的产品。微处理器的标志是产品的外在形象代表,工作服则是生产过程,可以说也是产品内在形象的一种外在表现,至少,在这里,工作服让受众产生这样的联想。人们不禁好奇:工作服和电脑会有什么关系呢?人们继续在文中寻找答案。这正是这则广告文案的成功之处:避开难懂、复杂的专业理念,选择人人都明白的工作服作为意义先导。报纸广告文案必须传播大多数人能理解、感兴趣的内容。

(四)控制长句和数据

虽然报刊使用的书面语言可以使用复杂的语法结构,而且也可以运用数据、表格等使广告信息更加准确、明晰,但受众对报纸的接受心理决定了受众对于"困难的阅读"会退避三舍,对广告信息的注意更是建立在随意性阅读的基础之上。因此,报纸广告文案中的长句、复句、生僻词语、数据、表格等应使用得当。有这样一则房产广告,标题是:"有可以看见大海、高尔夫,而又安静优雅的中心城区吗?"副标题是:"阳光带·海滨城,全新城区、开放景致,感受新世纪理想滨海生活。"画面上是一片蓝天白云。这样拖沓、缺乏节奏的语言使广告文案给人的印象无疑只能是模糊的。

下面是"松下"彩电 97 新品"画王大野 100 Hz"的报纸广告文案:

未来境界的生动体现
画王大野 100 Hz
画王大野 100 Hz：以数码科技完善视听文化

> 高画质的图像：宽屏辉聚显像管

画王大野 100 Hz 采用的宽屏辉聚显像管与 Panasonic 高清晰度彩色电视机的显像管相同，备有 DAF 动态聚焦电子枪使聚焦准确，画面清晰；碧明磷光体使色彩高度还原，亮度更高，对比鲜明。

> 数码科技的全新领域：100 Hz 数码扫描

与通常 1 秒钟 50 张图像的扫描速度相比，100 Hz 数码扫描方式将扫描速度提高了一倍，实现了更加流畅、稳定的画面感觉，令长时间的欣赏轻松舒适。

全数码图像处理：

先进的全数码图像处理技术应用于画王大野 100 Hz，实现了从基本频带到色彩解调的全数码化。从而排除闪烁干扰，提高对比度和色彩再现精细度。

> 质感丰富的立体声系统：四维重低音音响系统

画王大野 100 Hz 屏幕上方的 Kelton 式重低音喇叭屏幕两侧的多梦柱形喇叭，加之屏幕下方的中央喇叭可再现强劲、清晰的立体声，声音输出功率达 50 W，具有十足的临场感。

DSP 数码式音效式选择

画王大野 100 Hz 应用 DSP 数码式音效选择功能，可根据不同声效感受体育场、音乐厅、电影院的逼真音响效果，创造身临其境的感受。

> 日新月异的观赏系统：数码多视窗

数码检制系统可轻松实现两个不同频道的同时欣赏；屏幕还可分割为 12 个或 16 个小画面任意观看和选择，静止功能可随时静止所需的图文信息。

这一广告文案对受众进行了密集的"术语轰炸"，相信会让普通受众望而生畏。尽管当代科技社会的消费者对科技术语的排斥感已大大降低，但过多的专业术语仍会让大多数消费者产生阅读困难。这一点是文案撰稿人必须想到的。

(五) 兼及文字与画面

报刊是一种视觉媒介,尤其是在印刷技术发展迅速、纸张品质精良的情况下,报刊广告中文案和画面几乎具有同等重要的地位。因此,在写作报纸广告文案时,要充分考虑文案和画面的配合以及文案与画面的比例。一些特定的广告信息用画面表达比用文字表达更有效果时,文案应给画面留下更大的空间。美国《时代》周刊曾做过一则系列平面广告,广告语是:"世界上最有趣的杂志",画面分别选用了拳王霍利菲尔德、美国前总统克林顿和一个身背长枪的可爱的小男孩的肖像。同时,每一幅肖像上都用一个标有红色 TIME 字样的小红框框住每个人头上的特殊部位,给以特别强调:霍利菲尔德的被泰森咬伤的那只耳朵、克林顿额头上渗出的汗珠以及小男孩天使般的笑脸,暗示了《时代》杂志对这些引人注目的细节的关注。无须多说,读者已能领会其中深意,而且印象深刻。

新鲜果汁先生的广告,图文并茂,画面与方案相得益彰,融成一体。在形成了系列的 3 则广告中,画面分别为撞墙后的番茄、上吊的香蕉和卧轨的苹果,每幅画的左下角都是新鲜果汁先生的饮料瓶,文案则分别为:

天哪!他每天都在亲吻它,也不想想我的感受。

冰箱已是它的地盘,活着还有什么意义。

听到她咕嘟咕嘟的声音,我的心都快碎了。

文案里的"它"指新鲜果汁先生饮料,整个广告创意将水果拟人化,意在表现人们都更为喜欢新鲜果汁先生,而冷落了水果,水果因此想到了轻生。这种夸张的手法,充满了想象力,文案其实是水果的独白,读来令人忍俊不禁。

二、报纸广告文案的具体写作

(一) 标题要醒目

摩托罗拉寻呼机曾在报纸上刊出两则广告。

标题之一:这些日子,我们时刻准备为你欢呼!
标题之二:这些日子我们为你日夜守候。

这两则广告的正文都是:"因为我们理解寻找工作的毕业生心里的忐忑不

安;因为我们明白每一次呼叫都意味着人生路上的一个机会。"

在满眼的近乎熟视无睹的广告中,这两则广告标题脱颖而出,令人称绝。这两则广告标题中包含了醒目标题的三个必备要素:锁定广告主题;创造对话环境;提供利益承诺。首先,对于庞大的中国呼机市场从整体上描述它的轮廓是困难的。标题则把广告的对象锁定为大学毕业生。我国每年的高校毕业生达百余万人。这个市场是值得商家关注的。其次,这两则标题抓住了目标消费者——高校毕业生在寻找工作中的那种既憧憬又忐忑不安的复杂心情。"我们时刻准备为你欢呼"、"我们为你日夜守候"都给消费者一种贴心、亲近的氛围,容易赢得消费者的响应。第三,这两则标题以表达产品功能的方式向消费者提供了利益承诺。标题中寻呼机的功能是"欢呼"、"守候",因为,寻呼机每一次呼叫带给毕业生的是"人生路上的一个机会",而并不是问候和简单的提醒。这是对一种特定需要承诺的利益。以上三点都表明报纸广告标题的制作靠的是策略制胜。

在现代报刊中,标题的作用越来越重要,因此,报纸标题也愈益新颖和醒目。而在报纸媒介上刊登的广告正处于各种醒目标题的包围之中,如果没有醒目的标题,受众的目光就会转向他处,这是很自然的接受过程。假如标题制作缺少上文中提到的三个要素也难以使受众顺利接受。下面是中国电信在《羊城晚报》所做的一则广告文案:

远方,有一个人已经很失落,
可你寄不去一个关心的人……
您的挚友是否不太顺?您的驻外员工是否很辛苦?
您的亲人是否需要您的问候?
4月10日起,中国电信在原有礼仪电报庆贺、请柬、吊唁三种业务之基础上,增开慰问礼仪电报新业务;如果您想表达一份关怀和鼓励,或是一份爱心与挚情,请使用慰问礼仪电报,详情可就近查询电信部门。
关心的滋味——得到的人最为明了……的表达——中国电信想得最是周到!

这只是中国电信系列广告中的一则,另外几则的标题具有相同句式:"远方,有一个人已经很疲惫,可你寄不去一双可依靠的肩……""远方,有一个人已经很伤痛,可你寄不去一双可抚慰的手……";"载一颗心,给需要的人……"。除了最末一则外,这几则广告的标题都是令人费解的,文辞不通,意义模糊。对这种不清不楚的广告标题,有多少人会静下心去体会其"用慰问礼仪电报慰藉需要你关心的人"的广告初衷?

(二) 故事性的内容更容易吸引读者

普通的报纸读者一般对故事性的内容更感兴趣。尽管广告是在推销一种观念,但不能用说教的方式。广告大师乔治·葛里宾为箭牌防缩衬衫写的广告文案《我的朋友乔·霍姆斯/他现在是一匹马了》,这则广告创意奇特。作者用丰富的想象构思了一个人与马对话的童话故事。人由于衬衫领子收缩窒息而死,变成了马。它在向人诉说自己的遭遇时知道了箭牌衬衫的特殊优点,即经过机械处理不收缩,还有一种独特的特适领,于是高兴得要去告诉老板,以求得更多的燕麦饲料。整个文案因为较强的故事性而变得颇为有趣,又在展开故事时层层诱导,真正做到了从标题开始就吸引读者直到看完最后一个字再想睡觉的效果。文案把箭牌衬衫的特点一一穿插在故事的对话中,绘声绘色地加以叙述。读者在阅读故事的同时不知不觉接受了广告宣传。乔治·葛里宾的成功建立在对商品和消费者的充分了解的基础上。他认为:"写文案的人应该对商品有深切的了解——不仅仅是他对广告实体上的特点——而且要知道哪一类人去买它以及什么样的动机使得他们想去买它。"正因为他对产品的性能烂熟于心,故事中的对话才会写得如此自然贴切;正因为他对消费者受衣领收缩之苦有深切体会,把握住了人们的购买动机,才会构思出人因为穿了收缩后的衬衫窒息而死变成马的童话。

(三) 正文的长短把握得当

报刊广告文案的长短并没有一定之规。如果广告中介绍的产品特点很多,事情很复杂,就可以使用较长的文案。一般来说,看了标题还继续看文案正文的读者通常就是对广告产品较感兴趣的潜在的消费者。根据产品的特定要求,文案可以不厌其烦。大卫·奥格威为波多黎各所做的招商广告是长文案的代表作,被大卫·奥格威称作是他"生平所写的最有效果的广告,拜尔斯和鲁姆尔看过后一字不改地核准。这个广告给'波多黎各'带来了许多新工业。"

长短并不是衡量、评价广告文案优劣的标准。行于所当行,止于所当止,关键是符合宣传产品的特定需要和受众的接受心理。

美国凯迪拉克汽车公司曾经作过一则题为《出人头地的代价》的企业形象广告,全文约400多英文单词,是长文案的代表之作:

在人类活动的每一个领域,得了第一的人必须长期生活在世人公正无私的裁判之中。无论是一个人还是一种产品,当他被授予了先进称号后,赶超和妒忌便会接踵而至。在艺术界、文学界、音乐界和工业界,酬劳与惩罚总是一样的。报酬就是得到公认;而惩罚则是遭到反对和疯狂的诋毁。当一个人的工作得到世人的一致公认时,他也同时成了个别妒忌者攻击的目标。假如他的工作很平庸,就没有什么人去理会他;如他有了杰作,那就有人喋喋不休地议论他;妒忌不会伸出带叉的舌头去诽谤一个只有平庸之才的画家。无论是写作、画画,还是演戏、唱歌或从事营造业,只要作者的作品没有打上杰作的印记,就不会有人力图赶超作者,诽谤作者。在一项重大成果或一部佳作已完成后的很长一段时间里,失望和嫉妒的人仍会继续叫喊:"那是不可能的"。外界人早已将惠斯勒(Wistler)称颂为最伟大的艺术大师之后,艺术领域中仍然流言纷纷,将自己的艺术大师说成是江湖骗子;当人们成群结队到音乐殿堂 Bayreuth 向瓦格纳(Wagner)顶礼膜拜时,而一小撮被他废黜或顶替的人却气势汹汹地叫嚷:"他根本就不是音乐家";当众人涌向河边观看轮船行驶之时,少数人仍坚持说富尔顿(Fulton)决不可能造成轮船。杰出人物遭到非议,就是因为他是杰出者,你要是力图赶上他,只能再次证明他是出色的;由于未能赶上或超过他,那些人就设法贬低或损害他——但只能又一次证实他所努力想取代的事物的优越性。

这一切都没有什么新鲜,如同世界和人类的感情——嫉妒、恐惧、贪婪、野心以及赶超的欲望——一样,历来就是如此,一切都是徒劳无益。如果杰出人物确实有其杰出之处,他终究是一个杰出者。杰出的诗人、著名的画家、优秀工作者,每个人都会遭到攻击,但每个人最终也会拥有荣誉。不论反对的叫喊声多响,美好的或伟大的,总会流传于世,该存在的总是存在的。

这则形象广告,自1915年1月2日在美国《星期六晚间邮报》刊出后,一直被认为是最优秀的企业形象广告。这一文字广告犹如一篇优美的议论式散文。文案通篇似乎与所宣传的公司没有什么关系,全文深刻地剖析了"嫉妒"这一人性的弱点。文案逻辑之严密、剖析之透彻、文笔之流畅,令人拍案称绝。这一广告提高了公司的知名度,使公司及其产品一时间成为社会注目的中心。半个世纪后,凯迪拉克轿车已成为世界级名牌轿车,这一广告可说是功不可没。美国广告专家弗雷德·波普将它比作林肯总统著名的葛底斯堡演讲词,并说:"对于那些反对用长篇文字做公司广告的人来说,这篇广告无疑是驳斥他们的又一个最好的例证。"

同样是汽车广告,法国雪铁龙的一则汽车广告文案为:

你猜,法国的"第一夫人"是谁?
法国"第一夫人"与您同行。

这则广告紧紧抓住消费者的求名心理,以"第一夫人"这一特殊的社会用语指代雪铁龙轿车,暗示了雪铁龙轿车的名流地位,满足了消费者渴望追求身份地位的心理。它没有在产品的有形价值上做文章,而是表现了产品对于消费者的主观价值,而且,惜墨如金,点到即止,产生意犹未尽的效果。

在信息爆炸日益加剧、信息渠道日益增加的今天,越明快、干脆、简洁、单纯的信息就越容易被受众注意和记忆。人们的生活节奏日益加快,广告文案创作也表现出简单、明确的趋势。

(四)不要使广告文案占满所有的广告版面

广告为了追求醒目的效果,总是将版面用文字或画面占满,这样做往往适得其反。受众面对太多的文字容易产生心理上的压力。满满的广告空间易使人产生压抑感,而适当地留白反而能衬托主体,使主体更加鲜明、醒目,效果往往更好。

1991年中国的广告金奖作品"必扑"害虫杀手的广告就大胆地运用了空白,从而取得了成功。画面的最右边有竖写的一行字"必扑一声,蚊虫扫清。"字中嵌着两只必扑药罐,整个广告一片空白,只有中间一行小黑体字:"找找看,这上面哪儿有蚊虫。"整幅广告醒目、独特。大众汽车公司生产的金龟车在美国所做的广告也是如此:整个一版中只有下面的1/5有广告文案,标题是"想一想小的好处。"剩下的4/5版面一片空白,只在版面的左上角位置,有小小的一辆金龟车像只小甲虫卧在白纸上。这种大胆留白的做法引起强烈反响,广告一出,销售量激增,人们都喜欢上了这种小车。

(五)文案应直截了当作出承诺

倘若是通过赠品促销的文案,就必须将赠品写在正文中靠前的部分,而不应转弯抹角。承诺应避免唱高调,华而不实,而应向人们提供有用的咨询和服务。曾有几种减肥产品在报纸上做了内容近似的"减肥加旅游"的广告,如"奎科减肥成功中大奖,百人轻松游香港""喝宁红,成功减肥泰国游""康尔寿减肥泰国游"等等。减肥产品不约而同地在广告中承诺减肥成功中奖旅游,但市场反应并不热烈。最主要的原因可以说是广告中的承诺对消费者来说并不是他们真正需要的。因为减肥者购买减肥产品的目的很单纯,就是减肥。尽管减肥和旅游之间可能有某种程度的间接联系,但这种联系还不足以成为有志减肥者的购买动机。

另外,中奖促销的方式屡见不鲜但获奖概率极小,可能性及可信度不高,以此作为利益承诺反而容易使消费者有一定的抵触情绪。总之,直接、有用的利益承诺才是消费者真正的需要。法国苹果联合会所做的一则广告,画面左边是一瓶护肤品,右边是一个红苹果,两者并列在一起。广告语是:"左边:一个很好的护肤品(每公斤约 4 500 法郎);右边:另一个很好的护肤品,而且口味更佳(每公斤约 10 法郎)。总之,吃苹果吧。"通过对比,文案说出了苹果物美价廉的特点以及消费者可从中获得的收益,因而很有影响力。

(六)用日常交谈语言去写

应避免站在内行的角度推介产品,使用不必要的专业术语。

下面是中国台湾中华奔驰安全系列广告中的"系上安全带篇"的文案:

> 早告诉他要系安全带,他老兄就是不信。根据交通部门统计,中国台湾在 1995 年度因交通事故丧失了 3 065 条宝贵生命,其中许多生命的失去,是因为未系安全带。为避免任何意外的发生,中华奔驰提醒您,开车请谨慎地驾驶,并随时系上安全带。千万不要因为一时大意,造成自己或别人的遗憾!
>
> 随时开心祝福您。

这则广告的画面是两匹"悬崖勒马",其中一匹马的主人因系上安全带,在悬崖边坐在马背上安然无恙,另一匹马的主人则因为没有系安全带而坠入深渊。标题就是这匹马对他死去的主人说的话。广告以幽默的语言表现了一个严肃的主题,反而收到惊人的效果。"悬崖勒马"本意是指驭者的自觉行为,在这里,人和马交换了位置产生出很强烈的喜剧色彩,由一匹马说出的人话,也就格外响遏行云了。有些广告采用一些华而不实的散文笔法,或使用一些谐音造成双关语,或对成语进行偷梁换柱,或使用过于雕琢的对仗、顶针等修辞手法,结果并没有取得预期效果反而让消费者弄得一头雾水。广告专家克劳德·霍普金斯曾指出:"高难的文字对广告是明显不利的因素,精雕细刻的笔法也是如此。他们喧宾夺主地把对广告主题的注意力抹去了。"

当然,恰当地运用修辞也能使得广告取得意外的好效果。

广告中适当使用成语,必须贴切。如日本理光传真机的广告语:

> 远在天边,近在眼前。

传真机的最基本功能就是把远处的文件资料传到眼前,广告借用这条俗语的内涵把产品的特性完全体现了出来。俗语本身的节奏感又揭示了传真机快速逼真的特性。

又如四通打字机广告语:"不打不相识",巧妙、谐趣、形象,可谓妙手天成。

荷兰坎兴顿·特伯公司为自己生产的鼠标器作的广告是这样的:"坎兴顿·特伯鼠标器,世界上跑得最快的'老鼠'。"这则广告语与画面上占满空间的一只怔怔发呆的花猫相映成趣,突出了该产品性能好、反应快捷的品质。

法国汤姆森电器公司为其洗衣机所做的一则广告运用了夸张的语言:"相信这台洗衣机,您就有9个指头是多余的。"广告暗示人们,只需要用一个手指头控制汤姆森洗衣机的程序键,人们就可以轻松洗衣了。语言虽夸张而又贴切、适当。

广告文案中要力避文字游戏。文字游戏的关键在于卖弄技巧,而文案的最高境界应是大巧若拙。

广告文案最难能可贵的品质是创新、独特,文字游戏式的文案虽然独特却未在消费者心里创出新意,这本身就是一种创造力的浪费。

第三节 报纸广告文案示例

一、英国旅游广告

轻轻地踱过历代君王们漫长的沉睡

伦敦威斯敏斯特大教堂中的亨利七世小教堂里,历代英皇——亨利七世、伊丽莎白一世和苏格兰的玛丽女皇都下葬于此。历代帝王都曾在这里接受加冕典礼。

在英国,这样著名的大教堂有30个,每座教堂都是一个独树一帜的艺术珍品。在你访问英国时至少要来参观一所教堂,免得虚此一行。

备有介绍英国教堂的彩色导游册,有索即寄。

——英国旅游协会

这则广告首先以悬念式的标题吸引了读者的注意力:"轻轻地踱过历代君王们漫长的沉睡",乍一看令人费解,人们不由自主地要看个究竟。看完了正文,读者才明白,原来这一标题形象地描述了人们游览英国著名的威斯敏斯特大教堂的情景。那里沉睡着英国的许多君主,人们走过这里,就仿佛走过了历代君主的身边。

正文部分,看似平淡无奇,其实有深厚的文化底蕴。英国的教堂是这个国家历史文化的象征和缩影,具有英国历史文化的独特魅力。文案仅是如实地将这些教堂的历史地位、作用、意义向读者说明,不加任何修饰,就已尽显风流。

美国广告大师大卫·奥格威在谈及如何做旅游广告时说:"旅游者不远千里而来不是为了看那些自家门口就可以看到的东西——要把你的国家最能吸引旅客之处拿来做广告","你的广告应该为你的读者树立一个难以忘却的印象"。

这则广告的成功之处就在于它使平面的文字具有了历史的厚重感和形象的立体感,给读者以鲜明的印象。

二、"舒味思"柠檬水广告

"舒味思"的人来了

英国伦敦"舒味思"厂派出的惠特海先生来了。"舒味思"厂自1974年即为伦敦的一家大企业。惠特海先生来到美国各州为的是调查此地生产的每一滴"舒味思"奎宁柠檬水是否都具有本地厂所独具的口味。这种口味是长久以来由"舒味思"厂制作的全世界唯一的杜松子酒及滋补品的混合物形成的。

惠特海带来了"舒味思"独创的秘方,而"舒味思"的碳化秘方就锁在他的小公事提包里。他说:"'舒味思'有一整套毫厘不差道道地地的制法。"

"舒味思"历经百余年之经验,才产生出了奎宁柠檬水这种半苦半甜的完美口味,你把这种奎宁柠檬水和杜松子酒及冰块混合在高脚杯中,只需30秒钟。然后,高雅的读者,你将会由于读了上述文字而赞美这一天。

这则广告是广告大师大卫·奥格威的得意之作。其成功之处在于别出心裁地推出了广告主惠特海先生本身,以其人之形象宣传其人之产品。广告文案配合画面上惠特海先生的形象大获成功。在广告画面中,创作者以三套道具来烘托客户形象:贵宾级的专机、红地毯;礼帽、手杖和西服;神秘的手提包。而广告文案又以文字着力渲染惠特海作为"舒味思"产品代表的不俗身份、绅士气度,以及最重要的独一无二的"舒味思"的个性。透过惠特海先生那透着诚实、坦然自信和严谨的目光,读者更能体会文案不惜笔墨塑造惠特海先生形象的深意。爱屋及乌心理使读者首先认同惠特海其人然后认同惠特海的"舒味思"其物。这则广告的成功使得惠特海真的成了大众喜爱的名人,而"舒味思"也一直是名牌饮品,受到消费者的喜爱。

关 键 词

印刷媒介广告、报纸广告文案、"制式"陷阱。

思 考 与 练 习

1. 报纸作为广告媒介有哪些长处和局限?
2. 试述报纸广告文案写作所受到的制约因素。
3. 报纸广告文案写作应注意突出哪些特点?
4. 试举例说明报纸广告文案的写作技巧。
5. 试述报纸广告文案如何运用故事性的内容吸引读者。

第十一章 广播广告文案写作

1920年11月2日,世界上第一家商业电台KDKA在美国匹兹堡问世。在此后的不到10年中,广播遍及整个世界,并迅速成为一种重要的大众传播媒介。与此同时,随着收听设备进入千家万户,广播有了广阔的听众市场,成为广告商视野中的一种重要宣传工具。广播广告率先在美国诞生。"到1932年,插播短广告——起源于排在广播网两档节目之间的插播广告——已在地方电台中广为流行"。①至此,在广告的大家庭中又增添了一个新的成员。

第一节 "为听而写"的广告文案

广播广告的文案相比于其他大众传播媒介的广告文案,有其自身的特点。而这些特点,从根本上讲,是由广播的媒介特性所决定的。广播是一种单纯诉诸听觉的传播媒介,在这一点上,它既不同于报纸,也不同于电视,更不同于"第四媒体"——网络。

因此,广播广告文案是一种"为听而写"的广告文案。这表现在:一方面,广播广告文案的写作尽可能地利用各种声音符号引起听众的联想,加强产品宣传的感染力;另一方面,广播广告文案试图通过各种方式,避免声音的易逝性所带来的负面影响。

一、广播音响的感染性

应当说,相比于视听媒介,尤其是电视和网络,广播是有局限性的。广告需要向受众展示商品的直观形象,帮助目标受众做出购买的决策,但广播广告只能产生听觉的形象,而不能产生直观的视觉形象。人最敏感的感官是眼睛。科学研究表明,一个正常人从外界接受的信息中,有80%~90%是通过视觉而获得的。虽然对于人的感官来说,听觉的重要性仅次于视觉,但由于广播广告无法形

---

① Sherilyn K. Zeigler & Herbert H. Howard:著《广播电视广告教程》第7页,新华出版社2000年出版。

成色彩、形象等视觉效果,所以其传播效果就会大打折扣。何况电视不但能够让人产生视觉形象,而且也能让人产生听觉形象呢。

2002年的第17届世界杯足球赛就是一个很好的例子。巴西队凭借罗纳尔多的两个精彩入球,在历史上第五次捧得了世界杯。发奖仪式上,巴西队队长——创纪录地三次参加世界杯决赛的后卫——卡福,在聚光灯下,在一个充满想象力的领奖台上,举起了大力神杯。此刻,上万只银色的纸鹤从天空中飘落。此情此景,用任何文字或语言符号来加以描述,都是苍白无力的。同样都是现场直播,收听广播的听众所受到的视觉上的和情感上的冲击力,是远远不能与电视观众所受到的冲击力相提并论的。正因为如此,许多受众看了电视后就不怎么爱听广播了。

但是,以声音为唯一传播手段的广播,有着自身独特的感染力。这一方面是因为,声音符号在传播的过程中本身就有丰富的听觉形象性;另一方面是因为,在广播传播过程中,听众常常对声音产生某种联想,从而赋予广播符号以更多的内涵,甚至远远超越视觉所带来的信息。

广播的感染力源于声音的丰富性及这些声音所构建的听觉形象。组成广播声音符号系统的声音种类很多,其中有语言,有音响,还有音乐。这些声音通过不同的频率、波长、节奏,通过妙不可言的组接,传播出各种不同的情感、气氛和场面,并引起人们的情绪波动,给人以声音形象和情感情绪上的冲击力。优秀的广播广告文案正是抓住广播声音形象性的特点去塑造商品的形象,并将这种形象与人的情感联系在一起,从而做到扬长避短。广播广告文案应当充分利用每一种声音的特点,并加以巧妙的组合,让声音产生只可意会不可言传的效果。关于这一点,我们将在第二节作详细的分析。

广播的感染力同样源于声音所能带来的丰富联想。在西方,广播被学者们称为"最形象的传播媒介"。然而,这并不是因为听觉形象最能再现客观世界,而恰恰是因为广播所塑造的听觉形象往往比较模糊,因此能让人产生丰富的联想,这些联想使广大听众创造性地把某些声音符号转化为更丰富的形象。

广播之所以容易使听众产生联想,有两个方面的原因。其一是广播的具有亲和色彩的传播方式,其二是声音符号有较大的想象空间。

在传统三大传播媒介中,广播最具有人际传播色彩,这是由其谈话体的传播方式所决定的,虽然电台主持人实际上进行的是"一对多"的大众传播,但在广大听众看来,电台主持人仿佛是在对自己说话。这就构成了一个"一对一"的具有亲和色彩的谈话气氛。听众们往往会把自己"投射"到这种语境中,"扮演"与主持人对话的角色。在这种情境中,最容易产生联想,这种联想能产生于一切细节,甚至包括主持人的语音、语调和说话的节奏。

而声音符号本身则进一步提供了听众联想的材料。声音相比于图像,有更大的模糊性,提供了更多的想象空间。比如在欢声笑语中加入爆竹的声音,就会使听众们想到在新春佳节,冬日斜照的暖阳,蹦蹦跳跳的孩子,大红的春联和洋溢在人们脸上的笑容。又比如在优雅的宫廷音乐中加入急速的脚步声,就会让人想起灰姑娘急急地从宫殿中逃出,王子在后面紧追不舍的场面。正是因为联想,广播的各种声音"可能创造电视或印刷媒介无法再现的人物、情景和迷人的世界"①,广播广告可以创造电视和报纸杂志广告所无法再现的美丽、迷人和浪漫的世界。而这恰恰也是广告所梦想营造的世界。只要让声音插上想象的翅膀,广播广告就会产生格林童话般的魅力。

二、广播音响的易逝性

声音的易逝性固然有物理方面的原因,但对于广播来说,它还与听众的收听方式密切相关。

与纸质媒介传播载体完全不同的是,声音是瞬间即逝、难以重复的。科学研究发现,声音进入人耳,一般只能在大脑中保持6秒钟。如果集中注意力听,那么约有部分(绝少超过50%)有价值的信息会保持20分钟以上的记忆,但其中约有50%是错误信息。相比之下,报纸和杂志在这个方面有先天的优势。文字符号不但便于记忆,而且还能让人反复记忆,语音符号在这个方面有重大的缺陷。

对于广播来说,受众的收听方式进一步加剧了声音的易逝性。听众在收听广播时,往往不是全神贯注地倾听,而是一种伴随性收听。比如从事家务活时,一边听收音机一边干活。又比如广播的忠实听众群——汽车司机,往往一边开车一边听广播。伴随性收听对广播来说意义重大。正是这种漫不经心的收听方式,使广播成了唯一可以让受众一边干其他的事一边收听的媒介,使广播在报纸和电视的双重夹击下依然具有广阔的市场,并且具有越来越固定的受众群。但另一方面,它又必然使听的效率降低,使声音的易逝性表现得更加明显。因为听的效率与听者的注意力总是成正比的。

如果说,优秀的广播广告文案应当在渲染声音的感染力时尽可能发扬自己的长处,那么面对声音的易逝性,广播广告文案就应当力求避短。在避短的问题上,广播广告的撰制应当遵循下面几个原则。

原则之一:为了引起听众的注意,广播广告应力求口语化。

---

① Sherilyn K. Zeigler & Herbert H. Howard 著:《广播电视广告教程》第159页。

要做到口语化,首先要多用通俗易懂的口语词汇,慎用书面词汇,尽量避免文言词。口语词汇声调响亮,通俗易懂,能把深刻的内涵用便于收听的方式表达出来。此外,对于本地听众来说,口语词汇尤其是带有方言的口语词汇还有相当的亲和力。当然,口语词汇与书面语词汇在长期的社会生活中出现了互相渗透的情况,一些以前被视为书面语的词汇已被纳入口语体系。但是,为数不少的书面语至今仍未被纳入口语体系,尤其是"之乎者也"这类文言词汇。这样说并不排除一些书面语的使用会带来意想不到的效果,比如说让人感到很幽默。但在通常情况下,"那些还没有被群众口头广泛采用的书面语,尤其是文言词语,不宜在广播中使用"。①

以下这则由辽宁人民广播电台文艺频道播出的获奖广播广告《福满楼酒家》,由于巧妙地使用了口语化的词汇,因此取得了很好的效果。

> 话说当今的火锅满城都是,可要说好吃还得是人家福满楼的肥牛火锅。锅烫、肉嫩、片薄、料足、味正、特一级厨师料理。那原料可是从北京那儿大老远运来的,中德合资华安肉联公司的上等货色。酒店徐经理让我给您捎个话儿,他们在那儿恭候着您呢。花个两三百块钱吃顿肥牛火锅,哎,上算!福满楼在哪儿?惠工广场您知道吗?东面100米,门脸古色古香。哎,我这儿揣着订餐电话呢:8807932。哎,上福满楼别忘了叫着我啊!②

该文案中大量使用了生动的东北口语,从而让人感觉非常活泼,有很强的生活气息,与听众贴得很近。如果用书面语,可能效果就会截然不同:

> 位于惠工广场东100米的福满楼酒家,近日隆重推出肥牛火锅。该火锅用料考究,由特一级厨师料理,口味独特,包您满意。请记住订餐电话:8807932,热忱欢迎您的惠顾。

如果把福满楼酒家的广告改写成上面这个模样,恐怕没有哪个听众会对这个酒家产生兴趣。

---

① 康文久著:《应用广播学》第280页,新华出版社1988年出版。
② 本章所选的所有案例请参见中国广告协会编:《中国广播广告16年》,《广告大观》(特刊)2001年第7期。

其次要多用双音节词,少用或不用单音节词。单音节词在纸质媒介中使用可使语言更加简洁,但在广播中常常弊大于利。单音节词读起来声音短促,不够响亮,听众很难在短时间内捕捉住这些词所表达的信息,会造成理解上的困难,从而影响整个广告的传播效果。

再次要注意同音异字词。在广播广告中,同音异字词常常会使人造成歧解甚至误解,从而造成不可挽回的损失。比如"本产品全部合格"就有可能被听成"本产品全不合格"。在介绍品牌名称时,更要注意这个问题,否则就有可能花钱为别人做广告。所以,在广播广告中,对一些常易混淆的同音字、词应当特别注意:

全部——全不;   注明——著名;   切忌——切记;
事例——势力;   旅行——履行;   夕阳——西洋;
必须——必需;   销售——消瘦;   散布——散步。

当同音异字词出现,歧义不可避免时,要设法加以解释。就像平时口语中常用的那样:"我姓章,立早章"。

第四,要注意简称。用简称便于听众记忆,但运用不规范的简称往往会为广播广告带来意想不到的麻烦,有时甚至会出现相声里讽刺的情景。因此,除了约定俗成或广泛使用的简称外,最好不用简称。

最后,要多用语气词。语气词是口语语境中常用的词汇。语气词的使用最能体现广播广告谈话体的文本特点,因为在日常生活中的交谈,语气词是不可或缺的。要使广播广告口语化,语气词的使用是否自然、得体是至关重要的。1996年中国广播广告奖获奖作品、由吉林市人民广播电台播出的广告《黑劲风牌电吹风》在语气词的使用上就很有特点,为整个广告增色不少:

(掌声混)

甲:问您一个问题,您喜欢"吹"吗?

乙:您才喜欢呢!

甲:您算说对了,我的名气就是"吹"出来的。我能横着吹、竖着吹、正着吹、反着吹,能把直的吹成弯的,能把丑的吹成美的,能把老头儿吹成小伙儿,能把老太太吹成大姑娘。

乙:呵,都吹玄了!

甲:我从广东开吹,吹过了大江南北,吹遍了长城内外;我不但在国内吹,我还要吹出亚洲,吹向世界。

乙:呵!你这么吹,人们烦不烦呐?

甲:不但不烦,还特别喜欢我。尤其是大姑娘、小媳妇抓住我就不撒手呀。

乙:好嘛,还是个大众情人,请问您尊姓大名?

甲:我呀,黑劲风牌电吹风!

乙:嘿,绝了。

(掌声)

  这则广告是借相声的形式进行产品宣传的。作为中国一种古老的民间曲艺,相声相当重视语气词的作用。因此,该广告在短短的篇幅内使用了"吗"、"呀"、"嘛"、"呵"、"嘿"、"呐"等6种语气词,符合相声体广告的要求,同时也让文案变得生动活泼,富有感染力。

  原则之二,为了便于记忆,广播广告要适当重复。

  由于广播的声音转瞬即逝,因此在广播广告中一些需要强调和突出的内容应适当加以重复,这会有利于人们对信息的记忆。应当强调的是,品牌名称或者是广告意欲突出的诉求点——产品的突出特点、产品的独特理念必须反复强调。

  在人们的思维定势中,重复是写作的大忌。有时,在平面广告文案设计中,为了避免重复,文案制作者常常使用代词。然而广播广告文案却不是这样。由于声音的易逝性,在广播广告文案中大量使用代词会引起一定的混乱,从而大大影响听的效果。所以,在广播广告文案的写作中,不但不要怕重复,而且要有意进行重复,千万不能多用代词,这与平面广告文案是不同的。当然,重复也有一个度的问题。重复而不能让听众感到厌烦,甚至在每一次重复的时候还多少要有一点变化。

  除了重复以外,为了突出诉求的重点,方便听众记忆,一定要在广播广告文案中尽早提及产品的商标名称。在广告的开头,受众的注意力相对比较集中,这时不提产品的商标名称绝对是一种失策。

  原则之三,为了便于记忆,广播广告的句子要尽量简短。

  心理学告诉我们,长句不利于记忆。一项研究表明,在汉语中,超过12个字的句子不容易让人持久记忆。因此,一些平面广告文案撰制人员在撰写广告口号时,都试图将字数控制在12个字以内。平面广告尚且如此,广播广告对句子简短的要求就更高。

  使用短句是口播的要求。在平时的对话中,人们常使用结构简单的短句,这样便于沟通。如果动辄在广播中使用长句子,不但听众会觉得别扭,不能理解,从而不予接受,而且口播者本人也会觉得不习惯。因此,面对结构复杂的长句,广播广告的文案撰稿人要善于将它变成几组结构简单的短句。

使用排比、对偶常常有助于消解结构复杂的句子。由于排比、对偶等句式具有韵律感和节奏感,便于听众理解和记忆,因此应适当加以运用。

另外,少用包括倒装在内的一些复杂的句型,因为这些句式有违听众的收听习惯。从适合口播的角度来说,如下的安排更能使文案显得通畅:主语在前,谓语在后;动词在前,宾语在后;修饰语在前,中心词在后。反之,则不符合读和听的习惯。不同句子之间的句序对广播广告的传播效果也有一定影响,要注意原因在前,结果在后;要注意体现句子之间的层级感。

但凡优秀的广播广告,都以简洁明快的句子见长。由于句子短小,因此句中每一个词汇都很精炼。优秀的广播广告文案遣词造句看似平凡,但实则每一个词都用得恰到好处,有着深刻的内涵。关于这一点,山东人民广播电台的中国广播广告奖获奖作品《泰山,欢迎您》提供了一个范例:

  (音响;钟声响第一声之后,音乐淡出再出钟声)
  男中音:
  岱庙,历代帝王祭天的地方,
  登泰山从这里开始。(转轻渺神秘的音乐)
  (高亢)经孔子登临处,步步登高,
  一路千年文化,一路无限风光。
  (幽静的山崖中,流水声、瀑布声、鸟鸣声与景观融为一体)
  (悠扬)山高水长,云桥飞瀑,
  鸟语松风,十八盘盘,
  直上蓝天。(宁静舒缓的音乐渐出)
  神游不如亲临。(之后加响鼓声)
  朋友,泰山欢迎您。(音响、音乐渐渐消失)

这则广告文案有着诗一般凝练的语言,也蕴含着诗一般美丽的意境。但全文没有一句句子超过10个字,句式简练,句序合理,让人听起来非常顺耳。

第二节 广播广告文案的构成要素

由于广播是一种诉诸听觉的媒介,因此广播广告文案的构成要素就是与各种声音相对应的文字符号。广播广告文案的写作,必须时时考虑到广播的声音要素。

一、广播广告声音三要素

仔细加以区别,广播广告的声音包括三种成分:有声语言、音乐和音效。有声语言是指人所发出的语音符号,它包括对话、对播和口播等三种情况。音乐是指为广告配制的广告歌曲或广告的伴奏音乐。而音效,又被称为音响,是指在广播中出现的各种声响,比如街道上汽车的声音等。

(一) 有声语言

相对于文字符号而言,有声的语言符号可以用更多的手段来表现形象,这是因为人耳能分辨声音的不同属性。声调、语调、轻重音、长短音,都可以用来表现不同的语义,而说话的速度、节奏、高低和停顿也同样能表达不同语义。这些手段可以帮助广播细腻地传播某种情感或情绪,也可以表现出现场细微的变动,从而使人产生身临其境的感觉。因此,人的语言为信息带来了更多的真实感和感染力,这是印刷媒介的文字符号所无法相比的。

另外,不同人的不同音色往往也能产生意想不到的广告效果。独具个性的声音往往会使广告增色。比如说有时脆生生的童音往往会让人对商品或服务产生美好联想。以下这则盼盼防撬门的广告使用了孙悟空和太上老君的独特声音,使广告增色不少:

甲:哈,太上老君府,待俺老孙再去弄把金丹尝尝。

乙:这猴子又来了,这回可有招对付他了。

("当")

甲:哎哟,好结实的门。哼,看俺老孙的手段,我撞——我撬——我钻。

(喘气声)

甲:这是什么法宝?

乙:(笑声)此乃老夫新装的盼盼防撬门也。这下,再也不怕你这泼猴了。

……

在使用有声语言时,广播广告文案撰稿人要注意几个原则:

其一是要简短。由于声音的易逝性,听众不可能理解并记忆长篇的广播广告,因此广播广告的有声语言不能冗长。一般说来,广播广告的长度不宜超过1分钟。因此,有声语言的字数不宜超过200字,而且要注意突出重点。

其二是表述要具体精确。听众在听的时候,往往对概念的理解不如在看的时候那么清晰和准确。因此,广播中的有声语言,一定要比印刷媒介的语言更加精确具体,要用能想象得出的具体形象来代替抽象概念,以免听众产生理解上的混乱。

其三是音义一致。不同的有声语言能够表达不同的含义,在选择语言表达方式时应注意广告的主题和情感色彩,并与之相一致。在一般情况下,当广告宣传的产品是典雅大方的珠宝、手表等时,不宜采用高音;而当广告宣传的产品是时尚的和精细的手机等时,不宜采用低音。

其四是要有节奏感。只有读起来朗朗上口的有声语言才能引起人们的注意。广播广告的有声语言要注意平仄,使语调抑扬顿挫,必要的时候还要使用押韵等手法。

(二) 音乐

音乐,是大多数广播广告常用的宣传手段。这是广播的优势所在,是印刷媒介无法企及的。音乐的长处在于能够细腻地表现出那种深藏不露的感情。音乐的使用有助于加强有声语言的感染力,同时也能渲染气氛,增强节奏,在给听众以艺术享受的同时,提高广播广告传播的效果。音乐还可以帮助听众记忆。有时,也许听众已经忘记了广告所宣传的商品的品牌,但当他们猛然听到该广告的广告歌曲时,也许就会回忆起相关广告所宣传的产品。

广播广告的音乐有两种情况。一种是广告公司专门为某广告创作的广告歌曲,用具有个性的音乐形象来树立产品或服务的形象。这些广告歌曲有时也能够独立成为一则广播广告。实践证明,广告歌曲如果取得成功,会对产品带来难以估量的价值。另一种常见的方式是配乐,它是指给广告有声语言配上符合内容和主题需要的音乐。上海人民广播电台的获奖广播广告《民族乐器》就是一则典型的配乐广告。

(乐曲 A 段扬起

(脚步声传来……

播:嗬! 各位乐器大师,你们好!

坠胡:老师,你好!

播:你好! 噢,你就是会说话的坠胡吧?

坠胡:是啊!

播:你们在排练节目?

坠胡:是。你请坐,请坐。

播:噢,你让我坐呀?好,我坐,谢谢。你们排练,我在这听听。

坠胡:好。

(乐曲B段

播:(情不自禁地)好极了,你们上海民族乐器一厂的琵琶不愧是荣获国家银质奖章的优质产品。

(二胡演奏

播:啊,敦煌牌的二胡!

坠胡:二胡。

(筝演奏

播:敦煌牌的筝!

坠胡:筝!

(笛子演奏

播:敦煌牌的笛子。

坠胡:笛子!

播:到底是荣获过轻工部优质产品证书,音色就是好!

坠胡:就是好,哈哈……

播:我早就听说你们上海民族乐器一厂的民族乐器又多又好,果然名不虚传!好,我这就到上海文化用品批发公司乐器部去订货,把你们全请到我们乐团去!

坠胡:好啊,再见!

播:再见!

(音乐)

上面的这则广告是一则乐器广告,音乐的优势当然是无可比拟的。

在使用音乐时,广播广告文案的撰稿人要注意以下原则:

原则之一是音乐要为文案服务。与一般音乐创作不同的是,广告音乐不是纯艺术,广告音乐必须为广告文案服务。在广告中音乐的艺术特性是第二位的。音乐如果与有声语言或音效不相适应,就会产生适得其反的效果。尽管很少有人不喜欢音乐,但对于广播广告来说,不合适的音乐往往有可能成为传播中的"噪音"。因此,需要强调的是,对音乐的挑选工作并不是随意的,而是具有明确目的的。

原则之二是音乐不能喧宾夺主。首先,音乐不能太响,广告音乐一般都是背景音乐,音乐声过大,显然会分散听众的注意力,影响听众收听广告内容。当然,只有广告歌曲的广播广告又另当别论。另外,音乐也不能过于优美。如果音乐过于优美,听众的耳朵就容易把广告内容过滤掉。台湾歌星张雨生的成名曲《我的未来不是梦》原来是一首广告歌曲,但由于歌曲优美,结果传遍大江南北。绝大多数人只注意了歌曲本身,而根本不知道该歌曲是为什么产品做的广告。

原则之三是音乐要力求简单、明快。深奥的歌词或复杂的调子很难被听众所接受,听众会因此对广告宣传的产品产生拒斥的态度,甚至感到厌恶。

(三) 音效

自然界和人类社会存在着各种各样的声音,大到风雨雷电,小到呻吟啜泣。这些声音有时能帮助我们再现某种场景,渲染某种气氛,有的时候又能帮助我们直观地理解广告的叙事情节。当然,在更多情况下,这些声音的任务是解释和深化广告的有声语言,是诠释和突出广告的主题。音效总是能通过人们丰富的联想,使广告的文本被听众再创造,因此,有音效的广告常常让人感到生动,有真实感,有吸引力。音效常常能增加广播广告的美学价值。

有时,一则优秀的广告文案可以用少量的音效,形成大量的有声语言所不能达到的效果,这就是音效的张力,这也是广播独有的优势。2000年中国广播广告一等奖、中央人民广播电台选送的关于摩托罗拉卫星寻呼的广告就是一个使用音效的范例。

> 音效:海豹(或其他极地动物)的叫声此起彼伏。
> 在冰天雪地的阿拉斯加
> 音效:呼机响。
> 音效:印第安围猎时的呼哨声。
> 在亚马逊河的热带丛林
> 音效:呼机响。
> 音效:藏传佛教鼓乐长鸣。
> 在通往拉萨的茶马古道
> 音效:呼机响。
> ……

在这个广告中几乎没有什么有声语言,但摩托罗拉卫星寻呼的服务理念已经在不知不觉中被听众所接受。

在使用音效时,广播广告文案的撰写者要注意以下原则。

一是必须选用清晰易懂的音效。对于广播广告来说,音效是一把双刃剑。音效好,帮助听众产生联想,可以克服声音的易逝性带来的麻烦,反之,则会在无疑中形成噪音,不但不利于听众理解,而且还会出现误导等问题。自然界和人类社会的声音是不可胜数的。这些声音的含义有时能让人一听就明白,有的则需要联系语言加以理解,有的甚至只有到现场边看边听才能听懂。有时,一种声音会有多种解释,比如一声闷响,就很难判断是什么含义。所以一定要精选那些音质十分清晰、一听就明白、无须多做解释的音效。

二是必须选用典型的音效。"典型的音响可以反映人物活动、事件变动、现场气氛和情绪,而这些往往很难用笔墨描述。"[1]广播广告必须选用能够反映事物本质特点的声音,比如大海的涛声、寺庙的钟声,等等。如果在选择音效时,选了一些不能代表事物本质特征的声音,就会导致不得不使用有声语言加以解释。在一般情况下,音效是用来解释有声语言的,如果倒过来,还不如不用音效。

三是必须选用逼真的音效。音效只有逼真,有现场感,才能充分发挥自己的优势,才能把广告的诚信体现出来。如果音效缺乏逼真感,广告的收听效果受损还是小事,听众就会对广告所宣传商品的品质产生怀疑。

四是必须选用和谐的音效。音效是配合有声语言和音乐的,如果音效与两者有所抵触,就应当考虑安排更和谐的音效。否则音效效果越好,广告传播的效果就越差。

综上所述,一定要结合音乐和有声语言,精选音效。

二、广播广告文案的结构

广播广告文案有着自身独特的结构。一般说来,在广播广告声音的三个要素中,有声语言是不可或缺的,因此,有声语言是广播广告的必备要素。而音效或音乐则不是必备要素。有些广播广告既没有音乐也没有音效。但在一些特殊情况下,广播广告可能就是一首广告歌曲。

根据所使用的声音要素,广播广告文案可以分为两大类——单一式结构和复合式结构。

(一)单一式结构

单一式结构的广播广告主要是指没有音乐和音效的广播广告。有些商品或服务很难通过音效或音乐来树立声音形象,比如珠宝、钻石、字画,又比如商场、

---

[1] 刘志筠著:《电子新闻媒介——广播与电视》第95页,中国人民大学出版社1988年出版。

汽车修理店和酒店等等。如果使用音效或音乐,有时反而画蛇添足。此时,用口播或对话的方式,反而会产生更好的效果。

单一式结构的广播广告可以是口播式的——这种方式目前已经不常使用,但在广播广告的早期,它曾经是广播广告唯一的传播形式。这种方式得不到听众的喜爱,因为面无表情的口播在广播这个媒介上显得特别没有感染力。

单一结构广播广告也可以是独白式的。独白式的单一结构广告最大程度地利用了广播所制造的亲和气氛,让播音员用饱含感情的声音感染听众,激发他们的购买欲望。江苏人民广播电台的获奖广告《海尔空调》就采用了这种方法,并取得了不错的现场效果:

母爱让人难忘!

  记得儿时,夏日午睡,妈妈总在一边轻轻为我扇凉;冬天,被窝里总有妈妈为我冲好的热汤壶。

  今天,用上海尔空调,我又找到了这种温馨诚挚的爱。海尔空调宁静高雅,性能卓越,就像妈妈呵护在身边。

  广告上说:"海尔——真诚到永远!"

  这话,我相信!

独白式的广播广告有一个变种,就是上文提到的单纯的广告歌曲。广告歌曲通常是某一系列广播广告的组成部分。在这种广告中,歌词扮演了有声语言的角色。

最常见的单一式结构广播广告是对话式的。对话式的单一结构广告试图通过一种再现的方式来劝服听众。这种再现可能是再现一段日常生活的对话,也可能是再现一段故事情节。前者试图达到一种人际传播的示范效果,而后者则试图让听众产生联想,从而对广告所宣传的商品产生愉快的情感。湖南人民广播电台的获奖广告《小鸭·圣吉奥洗衣机》采用了第一种方式,它试图通过母女俩的对话来表明小鸭的知名度和美誉度。

  女儿:竹外桃花三两枝,
    春江水暖鸭先知。
    妈妈,这不是小鸭圣吉奥的那个鸭吗?
  妈妈:是啊。
    ……

这个广告对听众有一种示范作用。它旨在让听众感觉到,这段对话可能就发生在邻居家。是邻居家的母女两个在诉说小鸭·圣吉奥的知名度和美誉度,暗示听众赶紧行动。而前面所举的盼盼防撬门的广告则采用了后一种方式,它试图通过让听众会心一笑的夸张,使受众对产品产生美好的联想。

(二) 复合式结构

复合式结构相对比较复杂。这种结构的广告有可能要通过演播或各要素分别录播的方法才能制成,因此是一种合成式的结构。复合式结构有三种形式,分别是语言音效结构,语言音乐结构和三要素结构。

1. 语言音效结构

如果在介绍某种产品或服务时,音效能够帮助听众直观地理解有声语言的内容和主题,而且可以帮助听众产生美妙的联想,那么就应该毫不犹豫地采用语言音效结构。在这种结构中,音效的作用可以是解释有声语言,也可以是塑造听觉形象。上海人民广播电台制作的获奖作品虎牌啤酒广告就是一例。

(啤酒倒入效果声)
V/O:摄氏5度,华氏41度。
(喝一口啤酒效果声)
TIGER,虎牌啤酒
沉默,永恒,气泡与气泡之间。
细腻,醇和……
引爆激情(玻璃碎声效果)
不求平等,虎牌啤酒。
区别在于二氧化碳、水、大麦和瓶盖。
(气泡冒起效果声)
纯粹取悦于感觉(虎啸声效果)
虎牌啤酒!TIGER!TIGER!……(延时效果)
虎牌啤酒!

在以上个案中,由于音效的使用,喜欢喝啤酒的人们都可以感受到虎牌啤酒的沁人心脾的滋味。

2. 语言音乐结构

当广告需要将某种感情或情绪传递给听众,使他们受到感染并前去认牌购买时,语言音乐结构毫无疑问是首选。常见的语言音乐结构有两种:一种是音乐伴随式,先出几秒钟音乐,进入语言陈述阶段时音乐压低,陈述结束后音乐扬起,几秒钟后结束;还有一种是音乐插播式,在陈述过程中可以有多段乐曲插入,用以解释所陈述的内容。上文所举的民族乐器的广告就是一则典型的音乐插播式广告。

以下列出的中央人民广播电台的获奖广告《力神速溶咖啡》,是一则典型的音乐伴随式广播广告。悠扬的萨克斯管乐极好地突出了广告的主题。

(轻松、浪漫的萨克斯管乐曲——)
海角天涯自多情,"力神"一杯暖人心。
"力神"速溶咖啡、"力神"速溶椰子粉,即冲即饮,情趣倍增。
(乐曲扬起,情深意长——)
调出色香味,融入椰岛情,
海南速溶咖啡厂,朝朝暮暮伴知音。
(配乐渐弱……)

(三) 三要素结构

当广告需要着重表现情节、突出现场气氛时,三要素结构就显得非常必要。

三要素结构的广告文案在制作时相当复杂。由于它必须让语言、音效和音乐三位一体,就常常需要分别录制,最后加以合成。在这种广告中,没有什么固定的格式,只要能找到三要素的最佳组合,怎么组合都可以。当然,在三要素结构中,起到主干作用的依然是有声语言,其他两种要素必须为之服务。

深圳人民广播电台的获奖广告《青岛纯生啤酒》,就是一则组合较为复杂的三要素结构广播广告。

(强劲的 Disco 音乐,酒吧内人群喧闹声——)
男甲:难得老朋友联欢会,咱们来一打青岛纯生啤酒!
众人附和:好!
(开啤酒声、喝酒声——)
(悠然的田园音乐起——)
男乙:啊! 喝纯生,我像回到了童年时的田园生活,挺舒服、挺纯的!
(回到嘈杂的酒吧——)

男甲:真的?我也要感受一下!(喝酒声——)

(校园民谣起——)

咦?我好像看见了我的初恋情人,和我漫步在校园里,好浪漫,好纯!

男丙:Shi—,你老婆来了,别说了!

女:你说你看到谁了?

男甲:呃!不就看到了你了嘛,当年你可纯了。

(众人欢笑声——)

(倒啤酒声——)

男(旁白):品尝纯生、品味纯真,

一种让感觉升华的啤酒——青岛纯生啤酒!

  关于广播广告文案的结构,还需要强调一点,那就是广播广告的文案,结构灵活多变,不能用印刷媒介广告文案的结构范式来约束广播广告。

  几乎所有的广播广告都没有标题,不少广播广告也没有广告口号,都是不完整结构的广告文案。因此,我们在列举例文时所用的标题都是广告商品的名称——这是把广播广告变成文字时,文字编辑们添加的。在进行口播时,广播广告的标题和正文之间,正文与广告口号之间有一条很难逾越的鸿沟。即使采用停顿等方法加以区别,还是会让听众感到很不习惯。有时,在处理广告口号时,可以想一点办法,例如上文所列举的海尔空调的广告,但对于标题,唯一的处理办法就是舍弃。

  由于广播是一种线性传播的媒介,因此它受到时间的巨大影响。它应严格按照时间顺序进行谋篇布局,避免跳跃或复杂的叙述方式。它应可以拆解,可长可短,便于在节目的空隙见缝插针。因此,广播广告文案不可能有什么起承转合的严格限定,而是应当根据时间的情况,随机应变。

第三节 广播广告文案的体式

  学界对于广播广告文案的体式有很多种划分方法。有的根据文案的叙事特点进行划分,有的则根据文案的艺术手法进行划分。这些划分的标准有时可能导致将文案划分成数十个种类,其结果是使分类变得几乎没有意义。

  笔者认为,以语言环境的不同作为划分的标准,相对来说更科学一些。从语境的角度来看,广播广告文案可以被分为口播式(主持人与观众对话的语境),对话式(主持人彼此对话的语境)和实况式(现场的真实语境)等三种类型。

一、口播式广播广告的文案

口播式广播广告文案,是最常见的广播广告文案形式之一。如前所述,口播所要创造的是一种"一对多"与"一对一"辩证统一的语境。对于广大听众来说,在这种语境中,口播者虽然客观上是在进行大众传播——也就是一个人向多个听众传播,但实际上从听众的主观而言,就像是口播者在与自己交谈。在这种情况下,如果口播者采用的是理性诉求方式,就像是在口播新闻报道一样,那么显然"一对多"语境的色彩更浓厚一些。而如果口播者进行情感诉求,内心独白一般地向听众抒情,这时就更接近"一对一"的语境。

口播式广告文案之所以比较常见,是因为它有许多可能利用的"资源"。它不必仅仅局限于一个人面无表情的说明式的直白,而是可以动用各种手段来表现广告诉求内容。而中国的传统文化为之提供了丰富的源泉。比如,它可采用快板、说唱或单口相声方式来表现。

温州人民广播电台的全国广播广告奖获奖作品《强化拉链》就是一例。

拉、啦啦啦,拉,啦啦啦,
强化拉链用处大,
服装、箱包都用它,
选拉链,要强化,
强化拉链顶呱呱,
一流设备来制造,
不脱齿,不掉牙,
咬牙切齿任你拉。
拉、啦啦啦,拉,啦啦啦,
强化拉链,顶呱呱,顶呱呱。

又比如它可以用诗歌朗诵的形式以表达感情。深圳人民广播电台的获奖广告《青青世界》很好地使用了这一方式:

(舒缓的笛声——)
女:告别了城市的喧嚣。
在宁静的夜里,
我的思绪已经飘到了远方,

眼前又浮现出童年时的故乡,
那葱茏的远山和青青草坡上打着盹儿的羔羊,
慈祥的爷爷叼着烟袋在嗡嗡的蜜蜂声中,
看守着他的蜂场。
耳边传来山间流水的丁冬
和微风流过树梢时的脆响。
那是童年的青青世界,
如今到哪里去找?
男:让每个人都可以在都市中找到这片纯净的青青世界。
女:深——圳——青——青——世——界

它还可以用讲故事的方式追求曲折和波澜。请看杭州人民广播电台的获奖广告《参参口服液》:

朋友,我给你讲个故事。
(音乐起,压混)
在美丽的西子湖畔,有一对好夫妻,男的叫生晒参,体格健壮,是个东北大汉;女的叫西洋参,身材苗条,来自遥远的美国。那么是谁做的大媒,使这对国籍不同的夫妻和睦相处,心心相印呢?原来是杭州胡庆余堂制药厂的古一先生。后来他们生了孩子取名叫参参。小参参取了父母的优点,而且爱打抱不平,很快成了人类健康的挚友、病魔的克星。朋友,你听了我的故事,我相信您一定会喜欢这清火滋补的参参口服液的。

二、对话式广播广告的文案

对话式广播广告文案,也是常见的广播广告文案形式。对话虽然是两位以上播音员之间的对话,但实际上,在对话的过程中,往往能让听众有一种自身也参与到对话中来的感觉,因此,对话体的广播节目如脱口秀是很受欢迎的,对话体的广告也很具有感染力。

对话式可以大致分为两类。一类是模拟日常生活谈话的,叫做日常对话式。这一类对话意在贴近听众,与听众产生共鸣。有人认为,这类谈话过于平淡,听众可能不感兴趣,但实际上合理地运用诸如悬念等手法,完全可以让这类对话显得妙趣横生,充满智慧,甚至一样具有故事性。与后面所讲的实况式广播广告不同,日常对话式的广告以对话为主,音效为辅,并不注重渲染现场气氛。

汕头人民广播电台播出的获奖广告《西施牌电饭锅》在这个方面显得较为高明:

    (厨房、炒菜声)

    男:辛苦喽,老婆。

    女:回来了!

    男:(神秘地)哎,告诉你啊,今天我带了田螺姑娘回来。

    女:(不在意地)瞎说,什么田螺姑娘,我还带七仙女呢!

    男:(一本正经地)哎,你不是一直想请个会做饭的保姆吗?今天,我就把她带回家,有了她,咱们下班就有现成的饭菜了。

    女:(一愣,停下手,稍带醋意)这么说,她很能干,也很漂亮了!?

    男:(故意地)那还用说,田螺姑娘,仙女下凡嘛!

    女:(不快地)你……

    男:(笑笑,疼爱地)好了好了,我的小醋坛,放心吧,我呀,带的是她。

    女:"西施牌"电饭锅?

    男:是啊,有了"西施牌"电饭锅,上班前只要轻轻一按,回家就可以坐享其成了。你说,这不等于请了一位漂亮能干的田螺姑娘?

    女:(嗔怒地)好呀,你逗我……(笑声起……渐弱)

    旁白:西施电饭锅,把田螺姑娘带回家。

另一类对话式广播广告是模拟小品、话剧、相声等文艺形式的对话,使广告变得生动活泼。这就是表演对话式。表演对话式中常常也会运用大量的音效,但这些音效都是舞台音效,与实况式广告中大量的现场音效有很大的不同。比如吉林人民广播电台的获奖广告《小兔子、大灰狼新传》就是这样的一则对话式广告:

    女(白):兔妈妈到森林里采蘑菇去了……

    大灰狼:小兔子乖乖,把门开开,妈妈要进来。

    小兔子:大灰狼,别装了,我都从门窗里看见你了,我家的小门早就换上了"铁将军"防盗门,密码开启,八点锁定,进不来,进不来,你就是进不来。

再请看下面一则广告:

(嘀——电话录音留言效果)

女：(深情款款,亲密地)

老公：

在我出门的日子里,别忘了我们的"约法三章"哦!

第一,冰箱里有你最爱喝的金威啤酒,可别因为它口感新鲜,而喝酒过量了。

第二,跟你那帮朋友在家喝金威、看球赛,注意别看太晚了。

第三,要经常打扫卫生。别弄得家里满地都是金威啤酒瓶。

(嘟嘟——电话挂断)

男：(沾沾自喜地)嘿嘿,老婆的话要听,金威啤酒——也要喝!

(清晰的倒酒声——)

运用录音电话这一道具制作广播广告,这个点子是值得称道的。

下面再请看广播公益广告《身残志坚·"听太阳"篇》的文案：

(海浪声,舒缓的音乐起。)

(女声旁白)凌晨,一个快要失明的少女来到海边,想要最后看一眼海上日出,一位伫立在礁石上的老人出现在她模糊的视线里。

(少女声)老爷爷,你也是来看日出吗?

(老年男声、温和地)我是来听日出的。

(少女声)听日出?

(老年男声)我的眼睛30年前就看不见了。

(少女声)可日出您也能听得见吗?

(老年男声,充满激情地)你听。(音乐转为激昂)太阳出来时,大海对他欢呼着,我虽然看不见,但我心里却感觉到了。

(乐声渐强,随着男声结束,达到高潮)

(少女声,兴奋地)老爷爷,我听见了,我听见了,太阳走过来了!

(男声旁白)只要我的心中拥有太阳,生活就永远充满希望!

这是一则由中央人民广播电台制作、获1997年度全国公益广告大赛广播类金奖的作品。按照常情常理,日出只能看而无法听。但该作却安排一位盲人和一位准盲人,就"听日出"展开了一番包含着深意的对话。老年盲人"听日出"之言、之行,透映出他对大自然的热爱和生活信念的执著,伴随着舒缓的音乐声,不仅打动了双目近乎失明的小姑娘,也深深感染了广大听众。"听日出"成了全篇中的点睛之笔。

三、实况式广播广告的文案

与谈话式广播广告文案不同的是,实况式的广播广告文案把现场的音效作为谈话的背景,突出现场音效的表意作用,构建了一种新的语境,让听众有一种如临其境的感觉,可以像广播现场报道一样让听众感到格外真实。当然,这种类似广播现场报道的广播广告并不一定非要有什么新闻价值。有时,它可以带有一点新闻性,但在更多的情况下,它所体现的是日常生活的场景。请看以下个案:

(音效)

繁忙的车道上一辆车像喝醉酒似的左冲右撞,汽车的呼啸声、碰撞声交织一片,引来路人的不满。

男:(愤怒)怎么开的车?! 摇头晃脑的。

女:(急切)啊!撞倒人了。

警笛起,警车开到,肇事车被迫停车。

肇事人:"报告警官,我……人没问题(伴有打酒嗝声),可能油箱里灌的是烧酒。"

众人讥笑。

这个公益广告就在酒后驾车的现场上做文章,因此显得更真实,从而更具有警示意义。

应当说,三种不同类型的广播广告文案各有各的特色,广播广告方案的撰制者应当针对不同特点的商品或服务采用不同的类型范式,在必要的时候,要创造新的形式来表现自己的广告诉求内容。

第四节　广播广告经典个案分析

一、对优秀广播广告作品《静源茶阁》的评析

一个优秀的广播广告文案,一定能引起听众的美好联想。它会充分利用和创造谈话的语境,为受众留出更多的联想空间,让受众在自己的想象和创造中,接受广告的暗示。杭州人民广播电台播出的、1998 年中国广播广告获奖作品《静源茶

阁》,试图通过引起受众的联想来表现一个茶馆的韵味,取得了不错的效果:

[音效]
(优雅的古筝,使人如置身烟绕雾氲的修林茂竹之间)
[男声](仿佛正手捧茶杯不经意间道出心语,蕴藏其间那宛若闲云野鹤般的感慨,引人驻足谛听)
虽然同在一个城市,但大家似乎又离得很远,总说忙,其实时间还是有的,像现在,
[音效](呷一口茶,品茗陶然状)大家聚在一起,喝茶,聊天,品味温馨的往事,结交有缘的新朋。
[男声](如同向亲朋好友推荐同时又禁不住有些为自己先得此乐而沾沾自喜一般)静源茶阁,左望西湖,右依植物园,静谧雅致徐徐来,源源幽情心中生……
[女声](混响)静心静气的邀请——静源茶阁!
灵隐路2号　订座电话7996466
(音乐渐止)

正是因为广播有着独特的感染力,因此广播广告常常在情感诉求的文案中有着自己独特的优势。由于广播的声音传播容易给人以暗示,激发人的联想,因此,广播广告特别容易在情感上打动受众,能把某种情绪"传染"给受众。因此,广播广告多为情感诉求的广告。广播广告文案的撰稿人应当扬长避短,力戒用枯燥的文字在广播中对听众进行理性诉求,而应尽量使文字变得生动、感人,从而抓住听众的心。

二、对优秀广播广告作品《湘泉酒》的评析

适当的重复,使广播广告被听众注意,让听众产生记忆,从而减少声音易逝性的负面效果,是广播广告文案写作的常用手段。湖南人民广播电台播出的、1998年中国广播广告奖获奖作品《湘泉酒》在这个方面就做得很好:

(乡村风景:小桥流水、鸟鸣、牛叫……
女:湘泉,一段难以忘怀的岁月,
男:湘泉,一种永不磨灭的情愫,
女:湘泉,一股温暖人生的甘泉。

男：由湘泉集团和酒鬼股份有限公司出品的湘泉系列酒，含酒鬼、湘泉、神鼓等十余种佳酿。

（倒酒声）

男：湘泉系列，酒中无上妙品，

女：温暖人生的甘泉，

男：永不磨灭的情愫，

女：难以忘怀的岁月，

合：人生百年，难忘湘泉。

在并不太长的文案中，湘泉的名称重复了7次，很好地起到了突出品牌、帮助记忆的作用。但是，这些重复并不让人感到厌烦，相反还进一步增加了广告的色彩。

关 键 词

听觉形象、声音的易逝性、有声语言、音效、口播式广播广告文案、对话式广播广告文案、实况式广播广告文案。

思 考 与 练 习

1. 与视觉形象相比，听觉形象具有一定的模糊性，但为什么广播被人誉为"最形象的传播媒介"？
2. 如何避免声音易逝性对广播广告文案的负面影响？
3. 什么是广播广告声音三要素？在使用这些要素时须遵循什么原则？
4. 广播广告文案有哪些体式？
5. 请为某品牌的随身听写一则广播广告文案。

第十二章 电视广告文案写作

大卫·奥格威曾经说过:"在消费者每天看的电视广告中,大部分没有在他们的记忆中留下一丝迹印,就像水从鸭子背上滑过一样。因此,你应该为你的电视广告作独特的处理,加进使观众长期不会忘掉的因素,但是要谨慎从事,使观众不致记住了你的手法而忘掉了你的商品的优点"。[①]

第一节 电视媒介的特点

电视的出现为现代广告提供了展翅高飞的金翼。电视广告融色彩、声音、图像和文字于一体,作用于受众的视觉、听觉乃至知觉,使受众在感受、接触和体验的过程中产生认同心理,电视遂成为最理想的、最受大众欢迎的传播媒介,在广告媒介中独占鳌头。

一、电视媒介的特长与特短

(一) 多样化的表现方法和综合性的传播手段

电视媒介是视听结合、时空一体的综合性媒介,是通过刺激人的视觉和听觉器官来激发其感知过程,完成信息传递的工具。电视广告不但可以向受众详尽地介绍商品的各种性能,而且能形象、直观地将商品的外观及包装特点等逐一展现在受众面前,从而可以最大限度地诱导购买,因此具有无可比拟的影响力和优越性。这使得电视成为所有广告媒介中具有强劲发展势头和很大发展潜力的一种媒介,颇受广告主和广告经营单位的青睐。

电视将空间艺术、时间艺术的表现形式集于一身,构成了声形色并茂、视听动兼容的综合性传播手段。电视把文学、艺术、科学、技术融合为一体,通过信息的传播,寓宣传、教育、广告、服务于娱乐中。运用电视表现手段,还可以把时间向前、向后大幅度推移,将空间跨度大幅度缩小或放大,并将之合乎逻辑、富于节

[①] 〔美〕大卫·奥格威(David Ogilvy)著、林桦译:《一个广告人的自白》第120—121页,中国友谊出版公司1991年出版。

奏地重新组合,以表达思想,传播信息。

各种信息通过电视制码可以转换为直观、具体的可感图像、声音和文字。广告主借助电视就可以对商品或劳务进行有形描述,让受众看到富有感情和动作变化的动态画面,新颖生动,形象逼真,现场感强,具有很强的吸引力和说服力。更主要的是电视媒介可以着重展现商品个性,如外观、内部结构、使用方法、效果等,突出广告诉求重点,从而激发受众对商品或服务的需求,产生良好的广告效果。

(二) 传播穿透力强,信息覆盖面广

电视利用光电转换系统传播信息,不受时间和空间的限制,将各种信息及时传输到覆盖区域之内的每个角落。因此,传播迅速,观众多,收视率高,有着很强的渗透能力。

电视改变了人们的比例感或曰感觉方式,因而具有比人们所想象的更加普遍的影响。①电视信息可以传递到电波所覆盖区域的任何地方,通过电视机的接收,电视广告的触角遍及各方,从而拥有众多的受众,产生强大的宣传攻势和广泛的影响效果。尤其在城市,几乎每个家庭都拥有至少一台电视机,通过电视对握有购买决定权的家庭主妇进行广泛的广告宣传,能够为一般日用品及耐用消费品的消费奠定基础。就此而言,电视就如同挨家挨户推销商品的推销员。②

电视传播穿透力强,到达率高,能够直接进入千家万户。只要观众打开电视机,欣赏自己所喜爱的电视节目,广告就会随之而来,所以它常常被称作"不速之客"或家庭的"闯入者",令人难以阻挡。换句话说,电视传播所到之处,也就是电视广告所到之处。

对于电视观众来说,电视广告的播出具有不定性。广告主可随节目收视率的高低及观众的差别,灵活选择播出时段,使广告更具有针对性。同一电视广告可在不同时间闯入观众的视野,久而久之强化了记忆,潜移默化地影响消费者和潜在消费者,实现理想的广告目标。

(三) 视听相结合,富含冲击力

图像的运动是电视媒体的最大特点。这一特点主要作用于人们的外部感觉,而这当中最主要的是视觉和听觉。视觉符号和听觉符号分别诉诸于人的眼睛和耳朵,使人产生不同的感觉效果。资料表明:人们在同时接收视觉符号和听觉符号与只接收听觉符号或视觉符号时,产生的效果有所不同。同时接收视听

---

① 〔美〕伯格(Arthur Asa Berger)著、姚媛译:《通俗文化、媒介和日常生活中的叙事》第124页,南京大学出版社2000年出版。

② 孙有为编著:《广告学》第139页,世界知识出版社1991年出版。

符号,3 小时后能记忆传播内容的 90%,3 天后能记忆传播内容的 75%;只接收视觉符号,3 小时和 3 天后能记忆的传播内容分别是 70%和 40%;只接收听觉符号,3 小时和 3 天后能记忆的传播内容分别是 60%和 15%。①一般而言,一个正常人从外界接受的信息中,绝大部分是通过视听觉获取的。视听觉是人类认知外部世界的主要器官,而广告活动就是以刺激受众的视听觉器官而使其产生兴奋作为基本手段的。

广播只有声音没有影像,平面摄影只有影像没有声音,而且无论印刷多么精美的摄影图片,都无法像电视媒介那样具有动态感,以人们感触到的现实生活中的原始形态来展示信息。电视媒介用忠实的记录手段再现信息的形态,即用声光信号直接刺激人们的感官和心理,以获得受众感知经验上的认同,感受特别真实强烈。立体信息场的刺激累加,受传互动的传播方式使电视广告更直观生动,富含冲击力、感染力。

(四)画面不连贯,信息不完整

电视画面呈不连贯状态,不具备叙述事情的变化和经过的能力。视知觉感知规律告诉我们:感知一个全景画面所包容的信息需要 8 秒钟左右的时间,感知一个中(近)景画面所包含的内容需约 2 秒时间。电视画面因交代环境、背景等的需要,全景、中近景镜头的运用占整个镜头数的 75%以上。据此计算,60 秒的电视画面,最多可有 8 个完整画面,然而实际操作中,只能提供约 6.2 个完整画面,因而很难形成完整的情节。②

电视以电波为载体,进行线性传播。"对于电视来说,观众就是屏幕。乔伊斯(James Joyce)称之为'光大队的猛攻'的光脉冲对他进行轮番轰炸,使'他的灵魂的表皮浸透了潜意识的暗示'……电视画面每秒钟向观众提供大约三百万个点,而观众每一瞬间只能从这些点中接受几十个,并用这几十个点形成一个画面。"③

在电视节目中,一则广告信息通常稍纵即逝。电视广告的播送内容受播出时间的限制,一般只有几秒、十几秒的长度,观众还没等看清楚,就过去了,难以一次性地给观众留下清晰而深刻的印象。而一旦错过,观众又无法立刻重复收看,很难查找有关信息。当然,广告主可以安排重复播放,但这要受到广告经费与广告预算规模的制约。

另一方面,电视广告以插播的方式播出,经常破坏观众的收看情绪,易使观

---

① 丁柏铨、夏文蓉等著:《当代广告文案写作》第 430 页,陕西师范大学出版社 1998 年出版。
② 宋林飞著:《社会传播学》第 111 页,上海人民出版社 1994 年出版。
③ McLuhan, M. (1965): *Understanding media: The extensions of man*. New York: McGraw-Hunt. P. 313.

众产生逆反心理。观众被迫接受广告信息时，受收看节目影响的情绪越高涨，产生的逆反心理就越强烈。强制接受的广告信息超过一定的限度，观众"忍无可忍"，就可能换频道。针对电视广告播出的这一劣势，为保证广告信息较高的到达率，应该做到插播的电视广告总长度尽量不超过与节目规定的时间比例，以减少其负面效应。

（五）制作复杂，广告成本高

电视的受众随时在变化，广告主无法确定在一个电视节目中，究竟有多少人、是哪一种人在收看其所提供的信息。另外，电视广告的价格也总是浮动的。电视台出售的广告时间有着量的控制：1 小时的电视节目中多少广告量有一定的限制，1 个播映日内的广告播映时数也有限制。所以，当越来越多的广告主想要使用电视时，电视广告的费用自然会提高。

在所有广告媒介中，电视媒介的费用是最高的。这是由于电视广告设计制作涉及面广，编排一部有一定情节的电视广告片需要美工、文字、音乐、音响、演员、导演、灯光、摄像等各方面的齐心协力，并且需要一定的时间，一大笔投资，播放费用也很高，这是财力有限的中小企业难以承受的。由于费用、成本的原因，电视媒介播放广告的时间长度有 5 秒、10 秒、15 秒、30 秒、60 秒等几种，其中，15 秒和 30 秒这两种长度的广告最多。

此外，电视媒介租用费用高，一般广告主有难以负担费用之虑，因而在播放次数和对广告内容的详细解释上都形成限制，差强人意。

二、电视广告的文化品格

（一）电视广告的"逻辑"

电视广告是一种通过电视媒介传播的广告。它运用声画组合的表达方式传播特定的广告信息，具有短暂、松散、明确以及风格化等特点。可以说，电视广告的"逻辑"是口头的、视觉的和动态的。

（二）电视广告的人情味

连续活动的画面，能够从各个方面展现广告商品的特性，观众宛如身临其境，面对面的播送，如同与观众亲切交谈，既直观形象，又富有人情味。电视广告能运用各种技巧，突出商品特点，加深视觉和听觉印象；电视广告还可运用各种表现艺术，使广告内容富有情趣，增强受众的兴趣。有的电视广告选择一个故事，把广告内容寓于故事情节之中；有的加入广告歌曲，使人深受感染；有的选用民间传说、英雄人物、历史典故等来表现内容；有的把广告信息孕含在一定的生活情趣中，让人在不知不觉中接受广告信息。

随着人们生活水平的提高和生活节奏的加快,人们在生活中对情感付出、情感享受和情感幻想方面有着特殊的需求。在广告创意中,如果利用亲情、友情、爱情来创作,可以打动相当一部分人的心。如荣获第五届全国优秀广告作品的"百年润发,重庆奥妮"就是通过一系列悲欢离合的情节,讲述了一段感人至深的爱情故事。其成功之处就在于以情感人,并在"相爱永不渝"的意境中,升华了"百年润发"的品位。

再如"南方黑芝麻糊"电视广告,从情感诉求入手,把平淡无奇的商品,用回忆的手法将人带入甜美的记忆中,达到引起欲望、促进销售的目的。

  麻石小巷,黄昏,挑担的母女走进幽深的陌巷,油灯悬在担子上,晃晃悠悠。
  小男孩挤出深宅,寻着飘出的香气,伴着木屐声、叫卖声和民谣似的音乐。
  (画外音)"小时候,一听见芝麻糊的叫卖声,我就再也坐不住了……"
  小男孩搓着小手,神情迫不及待,大锅里那浓稠的芝麻糊不断滚腾。
  大铜勺提得老高,往碗里倒芝麻糊。
  小男孩埋头猛吃,碗几乎盖住了脸。磨芝麻的小姑娘站在母亲身后,好奇地看他。
  小男孩大模大样地将碗舔得干干净净,小姑娘捂嘴笑。
  卖糊母亲爱怜地又给他添上一勺,轻轻抹去他脸上的残糊。
  小男孩抬头,露出羞涩的感激。
  (画外音)"一股浓香,一缕温暖"
  古朴的街景,旧日的穿着,橘色的马灯,熟悉的叫卖声,共同构成了一幅立体的画面。

该广告画面质朴、温馨,几许乡情,几许温馨,几许关怀,几许回忆,无不蕴涵其中。卖糊母亲的微笑,买糊儿童天真的眼神,母亲与童心,关怀与成长溢于画面。卖糊母亲所添的一勺糊,更是画龙点睛,一举使广告主题升华,此乃"卖非为卖也",由此喻示企业的生产乃是爱的奉献,是对生活的奉献。从亲切的"芝麻糊"叫卖声中,切入对童年回忆的镜头。小男孩喝了一碗芝麻糊后忍不住用舌头舔了一下碗,又舔了手,最后舔唇,该细节的表现实在令人拍案叫好。"舌舔"动作虽"不雅观",但对小孩而言,不仅是"童心"的真实表现,也是"童真"、"童趣"的生动反映,刻画非常真实;同时,"舌舔"动作,是对"南方黑芝麻糊"诱惑力的一种暗示。这种"无声"的手法比起那些"急吼吼"的自吹自擂,显得更加有味和含蓄;最为关键的是,小男孩的"舌舔"动作,不仅强化了观众的记忆,而且激起了消费者的购买欲望。在各种广告满天飞的今天,"南方黑芝麻糊"广告确有其不同凡响之处。它通过一个生活的场景,一段儿时经历的回顾,逗引人们眷恋往事的情思。画外音"一股浓香,一缕温暖"意蕴含蓄、耐人寻味,唤起人们的心理共鸣。广告的场面完全做到生活化,浑朴自然而无丝毫做作,因此具有"润物细无声"的功效,难怪孩子们想吃,大人们嘴馋,"南方黑芝麻糊"自然而然地走进了千家万户。

(三)电视广告的家庭文化属性

日常生活很大程度上都离不开电视,对此,人们已经习以为常。电视提供打发时间的渠道,已成为家庭日常生活的一部分。人们在家里收看节目,议论节目,即看即忘,淡然处之。有时候人们独自收看,有时候则同家庭成员或朋友一起观看。当人们坐在客厅环顾四周的时候,总是更多地把目光投向电视屏幕,因为这"第五堵墙"是如此的丰富多彩,以至于四周的金碧辉煌都显得相形见绌。电视从另一些意义上说也是家庭文化的组成部分:其节目的安排与编制,规定了家庭生活或至少某些人的家庭生活的模式和结构。它也是人们融入消费文化的一种手段。家庭生活便是通过这种手段构成和展现的。

电视的收看方式比较随意,以个人或家庭形式进行。电视基本上是一种家用媒介,它的节目一般来说锁定的是家庭观众。此外,电视采用日常口语化风格,它与观众的交流方式与其在家庭中的角色是相符的。[①]

电视广告形象逼真,就像一位上门的推销员一样,把商品展示在每一个家庭成员面前,让观众在欣赏电视节目之余有意或无意地对广告进行比较和评论,引起注意、激发兴趣、统一购买思想,这就有利于作出购买决定。因此,日常生活用品广告,采用电视媒介,容易引起消费者的关心和兴趣,效果较好。但生产资料电视广告,由于与家庭消费关系不大,广告效果相对较差一些。而且,由于电视既给人清楚的形象,有声音又有动作和色彩,因而它几乎是每户人家注意的焦点,看的时间很长,而且看时相当投入,聚精会神,这同人们边听广播边干别的事情是不同的。加之,电视以其特有的声、画、音、情为特色,这对刺激人们的购买欲望是有利的。

请看"惠普喷墨打印机"电视广告(保姆篇):

[①] 〔英〕尼古拉斯·阿伯克龙比(Nicholas Abercrombie)著、张永喜等译:《电视与社会》第 10—11 页,南京大学出版社 2001 年出版。

爷爷在照看孩子,婴儿在他怀中熟睡。

屋里静悄悄的,唯一的响声是时钟的滴答声。

爷爷拿起电视遥控器,打开电视。音量特别大,正在播放"疯狂摔跤比赛"。

婴儿惊醒了,哇哇大哭。

爷爷把孩子放进婴儿床,尽力哄他:"宝宝,不哭,爸爸妈妈就回来了。"可孩子哭闹不止。

爷爷又设法用一个绿色大青蛙哄他,仍然无济于事,孩子还是哭。

爷爷终于想出办法了:他拿出一张全家福合影,用电脑和693型桌面喷墨打印机打出一张婴儿母亲的放大图片。

一切又安静下来了,婴儿熟睡在爷爷的怀里。狗进入房间时在半道停下来,爷爷脸上盖着一张与真人一般大的婴儿母亲的图片,把食指放在婴儿母亲的嘴唇前,示意狗别乱出声。

(推出字幕)"惠普高质量打印机,能够以假乱真。"

惠普公司,专家研制,人人可用。"①

在这则电视广告中,爷爷当了一回保姆,与别的婴儿的爷爷一样尝到了其中的艰辛;但他又有着异乎寻常之处,那就是他得益于惠普打印机。婴儿被惊醒、大哭、百般哄他都无济于事,爷爷无计可施,这些都与别的婴儿的爷爷无异。转折点在于,爷爷终于想到了一个好办法,这是其他的爷爷所没有想到的:用电脑和693C型桌面喷墨打印机打出一张与真人一样大的婴儿母亲图片,并用它盖在自己的脸上。打印的图片产生了以假乱真的效果。婴儿熟睡在爷爷的怀里。狗进入房间、爷爷将食指放在婴儿母亲嘴唇前示意狗别做出声的动作,作为细节,都起到了给人以生活真实感和增添生活情趣的作用。受众在会心一笑之中,牢牢地记住了惠普品牌的打印机。

第二节 电视广告文案写作

要想创作一个好的电视广告文案,首先必须了解电视广告文案的结构、表现形式以及具体的写作技巧。灵活地运用电视广告文案的文体结构和写作技巧,常常是杰出广告人取胜的关键所在。

---

① 选自三只眼工作室编著:《第44届戛纳国际广告节获奖作品集》,黑龙江美术出版社1998年出版。

一、电视广告文案的特殊个性

广告专家据调查结果宣称,在被收看的广告中,只有1/3的广告能给观众留下一些印象,而这1/3中又只有1/2能被正确理解,仅仅5%能在24小时内被记住。而这些特点,恰恰意味并展现着电视广告文案的独特魅力。

(一)电视广告文案的特殊性

1. 特殊的形式

由于电视广告文案在写作过程中除了运用一般的语言文字符号外,还必须**掌握影视语言**,运用蒙太奇思维,按镜头顺序进行构思,颇似电影文学剧本的创作,因而又被称为电视广告脚本。电视广告的各种构成要素,包括素材、主题、艺术形式、表现手法以及解说词等,共同构成电视广告的内容与形式。这一切都必须首先通过电视广告脚本的创作来体现,从而使电视广告文案显示出有别于其他广告文案的特殊性。

2. 特殊的性质

电视广告脚本是电视广告创意的文字表达,是体现广告主题、塑造广告形象、传播广告信息的语言文字部分,是广告创意的具体表现。

同时,电视广告文案又有别于报纸杂志等平面广告文案。它并不直接与受众见面,也不是广告作品的最终形式,只不过是为导演进行再创作提供的详细计划、文字说明或蓝图,是电视广告作品形成的基础,但对未来广告作品的质量和传播效果具有举足轻重的作用。

电视广告脚本包括既相连接、又各自独立的两种类型:一是文学脚本;二是分镜头脚本。前者是后者的基础,后者是前者的分切与再创作。前者一般由文案撰写人或编剧创作,后者一般由导演完成。

3. 特殊的语言

影视语言不仅是电视广告独特的信息传达方式,也是电视广告形象得以体现的不可或缺的先决条件,是电视广告的基础和生命。

(1)影视语言的特点

影视语言是具象的、直观的。它总是以具体的形象来传情达意。影视语言又是运动的和现实的。摄像机客观地记录现实,具有"物质现实的复原"功能,因而影视画面的基本特征是"活动照相性",可以使观众产生一种身临其境的现实感。影视语言更是民族的、世界的,不仅具有鲜明的民族性特征,而且是一门世界性语言,可以成为各国人民交流思想、沟通感情的工具。

(2)影视语言的构成

影视语言由三部分构成:一是视觉部分,包括屏幕画面和字幕;二是听觉部分,包括有声语言、音乐和音响;三是文法句法——蒙太奇(montage),即镜头剪辑技巧。

4. 特殊的结构

在多数电视广告文案中,几乎没有独立的广告标题,而是将标题与广告语合二为一。除此之外,电视广告文案的结构和印刷媒介广告文案区别不大。

(二) 电视广告文案的结构

1. 主题

素材是搭建电视广告作品的基本材料,而主题则是电视广告作品的灵魂,在整个电视广告写作中,主题起着主导和支配作用。主题像凝结剂一样,凝结着电视广告的所有相关素材;主题又像一条红线,串起了电视广告写作的所有环节。

电视广告主题承载广告商品的个性,标明广告目标,满足消费心理。如,洗发水共同的功能是去污洁发,而有一种洗发水却强调是专用于早间洗发的,于是满足了习惯于早晨洗发的消费者的需求。洗发水的功能没有变,但由于强调了早间使用的特殊个性,使这一洗发水打开了销路。

电视广告一般很短。在较短的时间内不可能面面俱到,只能集中表达一个中心思想。如果将电视广告的主题集中于一点,诉求单一,并加以突出,就会吸引相关的目标受众。如农夫果园的电视广告:

电视镜头上是一对穿着沙滩服的父子,他们来到小店买饮料,忽然发现小店的牌子上有一句话:农夫果园喝前摇一摇。父子感到很奇怪,但还是按照自己的节奏,摇晃了起来。小店店主睁大眼睛看着他们。

画外音:农夫果园有三种水果在里面,喝前摇一摇。

这则电视广告首先给消费者设置了悬念:什么叫喝前摇一摇呢?镜头中父子两人夸张的动作显得憨态可掬,营造出了轻松幽默的整体氛围。广告随后给出答案,原来摇一摇,摇的是瓶子,而不是要消费者摇动身体。为什么要摇呢?三种水果在里面,这是农夫果园区别于其他果汁饮料的最独特的地方。

2. 电视广告解说词

电视广告的解说词,是电视广告创作的重要构成要素,包括画外音解说、人物独白、人物之间的对话、歌词和字幕等等。每则电视广告根据创意和主题的需要,只取其中一二,究竟选择哪几种解说词,须根据创意要求灵活运用。

解说词的基本作用是弥补画面的不足,即用诉诸听觉的方式来补充诉诸视觉所不易表达的内容,提示并深化电视广告的主题,以字幕形式出现的解说词也起着进一步强化信息内容的作用。如:

英特尔计算机微处理器　　Intel inside!

耐克　　Just do it!

金利来,男人的世界!

牛奶香浓,丝般感受,德芙牛奶巧克力!

这些广告语都是生活中极为普通的口头语,却体现了无穷的魅力,并在观众中广为流传,有效地扩大了对产品的宣传,起到了很好的促销作用。

二、遵循电视广告文案写作的规律

(一)电视广告文案的写作素材

素材是写作必不可少的材料。犹如搭屋建房需要建筑材料一样,电视广告文案的写作离不开素材。

1. 核心素材——构成电视广告核心信息的素材

经过充分的市场调查,获取电视广告所要宣传的商品、生产者、消费者、竞争对手情况以及电视媒介的情况等材料,再对所掌握的材料进行整理、分析,形成广告定位、目标诉求对象和电视广告主题,最终决定在广告中要"说些什么"。

2. 表现素材——即"怎么说"、"用什么方法说"

(1) 画面素材

在电视广告写作阶段,根据创意,事先设计,以草图方式绘制出来,是电视广告表现素材的主体。画面素材包括画面内容、字幕、画面间的剪辑方式等。

(2) 音乐音响素材

是电视广告表现素材的附体,包括电视广告背景音乐和电视广告歌曲。在电视广告的写作阶段,应对广告音乐、音响有所设计,如背景音乐、音响放在整个作品的什么位置上,剪接点在哪儿,出入方式如何等。有些广告歌曲还要标明歌词内容以及画面、解说、字幕的配合方式。如"娃哈哈果奶"有一首脍炙人口的广告歌曲：

> 童声齐唱：甜甜的，酸酸的，有营养，味道好。天天喝，真快乐。
> 女童齐唱：妈妈，我要喝……
> 童声齐唱：娃哈哈果奶！

此广告歌曲采用了儿歌的音乐旋律和语言形式，吸引了孩子们的注意力，同时，又以儿童稚嫩企求式的语气，唤起了母亲对孩子的关爱之情，堪称儿童饮料广告的佳作。

(3) 电视广告语

电视广告语是电视广告创意的体现，凝结着电视广告的主题，补充和深化电视广告画面，强化电视广告中值得解释、说明和记忆的部分，追求抑扬顿挫、简洁通俗等。

(4) 电视广告演员

这是电视广告的表演者。电视广告通过演员的表演，展示广告诉求内容，带出电视广告一系列的表现素材。可从如下几个方面加以考虑：

一是选择社会名人。包括文艺明星、体育明星、社会名流等。社会名人是观众的偶像，在各自的领域有一定的成就和影响，观众因此对他们喜爱和崇拜，从而对他们所宣传的商品产生好感，或模仿他们的行为，购买他们所使用的产品，产生明星效应。如"爱立信手机"电视广告：

> (画面一) 在一个午夜的盛大宴会上，由张曼玉主演的女主人公身着漂亮的晚礼服轻盈地走入宴会厅，引来众人的目光。这时，由王敏德出演的男主人公满怀深情的眼光紧紧地追随着她。双方的目光有了刹那间的碰撞，昔日感情一下子重新燃起，彼此开始在人群急切地寻找。最后，在手提电话的无声牵引下，张曼玉推开了一扇紧闭的门扉，两人忘情地紧紧相拥。音乐响起，礼花腾空而飞，一对昔日恋人遥望着灿烂而美丽的天空……
>
> (画面二) 鸽子翩然飞起的教堂。婚纱中的张曼玉在牧师的主持下就要身许他人，此时此刻，牧师的手机铃声骤响。新郎感到异常地局促不安，似乎预感到什么。张曼玉毅然接过电话，遥远的回忆刹那间涌上心头，狂奔而出。教堂外的王敏德正握着手机。最后时刻的依然执著

换来了张曼玉为感情抛弃一切的洒脱。

（主题歌）"What a magic moment!"（魔力一刻）

（画外音）"一切尽在掌握"

这组广告的特点就是恰如其分地采用了明星路线。选择婚恋题材，由著名影星出演，辅之一波三折的情节，充分表达了爱立信积极进取、力求创新、促进沟通的品牌主张，以及爱立信所强调的"爱立信是人们生活中不可缺少的通讯工具"的广告策略。"爱立信"让男女主人公在关键的时刻把握了自己的命运，在人生的悲欢离合中创造着种种惊奇，最终获得了幸福、美满和成功。新颖的题材，巨星的出演，使这组明星广告在中国市场上取得了巨大的成功，同时也为雇"星"制作广告的广告创意策划人提供了范例。

二是选择个性独特的普通人。普通人就生活在我们的身边，以普通人为电视广告演员，使人感到亲近可心。以他们为素材推荐产品，可以产生人证效应，有很强的说服力。比如，在"白猫洗洁精"电视广告中，"一点儿也不伤手"、"用起来放心"似乎就是邻居们说的话，特别是那位老太太的一句"放心……"，让人觉得真的很放心。

另外，在文学或影视作品中，天真活泼的儿童、各种动物等都可以作为电视广告演员。只要创意能够想到的，技术能力可以达到的，都可以进入电视广告。电视广告的素材丰富多彩，俯拾皆是。

（三）电视广告文案的写作要诀

电视广告文案的设计、创作和撰写，是一个十分复杂的系统工程，除了语言文字运用本身的规律外，还涉及广告的定位、创意、商品的特点、受众、目标市场等多方面的因素，甚至于广告的篇幅和时段的运用等也在很大程度上制约着文案的写作。由于这一系列因素的影响，使得电视广告文案的写作具有较为明显的技巧性和特殊性。

1. 既遵循广告文案写作的一般规律，又遵循电视广告脚本创作的特殊规律

电视广告所独具的蒙太奇思维和影视语言，决定了电视广告文案的写作既要遵循广告文案写作的一般规律，又必须掌握电视广告脚本创作的特殊规律。具体地说：

一是电视广告文案的写作，必须首先分析研究相关资料，明确广告定位，确定广告主题。在主题的统帅下，构思广告形象，确定表现形式和技巧。

二是电视广告文案的写作，必须运用蒙太奇思维，用镜头进行叙事，语言要直观、形象化。

三是按镜头段落为序,运用语言文字描绘出一个个广告画面,还须考虑时间时段的限制。电视广告是以秒为计算单位的,每个画面的叙述都要有时间概念,镜头必须在有限时间内传播所要传达的内容。

四是做到声画对位。电视广告是以视觉形象为主,通过视听结合来传播信息内容的,因此电视广告文案的写作必须做到声音与画面的和谐,即解说词与电视画面的"声画对位"。

五是电视广告文案的写作,应充分运用感性诉求方式,调动受众的参与意识,引导受众产生正面的"连带效应"。

2. 重视电视广告解说词的构思与设计

一是要写好人物独白和对话。它的重要特征是偏重于"说",要求生活化、朴素、自然、流畅,体现口头语言特征。

二是对于旁白或画外音,可用娓娓道来的叙说,或者用抒情味较浓重的朗诵形式,也可以用逻辑严密、夹叙夹议的论说。

三是以字幕形式出现的解说词要体现书面语言和文学语言的特征,并符合电视画面构图的美学原则,具备简洁、均衡、对仗、工整的特征。

四是重点写好解说词中的广告口号,要求尽量简短,具备容易记忆流传、口语化及语言合辙押韵等特点。

在内容上,解说词重在强化广告中需要说明、补充或需要观众记忆的部分。表12.1即为2000年广告金句排行榜。[①]不难看出,简洁、平实的广告语是一种广受欢迎的创作风格,更易获得认同与欣赏。

表 12.1

客　　户	金　　　句
诺基亚	科技以人为本
飞利浦	让我们做得更好
戴比尔斯	钻石恒久远,一颗永留传
雀巢咖啡	味道好极了!
农夫山泉	农夫山泉有点甜
联　　想	人类失去联想,世界将会怎样?
雪　　碧	晶晶亮,透心凉
海　　尔	海尔,真诚到永远

---

① 国际广告研究所、国际广告杂志社:《2000年广告金片金句排名》,《国际广告》2000年第8期。

看似不经意的一句话,实际上凝聚了广告人的一番苦心,将一个理念讲出来并不难,难的是用通俗易懂、上口好记的语言表达出来。

(三) 电视广告文案写作与各种常规时段的对应

目前,电视广告片的各种常规时段有 5 秒、10 秒、15 秒、30 秒、60 秒等。在选择电视广告文案的表现形式时,不仅要重视广告策略、广告信息内容、广告目标受众,而且还要与时段的选择对应。

1. 5 秒时段的电视广告片

其目的通常是为了加深受众对广告信息的印象,强化受众对广告主体特定形象的记忆。因此,一般采用瞬间印象体的表现形式,以一闪而过、但具有冲击力的画面,与简洁凝练的广告语组合,来表现企业形象或品牌个性。如"鹤舞白沙,我心飞翔"、"孔府家酒,叫人想家"、"人头马一开,好事自然来"、"一呼天下应"等。

2. 10 秒和 15 秒时段的电视广告片

其广告目的是要在短时间内,对广告诉求内容作单一的、富于特色的传播,突出企业形象或品牌个性,或独特的卖点。一般宜采用名人推荐体、动画体、新闻体,以及悬念体、简单的生活情景体等表现形式。如"麦当劳"广告(婴儿篇)、"百威啤酒"广告(蚂蚁篇)等。

3. 30 秒时段的电视广告片

可以从多角度表现产品的功能、利益点。适合于采用名人推荐体、消费者证言体、示范比较体、生活情景体,以及简短的广告歌曲形式等。如"白加黑感冒片"广告、"南方黑芝麻糊"广告、"孔府家酒"广告等。

4. 60 秒时段的广告

可以表现更丰富的广告内容,可以采用广告歌曲体、生活情景体、消费者证言体、示范比较体等较为完整的表现形式。如"步步高"无绳电话广告(尴尬篇)、"雕牌"洗衣粉(皂)广告等。

三、电视广告文案的表现形式

(一) 目的在于让受众更好地接受广告内容

电视广告的表现符号丰富多彩,体现在表现形式上也是多种多样的。广告表现形式的目的在于增强说服力,让目标受众更好地接受广告诉求内容。

(二) 电视广告文案的具体表现形式

1. 赞美型

赞美型的广告文案是就商品、服务本身固有的优点来述说,引用的信息资料都是有利于证明产品如何好的事实依据。赞美型广告在日用消费品的宣传中应用较多,因为日用消费品本身的品质、新鲜度等可以说是消费者最关心的。

在撰写此类广告文案时,需特别注意的是:尽量采用各种方式使受众对广告信息中所运用的赞美性语言深信不疑,力求具有高度的可信度,切不可使受众产生广告主在自我吹嘘的感觉。虽然赞美型广告在实际运用时极具难度,但若运用得当,则可产生事半功倍的效果。

2. 暗喻式

事实证明,言外之意往往比言内之意更能令人折服,所以,广告文案运用暗喻式,让受众自己去体会商品的好处,将会有更佳效果。美国营销大师爱玛·赫伊拉有句名言:"不要卖牛排,要卖嗞嗞声。"他认为,广告如果仅将商品平铺直叙地介绍给消费者,那是难以持久吸引消费者的。①

广告应当暗喻商品的好处,赋予商品一种生动、美好的形象,如果这种形象是独一无二的,效果则更佳。换句话说,要将享用该商品的乐趣表现出来,在消费者买到商品的同时,仿佛也买到了这种乐趣。

例如李奥·贝纳首创的万宝路香烟广告,无论是文案的写作,还是画面场景的构思,抑或是音响效果等,都堪称商业广告的上乘之作。画面中粗犷豪迈的牛仔,矫健的奔马,以及群山原野,无不令人为之神往。仔细品味之后,不禁疑问:一则香烟广告,不去着意刻画其内在品质、口味的边际差异,而去表现奔马和牛仔,这些与香烟有关系吗?

实则不然,万宝路广告成功了,其关键恰恰在此。崇山峻岭之中,万宝路香烟与骏马飞奔、驰骋纵横的画面相互交融,与之相配的背景音乐丝丝入扣,不禁使人产生联想:享受万宝路香烟就如同自由自在、豪放不羁的旷野放马的生活。而这种生活,恰恰又是受困于世俗尘嚣中的现代人可望而不可即的。广告语同样非常简练:"跃马纵横,尽情奔放,这里是万宝路的世界!"用浑厚的、磁性的男声,语势极为雄壮,而根本不去提及香烟质量如何,风味如何,这反而产生了充满诱惑的广告效果,自信而诚恳。这种以展现人为赋予的魅力为手段的诱惑,无疑就是采用了"要卖嗞嗞声"的手法。设想一下,如果采用直陈其美的方式,则很难达到令受众好奇与向往的心理效果。

3. 幽默式

运用这种表现形式的文案旨在引起受众的兴趣,提高注意率,加强信息的影响深度与广度,收到显著的广告效果。

---

① 崔德群:《回归广告艺术之源——形象化》,《中国广告》1999年第6期。

应当看到,幽默式广告在实际应用时,最大的问题是幽默尺度较难把握。同样的一则幽默广告,某些人会感到乐不可支,另一些人可能会认为是低级趣味,甚至还会有人厌恶。因此,幽默的话语或画面要运用得体才能取得预期的广告效果,否则只能适得其反。例如,某地一则动画广告:

三只卡通造型的狐狸,边唱边跳进入主画面,造型很生动,舞蹈也很有诱惑力。

齐唱:"人们说我们是骚狐狸……"

突然,画面中出现一支喷雾罐,喷射出雾状气体,狐狸立刻倒地身亡。

(特写)专治狐臭的××喷雾剂。

生动的造型,活泼的音乐,幽默的歌词,逗得观众捧腹大笑,广告看似给人深刻印象,但却犯了大忌:一般观众哈哈大笑,真正的消费者却受到戏弄。把自己的客户戏弄了,还能指望他们会购买你的商品吗?这则广告的创意及文案撰稿人没有设身处地站在患有狐臭症的消费者的立场上来审视自己的作品。商业活动中的一个最基本原则就是要尊重消费者。违背了这一原则,宣传效果毫无疑问是负面的。

目前,我国最时兴的幽默式广告文案或广告语,多采用常识打趣、成语错用、一语双关、形象联想等手法,既能使广告具有一定的民族特色,又富于知识性和趣味性。

4. 生活侧面型

生活侧面型广告也即通常所说的戏剧化广告,文案可以描述日常工作或家庭生活的细小方面。如美国"贝尔电话公司"广告。

5. 诗歌型

根据商品或服务的特点,借用广为人知的诗歌进行广告宣传,可以起到加深受众印象的作用。例如,前几年较为流行的"小霸王"电脑学习机广告使用的就是典型的诗歌押韵手法:"你拍一,我拍一,小霸王出了学习机;你拍二,我拍二,学习游戏在一块儿;你拍三,我拍三,学习起来很简单;你拍四,我拍四,包你三天会打字……"

6. 论证型

通过邀请权威人士或权威机构对产品进行论证、评估或推荐,增加受众的信任感,推动购买。论证的手法多种多样,如,在广告中介绍商品的获奖情况,有关权威机构(如科研、专利等机构)或专家、学者的鉴定、评价等。如"高露洁"牙膏广告、"沙宣"洗发水广告、"金龙鱼"食用调和油广告(1∶1∶1篇)等均采用了论证型广告的方式。论证型广告文案,内容必须真实,选择鉴定机构或专家必须慎重,并且必须遵循有关的广告法律法规规定。同时,应以坦诚的态度和慎重的语气说话。否则,不仅影响企业形象,而且还会损害权威机构或专家的形象。

7. 比较式

有比较才有鉴别,运用比较的方式来显示商品的功效品质,显示商品的个性,引起人们的对比联想,加深印象,进而达到销售的目的。对比的运用,一般只允许商品使用前后的对比,或者本企业商品之间的对比,而不能抬高自己,贬低别人。

对比的方法,通常有:(1)品质的比较,商品的质量优与劣的对比。例如,"穗宝床垫"广告以压路机压过后仍不变形为对比方式,效果较佳。(2)使用的对比,即商品使用前后情况的对比。如"海飞丝"洗发水广告。(3)革新的对比,突出商品革新之后功能的大大提高。如"潘婷"洗发水广告。(4)价格的对比,通过价格的前后对比,突出价廉物美,受人欢迎。如"汰渍"洗衣粉广告。

8. 新闻报道型

一般而言,刚刚进入市场的新产品以及展开比较独特的促销活动时,采用此类型广告极为有效。其优点是内容具体,介绍比较全面,提供的信息资料有一定的科学依据,缺点是文体平铺直叙,有些枯燥。

必须承认,尽管电视广告的表现形式多姿多彩,然而吸引力只是广告成功的手段,而不是广告的最终目的,影响受众的行为才是广告的最终目的。威廉·伯恩巴克说过,"广告界中任何人如果不说他的目的是销售,那么他不是无知就是骗子。"[1]这就是说,如果广告不能吸引消费者的注意,那么影响受众的行为也无从谈起,前文所做的一切也就无异于竹篮打水。

第三节　经典个案分析[2]

一、金融保险类广告

中国人民保险公司上海分公司电视广告(金鱼篇):

---

[1] 张冬梅主编:《现代广告学》第292页,青岛海洋大学出版社1995年出版。
[2] 经典个案选自金涛声、徐汉舟主编:《中外广告精品探胜》,国际文化出版社1995年出版;陈志方等主编:《第46届戛纳国际广告节获奖作品集》,云南人民出版社2000年出版;王力主编:《国外著名广告实例及述评》,中国广播电视出版社1995年出版;何佳讯主编:《现代广告案例——理论与评析》,复旦大学出版社1998年出版;孔祥宇等编:《成功广告案例评析》,中国商业出版社2001年出版;《国际广告》杂志(1999—2000年度);《中国广告》杂志(1999—2000年度)。

镜头一：(特写)两条金鱼在鱼缸里悠闲自在地游来游去。

镜头二：(叠化到中间)一只金鱼缸安稳地放在架子上。

镜头三：(拉至全景)突然，鱼缸从架子上跌落下来，掉在地上摔得粉碎，水、金鱼和玻璃碎片四处飞溅。

画外音：哎呀！

镜头四：一条金鱼在地上来回翻腾，奄奄一息。

镜头五：(全景推至中景)地上的水、金鱼和玻璃碎片逐渐聚拢起来，顺着倒下的轨迹恢复原状，玻璃碎片合拢成鱼缸，两条金鱼又像往常那样在鱼缸里悠闲自在地游来游去。

画外音：咦？

镜头六：(用特技叠上字幕)"参加保险，化险为夷"。

画外音：噢！

镜头七：(叠化至全景)"中国人民保险公司上海分公司"。

这则30秒的电视广告脚本，只有七个镜头，却传达了丰富的内容。通过动态变化的视觉画面，以鱼缸由完好→破碎→复原的过程为象征，以及三个感叹词："哎呀！""咦？""噢！"相互配合，使得叙事波澜起伏，使参加保险的重要意义和作用得到了形象直观的表现。

二、电器类广告

美国"贝尔电话公司"电视广告：

一天傍晚，一对老夫妇正在吃饭，电话铃响，老妇人去另一房间接电话。回来后，老先生问："谁的电话？"

老妇人答："女儿打来的。"

又问："有什么事？"

回答："没有。"

老先生惊奇地问："没事？几千里打来电话？"

老妇人呜咽道："她说她爱我们。"

两人顿时相对无言，激动不已。

画外音："用电话传递你的爱吧！"

这是一则十分成功的广告。它以脉脉温情打动了天下父母或即将成为父母或为儿女者的心。应当承认,老年人是孤独的、寂寞的。一个人,无论他以前取得过何等成功,拥有过何等辉煌,当生命的暮钟訇然敲响时,"夕阳无限好,只是近黄昏"的感叹就必然而生。此时此刻,他们最需要的不是别的,而只是一个字:"爱"。

这则广告正是从儿女与父母的感情入手,描绘了一幅孝心浓浓的亲情画面。电话有线,亲情无限。贝尔电话连接着千家万户,沟通着亲人们的心灵,缩短了亲人们的感情距离。

这则广告文案,广告语言除最后一句画外音之外,全部采用人物对话,借此来表现一定的情节,以生活化的口语,传递了感人肺腑的人间真情,给所要宣传的"贝尔电话公司"抹上了浓郁的感情色彩,使观众在情感的共鸣中对"贝尔"产生好感,企业形象因之刻入了观众的记忆中。

三、食品类广告

麦当劳电视广告(婴儿篇):

广告开始时,电视画面是一个招人喜爱的婴儿躺在摇篮里一会儿哭,一会儿笑。当摇篮荡上去时婴儿就笑,荡下来时婴儿就哭。婴儿的表情何以这般戏剧化?接着画面从婴儿的视角显露出麦当劳的标志牌"M",婴儿看到麦当劳标志牌时就开心地笑,而当摇篮荡下来时看不见麦当劳标志牌就伤心地哭。答案得出后,画面定格在麦当劳金色的招牌上。

这则广告充分表达了"麦当劳是连吃奶的孩子也极为喜爱的品牌"这样一个主题。该广告获得1996年戛纳广告节影视金奖。这则广告获奖,其原因有二:一是运用现代电脑合成技术,将婴儿哭笑之间表情的转换,按摇篮的节奏做得天衣无缝,画面简洁明了,新颖独到,构思巧妙,浑然天成;二是创意上运用了悬念法。利用婴儿的哭笑转换,引起观众的想象和推测,吸引观众的注意力,激起观众的好奇心,吊起观众的胃口,一反思维常态,应用心理战术,为消费者设置一个宽阔的思维空间,让消费者主动揣摩、主动参与,在不知不觉中对广告主产生好感,直至产生消费欲望。

四、医药类广告

白加黑感冒药片电视广告:

一位白领男子在办公室一副倦态……

（特写）突现精致包装的黑白两种颜色的药片。

（旁白）"感冒了……怎么办？……你可以选择——黑白分明的方法。白天吃白片，不瞌睡；晚上吃黑片，睡得香。治疗感冒，白加黑。"

在"白加黑"上市之前，感冒药有不下十个品种，如何另辟蹊径，如何与人们早已熟悉的如康泰克、感冒通等知名品牌相抗衡，这是必须首先考虑的问题。可想而知，如果盖天力依然步他人后尘，那是不可能引起人们购买的欲望的。

经过广告人的成功策划，所推出的"白加黑"不仅在外观上同其他品牌相区别，而且将药片中容易使人产生睡意的镇静成分放在黑片中。这样，既不影响白天正常工作，又能使晚上睡得香，可谓一举两得，不能不说是匠心独运。

用"白加黑"三字命名品牌，平凡简洁中见其巧妙与高明。短时间内，"黑白分明"感冒药形象已深入人心，其广告形象已被人们接受并认可，在感冒药市场上产生强大的冲击力。

五、饮料类广告

雀巢咖啡电视广告：

一位男士坐在桌前，一杯热气腾腾的咖啡放在眼前。

（画外音）雀巢咖啡……

男士：拿起杯子，啜一口雀巢咖啡，说："味道好极了！"

雀巢咖啡广告，那句家喻户晓的广告语"味道好极了！"一度为广告界人士津津乐道。它已融入了人们的生活。人们在交往中、聚会时常常会冷不丁地冒出一句"味道好极了！"诙谐又恰当，给生活增添了欢乐的情趣。一句平常的广告语竟有如此神奇魅力，能在人们心中留下如此深刻的印象，这应归功于雀巢公司广告宣传的成功。

近几年雀巢的电视广告尽其所能，始终围绕着温馨主题在"情"字上大做文章，令观众在种种温馨、关怀之中达到情感的沟通，从而树立了品牌形象。

"朋友情谊，贵乎互相帮助……"一杯热气腾腾的咖啡，使广告迅速充满温情，混乱、紧张的气氛顿时变得轻松宁静，并使在工作中受挫的同事重振精神。雀巢咖啡，朋友沟通，真挚友情的象征。

未来的儿媳初见公婆，难免有些紧张。婆婆端来一杯香浓的咖啡，换来轻轻的笑语。雀巢咖啡,家庭沟通、和睦的体现。

情侣在钢琴上的四手联弹,生动贴切地喻示了咖啡伴侣与咖啡相辅相成的关系。雀巢咖啡,伴侣沟通、两情相悦的写照。

楼宇相邻的两个青年,分别用中西两种乐器演奏雀巢咖啡的主旋律,一拍即合,美妙动听。雀巢咖啡,中西文化沟通和情感交融的媒体。雀巢咖啡的广告始终给人以巢的"温馨"。

六、工业品类广告

杜邦电视广告:

(画面一)晴朗的天空下,一位美丽的女孩正在与男友热情地拥抱。合体的连衣裙勾勒出迷人的曲线,以至于在她与男友相会的路上,每个见到她的人都为之倾倒。一个小丑因为看她而忘记了手中的杂耍。是什么使她如此出众?原来,在赴约之前,她在时装里选择了那件杜邦莱卡(它是杜邦1959年的科技发明,人造弹性纤维品牌)制成的连衣裙……

(画面二)一名青年男子驾车撞在电线杆上,车头凹陷。惊魂未定的他从车中出来却安然无恙。他是为了躲避一群踢球的孩子而出的车祸。他之所以未受伤害,是因为他刚买来的新车在出厂前安装了杜邦研制出来的薄膜……

(画面三)一间香气四溢的茶楼里,顾客们正在品尝精致的糯米点心。为什么这些点心如此可口?因为厨师选用了上好的糯米,农民们在稻田里投放了杜邦的稻田除草剂,这是创造精良稻米的保证……

(广告语)许多梦想,因杜邦而实现。

杜邦是一家业务遍布世界60多个国家和地区,涉及电子、汽车、服装、建筑、通信、运输、农业、航天、石化、消费品等多种工业领域的跨国公司,生产有1 800多种产品,具有众多的卖点可宣传。像杜邦这种生产系列工业产品的公司,如何在广告中确立品牌形象,避免全面赘述,盲目出击,是综合性大公司广告策划、制作和宣传必须注意的问题。

每个短片45秒的系列电视广告,巧妙地采用了倒叙手法,由外及里,先打伏笔,后引遐想,涉及了与人们日常生活密切相关的衣、食、行三个方面,向人们表达了杜邦创造生活的理念。这种生活化的广告宣传,缩短了工业产品与最终消费者的距离，人们会从中得出这样一个结论：杜邦不是"事不关己"的原材料供应商，它全方位地影响着我们的生活，是我们的亲密朋友。

七、服装类广告

恒源祥电视广告：

> 恒源祥标志展现在画面上，旁白："恒源祥，绒线羊毛衫"，最后一小囡用稚嫩的童声叫出："羊、羊、羊！"

恒源祥形象广告中的小囡，给人一种可爱的印象，惹人注意，让人怜爱；选用卡通漫画形象作为品牌的组成部分，帮助消费者加深对品牌的识别记忆；配以"恒源祥"三个魏碑字体，再辅以"创牌于1927年"的说明，告诉人们恒源祥是中国民族工业最早的开拓者，符合人们期盼振兴民族工业的愿望，赢得了消费者的认可。

1994年，恒源祥在中央电视台一套新闻节目后的黄金时段作了5秒钟标版广告。其三遍联播（或拆开在剧前、剧中、剧后分播）的新形式开创了中国电视广告的先河，是广告信息与媒介巧妙结合的范例。短短5秒钟标版广告不可能有动人的情节、感人的画面。然而其成功在于首先抓住了提高产品先期知名度的最基本的广告要素：品牌名、产品类别、关键联想。更主要在于其广告中画龙点睛的三声"羊、羊、羊"高频率重复的小囡童声，吸引了受众的注意力，使得恒源祥广告，在众多的电视广告中脱颖而出。

成功的广告为恒源祥带来了丰厚的回报，目前恒源祥的年用毛量已经占世界年用毛总量的1‰，使得国外毛线企业相形见绌。恒源祥已经蜚声大江南北，享誉国内国外。可以说，恒源祥广告的"民族性"为其带来了"世界性"。

关 键 词

电视媒介的特点、电视广告的文化品格、电视广告文案写作。

思 考 与 练 习

1. 简述电视媒介的特点。
2. 电视广告文案的特殊个性表现在哪些方面？

3. 电视广告文案写作的要诀有哪些？请列举具体个案加以说明。
4. 简述电视广告文案的具体表现形式。
5. 请结合实例，谈谈你对电视广告文化品格的理解。
6. 请运用所学理论，为某品牌的手机分别制作5秒和30秒的电视广告片的文案各一则。

第十三章　网络媒体广告文案写作

　　网络广告就是以互联网为媒体发布的广告。
　　20世纪末,国际互联网是"新经济"的形象代言人,但如今新经济已不复为新,互联网也成了不少老百姓日常生活中的一部分。对它的认识,人们早已从最初的惊叹中回过味来,重新做出了科学的探究。基于此,在广告领域,人们都在不断探索互联网的特性,以期充分挖掘它的潜力,开拓更宽广的商业推广渠道。在这一过程中,网络广告文案写作日臻成熟,显现出不同于其他媒介广告文案写作的个性魅力。

第一节　网络与网络广告

一、网络作为广告媒介地位的确立

　　从WWW浏览器出现到纳斯达克股灾,人们对网络媒体特点的认识曾经从一个极端走到了另一个极端。当20世纪90年代初,在互联网席卷全球,网络公司遍地开花的时候,几乎所有的人都认为网络必将横扫一切媒介,成为一个现代科技神话。其理由是,网络不仅综合了报纸、广播、电视等各大媒介的特点,拥有庞大的数据存储空间,更可以令全世界的人进行自由对话,将地球变成一个真正的村庄。但后来,人们发现,网络公司在经历了烧钱阶段之后,陷入了入不敷出的窘境。于是,互联网在不少人的眼中从神话变成了泡沫。再加上,各传统媒介也开始兴办网络版,纯网络公司又不具备第一手新闻的采访权,互联网可以及时发布最新新闻的优势又被大打折扣。传统媒介的受众也最终没有如人们想象的那样大幅减少。人们开始怀疑,互联网究竟是不是一个优良的广告载体,它究竟能给广告主带来什么样的传播效益?
　　进入21世纪,随着各大门户网站和专业网站的发展渐趋平稳,网络媒体广告发布数量不断增多,互联网作为广告媒体的特点才逐渐明晰起来。

二、网络媒体的特点

(一) 多媒体性与交互性

人们首先认同的还是互联网的多媒体特性。打开任何一张网页,看到的都是由文字、图像、声音共同组成的五彩斑斓的世界。这一点给广告人提供了广阔的创意空间。它意味着网络广告既可以选择印刷媒介所经常采用的说明性文字和图片,也可以通过动画设计如同电视媒介一样用生动可感的造型来吸引受众的眼光,还可以配合声音的传达将受众的听觉也积极调动起来。

"多媒体"更重要的一层含义在于,互联网是通过无数个人电脑连接而成的。它突破了传统媒介只能进行大众传播或至多进行窄众传播的限制,将大众传播、窄众传播和人际传播有机地结合在一起,因此创造出了众多独特的网上游戏方式,为广告发布开辟了新的传播渠道。而这些渠道都是传统媒介所无法克隆的。

特别是人际传播的存在,使得广告主与网民之间可以进行一对一的交互式对话。广告主就能随时得到用户的反馈信息,建立完整的客户资料。网民也能够不再被动地接受广告,而是可以及时地作出反应。

(二) 自由链接,融销售于广告中

对报纸、广播、电视等媒介来说,广告发布要受到版面与时间的限制。而在网上,轻点鼠标,人们就可以通过一个个链接窗口,在不同的网站和页面间自如切换。可以进行自由链接的特性,使得互联网成了一个几乎没有边界限制的广告发布媒介。

如果人们在某一个网站主页上发现了感兴趣的新闻标题,点开它,就能进入这个具体的新闻页面。而每一个具体的新闻页面,都可以成为独立的广告载体,提供网络空间给广告主进行广告发布。

更为方便的是,广告主可以在页面上建立自己的网络链接,人们只要点开某一链接文字或窗口,就可以进入企业网站,看到详尽的产品或企业信息,甚至直接进行网上购物。互联网的自由链接特性,可以帮助广告主完成网上促销,将 POP 广告成功地移植到虚拟世界中来。当然这也对广告文案的写作提出了新的要求,也就是说人们必须考虑,什么样的语言才能吸引受众点开这些链接窗口呢?

(三) 可以科学测算的广告效果

传播学者在对受众看电视的行为进行研究之后发现,受众在节目中出现插播广告时,注意力会明显降低,一般会调换频道、休息走动等等。直到目前为止,人们还无法准确地计算出某一节目的收视率与这一节目附带的广告到达率有怎

样的比例关系。与这一情况相类似的还有，人们也无法通过报纸发行量和广播收听率来准确测算这些媒介上的广告效果。路牌、灯箱、车载等户外媒体的广告受众人数更是难以估计。

但在网络媒体上，广告效果测算则简单明了得多。受众对某一条广告的点击率，受众在点击后有多少直接的购买行为，以及受众查阅信息的时间和地域分布情况，都可以在第三方服务器上有据可查。广告主一般是按照点击率，甚至是点击后的有效购买行动付给网络媒体相应的广告费用，避免了资金的浪费。因此，网络广告首先要关注的就是如何获得点击。这一点也正是影响网络广告文案写作的最重要的因素。

（四）不受时空限制，但需技术支持

报纸发行和广播电视节目播放都受到时间和空间的限制。北京的市民不能看到刊登在《新民晚报》上的广告。企业主买下的如果是新闻联播后的黄金时段，那就不能指望人们在欣赏完一部精彩电视剧过后，也能了解到本企业的广告信息。而在网络环境中，这些限制都不存在。它24小时活跃在人们的电脑屏幕上。北京、上海、广州，纽约、东京、巴黎，无论何时何处，网络广告都能在受众面前出现。

当然，网络不受时空限制的前提是，受众正在网上，他有电脑、电话线或者移动通信的技术支持。否则，网络广告就只能是自说自话，不能形成传播效果。

（五）受众细分程度高

目前商业网站主要由门户网站和专业网站构成。即便是前者，在内容编排上也采取板块式结构，比如新闻、游戏、医疗、科技、搜索、聊天等等。这事实上反映了网络受众细分化程度高的特点。也就是说，每一个板块的受众都有其自身的特点。比如BBS，这是一种完全意义上的人际传播。人们利用网络平台，即便相隔万里也可以进行自由对话，或者就某一事件发表各自的观点。能够聚集到同一BBS上的网民，一般来说都具有某种相似的兴趣爱好，或者生存背景，对于广告的接受程度也相对类似。这就是说，不同的广告主可以选择不同的BBS进行有针对性的广告发布，以提高广告的传播效率。而对于电子邮件广告，受众细分程度则已经达到了一对一，即每一个企业主都可以给每一个受众单独发送广告信息。当然从总体特征而言，网络受众与其他传统媒介相比，还具有年轻化、知识程度较高、收入较高这些较为突出的特点。他们是整个市场中耐用消费品、不动产、旅游产品和精神消费品等的主要消费群。但随着时间的推移、网络的进一步发展，会有更多的中、高龄网民，中、低收入网民加入到网络传播中来。未来，网络受众的总体特征也会发生相应的变化。

三、网络广告的类型

世界上最早的网络广告诞生在美国。1994年10月14日,著名杂志Wired网络版Hotwired的网页上出现了14个状似条幅的广告,就是后来的Banner——旗帜广告。

如今的网络广告,早已在旗帜广告的基础上形成了异彩纷呈的各种形式。

(一)旗帜广告及其升级版本

1997年美国网络管理局规定了旗帜广告的尺寸:468×60像素。它允许客户用简练的语言和图片介绍企业的产品或宣传企业形象。随着网络广告日渐成熟,旗帜广告也不甘受到像素的限制,聪明地进行了自我升级。比如可伸展的旗帜广告,它可以在被客户点击过后,形成下拉的网络空间,把具体的产品、服务或企业信息呈现在网民面前。Flash旗帜广告则以灵活多变的动画,取代了原来旗帜广告中最多不过10个画面的死板情景。香港电信局在一个其支持的赛马会广告中就采取了Flash形式,将一个小游戏放在了旗帜广告中。

(二)按钮广告及其升级版本

顾名思义,按钮广告就是网页上形似小按钮的广告,通常是一个链接着公司主页或站点的LOGO(公司标志),并经常有"Click me"的字样。它的规定尺寸比旗帜广告要小,为120×60像素。按钮广告的升级版本同旗帜广告相类似,也有可伸展的按钮广告,也可以在被客户点击过后,形成下拉的网络空间。

(三)游动浮标和下拉游动浮标

游动浮标的尺寸没有具体限制。它是一种可以在网页上不断移动的广告形式,网民的鼠标下拉,网页也随之下降;网民的鼠标向左移动,网页也随之向左运动。下拉游动浮标,就是在被网民点中之后,可以形成下拉网络空间的游动浮标广告。

(四)文字链接

这是一种纯文字形式的网络广告,一般通过有煽动性的文字,吸引网民点击,进而链接到公司的站点或促销网页中去。

(五)画中画

这种广告形式面积较大,一般不占用商业网站的主页,而是出现在每篇具体文章当中。这种广告针对性强,投放准确率高。

(六)弹出窗口

这是一种在网站主页或栏目出现之前,就跳出窗口的一种广告形式。它可以利用网民等待主页下载的时间,向他们传播关于产品和企业的信息。

（七）通栏

形似报纸中的通栏广告，横亘在整个网页当中，面积较大，视觉冲击力较强。

（八）全屏幕弹出广告

在网站主页出现之前，先出现整个屏幕大小的广告画面。这种广告形式备受争议。人们认为这是强迫网民花费时间和金钱来浏览广告。

（九）邮件列表广告

利用网站电子刊物服务中的电子邮件列表，将广告加在每天读者所订阅的刊物中发放给相应的邮箱主人。

（十）墙纸式广告

把广告主所要表现的广告内容体现在墙纸上，并安排放在具有墙纸内容的网站上，供网民下载。

随着网络媒体的进一步发展，新的广告形式还会不断出现。

第二节　网络广告文案写作

网络广告面临的是一群相对年轻的消费者，他们肯花大量的时间和金钱泡在网上看新闻、聊天、找资料、玩游戏，但却并不代表他们会花大量的时间和金钱来看广告。而点击率又是网络广告的生命。如何吸引受众？当下的网络广告写作选择了一条实用主义道路。

一、网络广告文案写作的特点

（一）与所在栏目的内容相混合

比如，在新闻类栏目中设置一个颇具新闻性的文字标题，用不同的颜色把它同正式的新闻信息区别开来。内容不涉及具体的广告信息，但文字上充满煽动性，旨在调动人们的好奇心理。新浪新闻栏目《要闻》中就有这样一个标题新闻式的广告："快来体验网络专递的超级时速"，什么叫"网络专递"呢？什么叫"超级时速"呢？网民在好奇之余点开文字之后，才发现进入的是新浪电子邮件的页面，页面中央的广告信息则是"大容量15M，只须2元"。新闻标题真正的目标是促使网民接受新浪推出的收费邮件服务。

（二）言简意赅，打破了广告文案写作的传统结构模式

互联网连接了整个世界，但任何一个网站一次性呈给受众的页面只有电脑屏幕那么大的面积。其主角是各类非广告信息和各种服务项目，留给广告文案写作的空间其实很小。特别是按钮广告，就算没有画面因素的加入，如果想让受

众一眼就能看清广告中的文字,它 120×60 像素的面积中最多只放得下 6 到 8 个字,否则就会显得如蝇头小楷,模糊不清。因此,网络广告对语言简洁的要求比任何一种媒体广告都高。长文案在网络广告中是不多见的。网络广告的标题和正文往往合二为一,用简短的几个词组甚至是几个字,同时起到吸引受众注意力和传达信息的作用。其他详细的广告信息和电子商务内容则多放在链接当中。比如中国光大银行在搜狐主页上的按钮广告。一共有四幅画面,文字出现在其中三幅。第一幅:牵手光大,轻松理财;第二幅:中国光大银行;第三幅:全国统一服务电话 95595www.95595.com.。采用四字句,首先把光大银行的名称和主要服务特点呈现出来,然后利用光大银行的企业标志加上光大银行的全称来加深受众的印象,最后则是直接把服务电话和网站打在广告里。

在网络广告中,常常会以没有来龙去脉的语言吸引网民进入。比如,"点开看清三重优惠",点开之后发现进入的是一个光碟促销专区,页面的主要信息是各光碟中的电影内容和光碟价格,所谓的三重优惠也只是三种不同价格的奖品。ELONG 主页上的一个游动浮标广告:"红酒计划",对这样一句没有上下文的话,网民的好奇心就会促使他们点开这一广告,但事实上这一浮标后面的链接仍然是 ELONG 页面。

网络广告必须比其他媒介的广告更注意直接承诺利益点。对于网民来说,因为上网不仅需要时间还需要付费,而网络广告又不像电视广告那样有强制受众接收的特点。因此网民在选择看与不看广告时,有很大的主动性。他们比较注意的往往是与自身需要和利益有关的广告信息。因此,直接在文案中向网民承诺利益点是很多广告商采取的方式。一些在杂志和电视广告中出现于附文中的促销信息,在网络广告中就成了正文。"财富尽拥,人才尽用,生活尽享,工作尽有。中华英才网。"中华英才网的广告文案用四个四字句,把现代社会人们注重的财富、人才、生活和工作一网打尽,尽管用词较为夸张,但对那些希望找到工作,希望找到赚钱方式的人们来说,还是很有吸引力的。一些日常消费品的广告则经常把单纯的价格因素作为吸引网民的不二法宝。像"虎口脱险,VCD,10元"。只把光碟的电影名称和低价 10 元放在广告里,没有其他任何信息。这样的广告针对性极强,喜欢这部电影的网民自然会点开看一看。而吉百利巧克力在娱乐网站上所做的按钮广告,则用娱乐明星来招徕生意:"想亲密接触张信哲吗?吉百利。MTV—吉百利 快乐行动。"它承诺的利益点是给网民接触自己喜欢的明星的机会。

(三)多用有趣的因素

曾经有人认为,网络广告的特点只有四个字,就是好玩和性。尽管有失严谨,但也不无道理。因为网民多为年轻人,很多中学生在众多媒介中更是对网络情有独钟。网络在这些年轻人的推动下,甚至形成了自己的语言体系和图案体系。著名音乐人雪村的歌曲《东北人就是活雷锋》,因为活泼风趣、不受传统音乐制作的限制,在发行中四处碰壁,但在网络上却能一举走红。网络广告属于网络文化中的一部分,自然也不能在这一环境中免俗。搜狐网"只约陌生人"栏目做的广告就充分利用了这两个特点。按钮广告文案:"只约陌生人,爱情裸奔。周周开奖,女士优先";通栏广告文案"窥视爱情三点式,注册,搜友,约会。只约陌生人,大奖面前,女士优先"。参与交友和聊天栏目的网民都不会反感在广告中出现性感和有趣的因素。而这一广告中所谓的性感因素事实上也只是一种比喻和夸张,所起的作用是烘托气氛,增加趣味性。从根本上它仍然属于健康广告的范畴。

网民年轻化的特点使其对好玩和幽默有着比其他媒介受众更大的需求。但在网上真正幽默有趣的文字并不多见。文字往往是图片中卡通形象的配角,仅仅负责传递一些简单的产品信息。其实,在任何媒体上,有趣文字的来源同样为精妙的创意和对语言规律的熟练掌握。"假日悠长……假日忧长?假日无忧——交友网钻石服务免费试用!"这是一则在学生暑假期间推出的广告。两个月的时间确实很长,该怎样度过呢?悠长的假期也就有了"忧",ELONG网的交友栏目利用两个同音字造成了一种颇有趣味的语言效果。

(四) 语言简洁但不简陋

简陋在这里的含义是缺乏创意,缺乏有价值的广告信息。"各种娱乐信息一网打尽快来定制"这句为娱乐网站而做的广告词,简洁是简洁的,看上去也向受众承诺了利益点"可以浏览很多的娱乐信息"。但仔细思索,就会发现这种承诺其实并没有实在的内容,缺乏个性,任何一家网站的娱乐栏目或专业的娱乐网站都可以拿来使用。后面的"快来定制"就根本没有起作用的机会。文案没有突出该网站区别于其他同行的特点,因此想要得到受众的点击比较困难。"发黄、传染、残缺。去除灰指甲,从现在开始。"这一药品的弹出窗口广告相对而言就做到了简洁但不简陋。文案先用三个词准确地描述出了灰指甲的症状和危害,配合这三个词的分别是三幅画面。第一幅:一片顶部发黄的绿叶;第二幅:三片顶部发黄的绿叶;第三幅:一片残缺的绿叶。文字和图片在这里形成了合力,对那些有灰指甲症状的网民来说,极易促使他们发出共鸣。而后面的"祛除灰指甲从现在开始"就能够在这一基础上用"祛除灰指甲"这一利益点来引导他们点击。

要在使用网上流行语的同时,增强文字的创造性。从把握受众好恶倾向这一角度讲,在网络广告文案中使用网上流行语是最好的选择。但是目前对俚语的利用还停留在较为简单的阶段。一般也就是采纳一些最高级形容词进入文案,但事实上网民在看待广告时的心态与其他媒介的受众没有根本上的区别,见不到真正有价值的广告信息他就不会去点开广告。这些最高级形容词往往不能收到吸引网民注意的目的。比如:"最酷的交友网站"在吸引力上就会逊于"看你和F4速不速配"。前一则文案失之空洞,后一则文案利用"速配"这个网民不讨厌的动词和"F4"的偶像力量就能得到网民的喜好。除了使用网上流行语言,增强文字的创造性在网络广告中和在其他媒介广告中一样重要。并不能要求网络广告语言也像印刷媒介广告那样长篇大论,在风格上就能形成与众不同的个性,网络广告应该在短而精上做文章。"总有人在这里等你,不变的真情,不变的诺言",搜狐校友录的旗帜广告,选择了感性诉求方式,用散文式的语言,把校友录渲染成为校园感情的归宿。尽管没有对校友录的各种服务功能做出明确的介绍,但却足以用充沛的煽情因素给网民留下好感。

二、当前网络广告文案写作中存在的问题

(一) 文案写作趋于平淡无奇,难以产生佳作

主要原因是网络广告发挥空间小,一些文字链接和按钮广告的篇幅更是只能容纳几个字。所以网络广告更多地把精力放在动画制作和图片设计上。有时对字体的重视更超过了对文字内容的重视。很多广告的文案只需要把企业名称和广告口号放上去,最多加上联系方式和查询网站,就万事大吉。

(二) 性感因素泛滥,文案写作趋于同质化

经常在网上看到这样的广告:很多长相俊美、装扮前卫的女模特的头像快速闪动。配合的文案是"来约会吧"、"亲密接触"、"更多的惊喜"、"还等什么"一类的短句。一些娱乐网站的广告语汇甚至出现了非健康的倾向。

(三) 文字的创造性匮乏

尽管网络是一部频频制造新词汇的机器,但真正诞生在网络广告中的时尚说法却很少,大家四处流传的仍然是电视和印刷媒介中出现的广告语。网络广告的用语不是"最新"、"最酷"、"最炫",就是"只须两元"、"买电脑送手机"、"大奖等着你"。前者是网民的口头禅,后者是吸引网民的实用武器,网络广告成了网络文化的随从而不是创造者。

(四) 噱头过多

很多网络广告只是吸引受众进入某个链接,出现的用语富有煽情性。但网民点开之后,往往看不到自己需要的信息。这些广告在短时间内可能会起到促销的作用,但随着广告数量的增多,创意手法的重复必然会引起点击率的下降。

其实网络广告也是广告的一种,它的写作不仅要从网络媒体的特点和网络广告的形式出发,还要遵守广告文案写作的一般规律。

第三节 网络广告个案分析

较之印刷媒介广告和电视媒介广告,网络广告显得还很稚嫩。尽管如此,它在写作上也已逐渐形成了自己的规律。下面选择的案例跟大师们创作的著名作品相比,或许称不上精彩绝伦,但却是代表目前网络广告文案写作水平的标本。

一、超短文本

  IBM 笔记本!!
体验最性感美女
数码相机 299!
电子书 Vs 录音笔
acer S10 热卖!
新款诺基亚 3610
千元名牌笔记本
YONEX 新品送拍包
孕妇防辐射系列
化妆品超低价!
PS2,GBA 半折!
银饰宝石三折起
网易笔记本商城
买轩辕剑送 QQ 卡
555 元买录音笔
瘦身丰胸美体!
数码产品大全!

  这是出现在网易主页网上购物区的一组文字链接广告,最长的不超过八个字,最短的只有一个品牌英文名加三个字。它们的写作风格,基本上代表了目前网上文字链接广告的特点。

  其一,诉求单纯,重点突出。有的是利用名牌产品本身的号召力来吸引受众,比如"IBM 笔记本"、"ACERS10 热卖"、"新款诺基亚 3610"。有的忙不迭地给受众承诺利益点,比如强调价格的"千元名牌笔记本"、"银饰宝石三折起",强调效果的"瘦身丰胸美体"、"体验最性感美女",强调优惠条件的"买轩辕剑送 QQ 卡"。有的向受众介绍产品或服务的名称、特点,比如"数码产品大全"、"网易笔记本商城"。这样的诉求指向性明确,易于吸引那些对产品或服务感兴趣的网民。

其二,一语中的,简单利索。表达明确有效是这种文字链接广告的写作目标,所有的技巧、句法、含蓄在这里都派不上用场。甚至有的时候为了简洁都会不顾及语法结构的完整。比如:"YONEX 新品送拍包",真正完整的句子应该是"买 YONEX 新品送拍包"。尽管说得不完整,但网民还是可以理解这句话的涵义。而如果话说得过于简略、词不达意就不可取了。

好书　一元　抱回家

同城约会,宠物传情　Dating.163.com

零距离接触曼联　曼联(中国)官方网站

zippo 瑞士军刀　千款时尚运动精品　历史最低价

108 元　9 条必看的理由　激情燃烧的岁月

这些广告文案都来自于按钮、旗帜、浮标等网上广告形式。它们对字数的容量也不算大,但跟文字链接相比,发挥的空间还是有了拓展。一是配合变换的画面,可以有两到四个话语层次,传递几个相关的信息。比如:"同城约会　宠物传情　dating.163.com"就包含有两个信息,一是网站提供的服务内容,二是网站的名称。文字链接只能起到吸引受众注意的作用,而按钮、旗帜等广告形式则能够加深受众对企业、产品或服务的印象。二是条理清楚。网络广告不同于其他媒介广告的地方就在于没有完整的标题、正文、口号、附文组成的文案结构,所有信息的表达既要重点突出又要条理清晰。一般来说是一句话或一个词组传达一个完整的信息,信息与信息之间可以是承接关系,并列关系,也可以是悬念与解开悬念的关系。比如"108 元　9 条必看的理由　激情燃烧的岁月",这几个词组之间,前两个是并列的关系,而最后的片名则解开了受众心中的疑惑,原来价格和所谓的 9 条必看的理由都是在说一部电视剧。

无论是哪一种超短文本,网络广告都必须拿出真正吸引受众的信息,比如产品的价格折扣、产品的显著效果,等等。

二、长文案

尽管网络广告的总体特点是短小精悍,但在一些专门的产品推销网站和一些弹出窗口广告中,长文案也还是可以见到的。

  2001年韩国电视台收视冠军!继《蓝色生死恋》后,又一部能让你哭得花容失色之作!笑容最甜美的金贤珠,韩载硕、苏志燮两位帅哥,编织了一个水晶般的玻璃童话!如果不是《野蛮女友》的加入,它将成为去年韩国影视星空中最耀眼的一颗星!如果不相信,请看《玻璃鞋》吸引你的七大亮点!(注:本剧为中韩双语配音)

  如果她打你,一定要装得很痛。如果真的很痛,那要装着没事……让你一会笑得晕过去,一会感动得泪水涟涟,一个伤痕累累的"野蛮女友",怜香惜玉的你怎会忍心不要??想要《野蛮女友》VCD的朋友,点我吧。

这是一个专业经营电影电视光碟的网站,为了推销最新的韩国电影电视光碟所做的推介广告。从写作内容看,它们像是电影简介,但它们的网络广告特点还是十分明显的:

其一,强烈的煽情。多用夸张的语气,像笑得晕过去,哭得花容失色;最高级形容词经常露面:最甜美,最耀眼;还有很多的感叹号,连问号都是双份的。所有这些都是在渲染电影带给人的强烈感受,从而吸引受众的眼光和好奇心。

其二,直接的促销口吻。"点我吧","怎会忍心不要","如果不相信,请看《玻璃鞋》吸引你的七大亮点",这些内容在其他电影简介中都是不会出现的。这两则广告的促销用词较为巧妙,或者和电影的名称形成双关,或者通过刺激好奇心的方式来进行诱导。

暗恋表白完全手册
将暗恋进行到底

  13朵玫瑰代表暗恋。
  平常日子里却不是谁都能有合适的时机向心爱的人儿表明心迹……带着丝丝牵挂,淡淡惆怅,含情脉脉的双眸,欲言又止的你如今有了网易短信暗恋表白,网易短信红娘为你牵线,不必爱他(她)在心口难开。使用说明:把他(她)的手机号码发送到163021,网易短信会给 3 次机会让他(她)猜猜你的手机号码,那你就知道他(她)心里是否有你了!

发送方(A)接收信息收费 1 元/条,接收方(B)接收信息免费。注:不支持联通手机。

他(她)的手机号:

手机号:

密码:

发送　　　注册

这是一个标题、正文、附文都很完整的广告文案。它以弹出窗口为载体,为其传递较为复杂的广告信息提供了足够的网络空间和文字空间。现评析如下:

典型的感性诉求文案。广告针对的是那些习惯在网上和用手机短信交友聊天的少男少女。这些受众对说教式的理性诉求方式不会产生太大的兴趣,能够打动他们的就是用感情说话。文案从受众的角度出发,首先把暗恋的尴尬和无奈描述出来,意在引起有相关心理经历的受众的好感。对服务内容的介绍采取聊天式的口吻,好像在替自己的好朋友出谋划策。

选择流行语言。目标受众对流行的言情小说和言情电视连续剧,自然不会有恶感。这则文案就抓住了这个特点,把"将爱情进行到底"这一电视剧的名称改头换面成"将暗恋进行到底",不仅很有趣味,也打消了一些羞于把暗恋挂在嘴边的受众的尴尬心理。

充分利用网络广告的优势。这则广告附文介绍了发送短信的价格和服务的范围。附文的后面还提供了一个及时报名的小窗口。也就是说一旦受众对这一服务产生了兴趣,就可以马上行动,提高了广告的有效促销程度。

网络广告长文案,需要注意的是把握受众心理,提供受众喜爱的语言表达方式,并且充分利用网络的优势把广告和销售结合在一起。

三、从个案看网络广告的写作技巧

网络广告和许多媒介的广告一样,依赖语言发挥传播功能,因此各种写作技巧的运用是必不可少的。这里列出的仅仅是其中的一小部分,其他的诸如夸张、比喻、拟人等修辞技巧在网络广告中也都时有所见。

(一)留空

加入网站联盟

送你一个　短信赢利网站
http://用户名.sms.163.com
网易网站联盟　不用做网站　也可以

这一旗帜广告一共有四幅画面,每一幅画面中都有一句完整的句子,但最后一幅画面中,文字却没有讲完。文字后面的是一幅图片:一堆闪闪发光的金币。这里文字的留空技巧,一则避免了使用"无本万利"、"发财"等等用得多而滥的词语,二则形象生动,三则通过语言和画面之间突然的转换给受众留下深刻的印象,四则强调了诉求点(帮助受众做一个赢利网站)。

(二) 双关

个案1:

科学战痘方法
只要青春不要痘
用清热暗疮片。

个案2:

一切从音乐开始
想泡水吗?来吧,来吧,尽情享受属于自己的暑假

第一则文案用"痘"与"斗"的谐音在"战痘"一词上形成了双关,战斗表示治疗的决心,而战痘则表示治疗的对象。两相结合,妙趣横生。
第二则文案的泡水,一是指听音乐就像炎热的夏天在水中泡着时的清爽感受,另一方面也是指这个音乐网上栏目的名称:"水吧"。

(三) 对偶

个案1:

免费获取有关痔疮的解决方案
太宁独有保护膜
消除刺激　隔离肿痛

个案2:

留住你的精彩

飞舞你的精灵

PT.163.COM

第一则文案,对偶用来表述药物的效果。文字简练,表意清晰,朗朗上口。比用"用太宁帮助您消除刺激和肿痛"更容易为受众所接受。

第二则文案,意思较虚,意在引起人们的好奇心。对偶不工整,但感情色彩浓郁。表现了对个性张扬的尊重,容易博得年轻人的好感。

(四)反复

个案1:

网大国际学院

引国际化课程　聘国际化师资

创国际化学院　育国际化人才

个案2:

中国权威时政杂志

影响有影响力的人

新闻周刊

第一则文案将"国际化"一词反复使用了四遍,意在强调学院的办学特点就是国际化。并从课程、师资、办学目标等方面进行了条理化描述,诉求集中有力。

第二则文案,重复使用了"影响"一词,在语言上造成了一种气势,表明了中国《新闻周刊》的受众群体和编辑方针。

(五)引用

没声音再好的戏也出不来

用雅虎通语音聊天

这则文案引用的不是文学作品,也不是电视电影中的对白,引用的是一则电视广告中的台词。广告利用动画制作,将原来电视广告中的人物进行了卡通处理,配以原来的台词,恰当又生动。

关 键 词

网络广告、网络媒体。

思 考 与 练 习

1. 试述网络广告语言与电视广告语言的区别和联系。
2. 谈谈你对当今网络广告信息泛滥、缺乏佳作现象的看法。

后　　记

本书是应复旦大学出版社之约编写的。

在四五年前,本人曾主编过《当代广告文案写作》一书。该书用于广告文案教学。在教学实践中,得到了学生的较高评价,同时也收集到了他们的宝贵意见。这对于此次主编《广告文案写作教程》是很有帮助的。

10年来,中国广告业迅速发展,并正在不断地提升自己的档次。在高等学校,开设广告学专业的已不在少数。无论是广告实务界还是广告教育界,都体现了良好的发展势头。关于广告的科学研究,也受到了人们的广泛重视,水平正在不断提高。

我国加入WTO以后,广告界将更多地与国际接轨。培养优秀广告人才,是当务之急,也是长远之计。

所有这一切,都给《广告文案写作教程》的编写工作提供了有利条件。

本书在编写过程中,尽可能做到理论阐释和实例分析相结合,既体现一定的学术性,又体现较强的可操作性。在选用个案时,既精选历久不衰的经典个案,又选用大家熟悉的新鲜个案。

参加本书编写工作的,除我之外,大都是南京大学新闻传播学系广告与传播教研室的教师。他们对广告和广告文案写作素有研究,是一批新锐。这次写作,是对他们水平的一次检阅。

全书具体分工如下:绪论由丁柏铨撰写;第一章、第二章、第五章由蒋旭峰撰写;第三章、第十章由夏文蓉撰写;第四章由姜涛撰写;第六章、第七章由胡菡菡和姜涛共同撰写;第八章、第九章、第十三章由胡菡菡撰写;第十一章由胡翼青撰写;第十二章由王崑撰写。全书的写作提纲由本人提出,统稿工作由本人完成。

由于能力所限,书中缺点和错误在所难免。期待着得到批评指正。

丁柏铨
2002年8月25日

图书在版编目(CIP)数据

广告文案写作教程/丁柏铨主编. —2 版. —上海：复旦大学出版社，2005.9(2022.8 重印)
(博学·广告学系列)
ISBN 978-7-309-04759-2

Ⅰ.广… Ⅱ.丁… Ⅲ.广告-写作-高等学校-教材 Ⅳ.F713.8

中国版本图书馆 CIP 数据核字(2005)第 109998 号

广告文案写作教程(第二版)
丁柏铨　主编
责任编辑/李　华

复旦大学出版社有限公司出版发行
上海市国权路 579 号　邮编：200433
网址：fupnet@fudanpress.com　http://www.fudanpress.com
门市零售：86-21-65102580　团体订购：86-21-65104505
出版部电话：86-21-65642845
盐城市大丰区科星印刷有限责任公司

开本 787×960　1/16　印张 21.5　插页 2　字数 381 千
2005 年 9 月第 2 版
2022 年 8 月第 2 版第 16 次印刷
印数 72 601—75 700

ISBN 978-7-309-04759-2/F·1062
定价：32.00 元

如有印装质量问题，请向复旦大学出版社有限公司出版部调换。
版权所有　　侵权必究